创造性教育理念下的
灵性语文教学研究

张志强　著

中国商业出版社

图书在版编目（CIP）数据

创造性教育理念下的灵性语文教学研究 / 张志强著.
北京 ：中国商业出版社，2024. 8. -- ISBN 978-7-5208-
3068-3

Ⅰ．G633.302

中国国家版本馆CIP数据核字第2024WR2901号

责任编辑：王　静

中国商业出版社出版发行

（www.zgsycb.com 100053 北京广安门内报国寺1号）

总编室：010-63180647　编辑室：010-83114579

发行部：010-83120835/8286

新华书店经销

河北万卷印刷有限公司印刷

*

710 毫米 × 1000 毫米　16 开　16.5 印张　210 千字

2024 年 8 月第 1 版　2024 年 8 月第 1 次印刷

定价：88.00 元

* * * *

（如有印装质量问题可更换）

前　言

　　加强创造性教育，培养具有创新素质和能力的人才，是每一个教育工作者的重要使命。对创新人才的培养是一项涉及教育各个环节的系统工程，要求不同学科的教师密切协作。在众多学科中，语文学科的作用尤为独特和关键。语文不仅可以直接孕育和塑造发展创造性思维所需的关键品质，还深入渗透于其他学科之中，是学习其他学科的基础。因此，在创新人才培养中充分发挥语文学科的特殊作用，是推动教育创新的关键一环，是落实创造性教育理念的有效途径。

　　本书这个选题，基于笔者多年的教学实践与理论研究。在福建省杰出人民教师、特级教师、全国中语会学术委员会委员陈成龙老师的引领下，2018 年，笔者做为核心成员参与的两个项目中，"创造性语文教育建构与实践研究"获教育部国家级教学成果奖二等奖，项目"创造性教育理念观照下的灵性语文教学"获福建省教育厅福建省教学成果奖一等奖。2018—2023 年，笔者被列为宁德市第二批中小学教学名师培养对象，把"灵性语文"确定为自己的教学主张，并对此进行了持续而深入的探索；2024 年 4 月，福建省《海峡读写研究》杂志"一室一品"专栏推介了笔者领衔的福安市高中语文张志强名师工作室，并发表了体现笔者教学主张的论文《灵性语文，追寻语文教学的智慧之光》。同时，笔者作为宁德市科研项目《用中华优秀传统文化培根铸魂：语言文字"四柱五支架"育人模式的创新实践》项目组核心成员，也积累了相应重大课题的研究经验，并取得了丰富成果。本书是笔者对多年教学实践和理论研究的总结，也是

笔者对灵性语文教学主张的再提升，具有广泛的理论与实践意义

本书在编排上共设置了七个章节，各章节内容如下。

第一章：深入探讨了创造性教育理念下的灵性语文教学的理论框架。先是其理论基础——创造学基本原理，以及这种教育方式在当代教育中的必要性和应用方式，并在此基础上，阐述了灵性语文教学的相关理论，对灵性语文教学的内涵进行了全方位的分析。

第二章：具体论述了灵性语文教学的实施策略，包括教学目标、教学特性以及师生观。这一章通过具体论述教学目标和教学特性，展示了如何在课堂上实现灵性教学的理念。

第三章：聚焦于教学方法和策略，包括如何营造和谐的课堂气氛，如何进行对话生成，如何搭建有效的学习支架，以及如何激发学生的情感和思维。这一章主要阐述具体的方法和技巧，帮助教师在语文教学中实现灵性和创造性的结合。

第四章：探讨了何谓语文学科的核心素养，并分析了这些素养如何影响语文教学的特征和实践。此章节还介绍了如何在核心素养导向下构建灵性语文教学，使之更加符合当代教育需求。

第五章：讨论了语文阅读教学与创造性阅读的相关理论，突出了创新语文阅读教学的必要性和可行性。笔者提供了灵性语文阅读教学的实施策略，并探讨了不同体裁的作品的教学方法。

第六章：聚焦于语文写作教学概述、创新素质在写作活动中的理论探析及灵性语文写作教学策略的优化。此外，还分析了孙绍振的作文教育思想，探讨其去弊与创新的实践意义。

第七章：对教师个人发展进行了深入研究，讨论了创造型灵性语文教师素养的品质特征、影响因素和培养路径，为教师提供了成为创造型教育者的具体指导。

在此，笔者衷心感谢在专业成长道路上为笔者提供过帮助的恩师、领导、同人，特别要致谢省市各级教育主管部门，感谢福建教育学院、宁

德市教学进修学院、福安市教师进修学校的领导和老师长期以来的指导，感谢福建省福安市第一中学的培育，在这里，笔者工作了二十多年。由于笔者知识和水平有限，书中难免有不足之处，恳请各位领导、专家、教师同行及读者多提宝贵意见，以便将来的改进与完善。

目　录

第一章 创造性教育理念下的灵性语文教学概述

第一节 创造性教育的相关理论

创造性教育的理论基础源于创造学。掌握创造学的原理和方法对于实施创造性教育极为关键，因为这能够直接影响到教育的效果和深度。虽然人类从事创造性活动已有数千年的历史，但对创造学真正系统的研究和理解，以及将其学科成果应用到各个领域的时间，实际上只有几十年。本节主要围绕创造性教育的理论基础——创造学展开论述，为创造性教育理念的落实奠定理论基础。

一、创造学的含义

创造学是一门兴起于 20 世纪中期的新学科，它的诞生主要是为了满足创造实践和创造力开发的需求。该学科致力研究和探索人类创造活动的规律、方法、过程、特点及机制，主要目的是发掘和提升人类的创造潜力。创造学的研究内容广泛，涵盖创造思维、创造过程、创造人才培养、创造原理、创造环境、对创造活动的评价，以及创造性教育等多个方面。该学科的根本宗旨是揭示和理解人类在进行创造活动时的心理、生理和社会机制，从而总结出普遍适用的创造方法、特点和规律，培养和开发个体的创造力，挖掘每个人的潜能。此外，创造学还特别关注创造过程中的思维形式与结构，对创造结果的有效性验证，以及外部环境对创造力发挥的影响，为理解人类创造活动提供科学的理论支撑和实践指导。

二、创造学的逻辑起点——创造活动

在创造学理论体系中，创造活动是第一个基本的概念，也是创造学理论体系的逻辑起点。创造主体、创造对象以及创造手段这些主客观要素构成了创造活动的基本结构。此外，创造环境也扮演着不可或缺的角色，它不仅为创造活动提供必要的条件和支持，还影响着创造活动的效率和成果。

创造主体是创造活动的执行者，起着重要的主导作用。创造主体并不是特定的，可以是个人也可以是团队，具体取决于创造项目的技术需求、难度、经费状况和环境等多种因素。无论是个体创造还是集体创造，顺利进行创造活动的关键，在于充分激发和利用创造主体的创造力。创造活动本身是复杂的，涉及多方面的行为表现和心理特征。但无论创造主体的构成如何，他们都将经历以下五个阶段的发展。第一阶段是提出问题。创造主体识别并界定一个需要解决的具体问题或挑战。这个问题的提出往往源自对现有情况的不满，或是对潜在机会的洞察。第二阶段是准备求解问题。创造主体收集相关信息，进行必要的研究，同时运用已有的知识、理论和方法来策划解决方案。第三阶段是产生新设想。创造主体发散思维，生成创新的想法和解决方案。第四阶段是验证新设想。创造主体对新产生的设想进行严格的测试和验证，包括利用科学实验、模拟、原型制作等手段来检验这些新想法的可行性和有效性。第五阶段是完成创造成果。成功的创新将转化为具体的产品、服务或对方法有所改进，未成功的尝试则转化为宝贵的经验和教训。

创造对象是创造活动中的客体要素，指的是创造主体所针对的具体目标或项目。它不仅体现了创造主体与创造环境之间的协调方式，还影响着创造者对思维方式和创造手段的选择。

创造手段包括硬手段和软手段。硬手段主要是指创造活动中所使用的设备、材料和经费等物理资源；软手段主要包括生成创意和制订方案时的科学思考方法。在创造活动中，虽然硬手段会为创造提供必要的物理支持，但由于这类活动主要是脑力劳动，因此软手段的作用尤为关键。

创造技法指的是一系列解决创造性问题的思维方式、艺术和技巧，不仅具有操作性和技巧性，还具备探索性，是理论与实践之间的桥梁，帮助创造主体将理论知识转化为具体的实践成果。在创造活动中，理论的指导是必不可少的，而实现这一理论指导的关键中间环节就是创造技法。通过应用这些经过验证的技法，创造主体可以有效地形成新的创意和方案。而这些新设想和方案需要通过实验来验证和完善，实验不仅是检验创意有效性的手段，还是整个创造过程的核心环节。因此，创造主体需要精通常用的创造技法，并掌握基本的实验方法，包括根据创造对象选择合适的实验方法，编制详细的实验计划，设计科学的实验方案，配置必要的实验设备，并进行实际的实验操作。

创造环境对创造活动有着十分深远的影响。创造环境可以分为宏观环境和微观环境两个层面。宏观环境包括社会价值观、制度、国家政策和社会风气等因素，这些都是创造主体在更广泛的社会背景下进行活动时所感受到的环境特征。而微观环境则涉及创造主体在具体创造活动中直接接触的社会、文化和经济环境。创造环境的影响具有两重性。一方面，一个宽松的支持性创造环境能够促进创造主体自由思考、大胆创新，并最大限度地发挥创造潜力。在这样的环境中，创造主体更容易获得必要的资源和支持，从而推动创新项目的实施。但过于优越的环境有时也可能削弱创造主体面对挑战的意愿，从而影响其投入创造活动中的精力。另一方面，较为恶劣的创造环境虽然会带来不利影响，限制了资源和支持，但在某些情况下，逆境也可能激发创造主体的内在动力和求胜欲望，推动他们在困难中寻找新的创造机会。因此，无论环境是优越还是恶劣，都存在着会对创造活动产生影响的双刃剑效应。

创造学是一门综合性的科学体系，是开发人的积极性、创造性及主观能动性的学科。该学科的理论基础十分广泛，涵盖思维、教育、管理等多个领域，其应用科学主要包括创造思维、创造心理学、创造教育学、创造工程和创造技巧等方面。深入研究创造学不仅能提升一个国家的创新发明效率，还能促使人们进行创造性思维活动，提高技术改进的经济效益。此外，这一学科对于推动整个社会的智力开发、构建创造性体系，乃至实现创造型国家的目标，都具有极其重要的现实意义。

三、创造性教育的含义

创造性教育指的是在创造型教育环境中以创造型教师为主导，采用多样化的创造性教育方法，对创造型学生进行培养的整个过程。创造性教育的主要目的是培养人的创新意识、创造能力、创造个性。显而易见，创造性教育本身具有较强的创造性。创造性教育的实施对学生具有多重积极影响：首先，它能帮助学生树立追求创新和创造的志向；其次，它能够培养学生的创造精神和创造才能；再次，它能通过训练创造性思维，激发学生对创新的热情；最后，它能鼓励学生积极参与各种创造性活动。目前，创造性教育已经风靡全球。

1999 年 6 月，我国发布了《中共中央 国务院关于深化教育改革全面推进素质教育的决定》，指出："实施素质教育，就是全面贯彻党的教育方针，以提高国民素质为根本宗旨，以培养学生的创新精神和实践能力为重点。"[1] 这一要求表明，对创新人才的培养是素质教育的重中之重。

---

[1] 中华人民共和国教育部.关于政协十二届全国委员会第五次会议第 3274 号（教育类 319 号）提案答复的函 [EB/OL].（2017-11-29）[2024-04-15].http：//www.moe.gov.cn/jyb_xxgk/xxgk_jyta/jyta_jijiaosi/201803/t20180313_329892.html.

由此可知，创造性教育作为培养创新人才的有力手段，是素质教育的重要组成部分，是实施素质教育的有效途径。

创造性教育强调培养学生的创造意识、创造力和创造个性。创造性教育重视学生的思维过程，而不单是思维的结果，鼓励学生主动思考和解决问题，从而激发他们的创新潜能。传统教育与创造性教育有着本质的不同，主要表现在以下几个方面。

第一，从教育目标来看，创造性教育不仅传承已有的知识，更重视培养学生的创造意识、创造力和个性，主张让学生探索未知，发现规律，追求真理，并致力创造新知，以全面提升学生的创新能力。

第二，从教学过程来看，创造性教育的教学过程实际上是学生个人认识的发展过程。它教导学生理解人类的认识成果都是相对的、不完美的，始终存在进一步丰富和发展的空间，鼓励学生保持开放和探索的态度，不断追求知识的深化和扩展。

第三，从教学内容来看，创造性教育将传授知识当作一种手段，通过精心设计的教学内容来促进学生的创造力和个性发展。它不仅关注知识的积累，更注重知识应用的创新性和个性化。

第四，从教学方法来看，创造性教育采取一种融合了科学性与艺术性的教学方式，强调学生的主动参与。鼓励学生自由地质疑和讨论教学内容，并在教师的引导下自主地得出结论，发展学生思维的深度和广度，激发学生的创造潜能。

第五，从教学评价标准来看，创造性教育不仅采用了传统的评价标准，还增加了针对学生创造性思维和创造个性的特定评价标准，旨在更好地测试学生的创造力，引导学生创造力的发展，从而有效促进学生创造性思维的提升。

四、创造性教育的内容

实施创造性教育的主要目的是培养创造性人才。因此，创造性教育就是教育者针对社会发展的需求，有目的、有计划、有系统地进行的，旨在培养学生的创造精神、创造性思维和创造性才干的教育方式。创造性教育强调通过教育实践促进受教育者的全面发展，更注重激发和培养每个学生的创新潜能和个性发展，而不仅仅满足于知识的传授。

（一）培养创造性精神

创造性精神是进行创造活动的基础和前提，它源自一套明确的创造价值观，体现为强烈的创造愿望、企图心和动机。有创造性精神的主要特征体现为对现状的不满，勇于突破传统和陈规，以及敢于探索和实施别人未曾想到或尝试的想法和行为。一旦具备创造性精神，个体就会展现极大的胆量和魄力，追求创造并树立以创造为荣的观念。在教育和个人发展中，培养创造性精神至关重要，因为它是激发和维持创造活动的动力。每个人的活动都在价值观的引导下进行，因此，培养健全的创造价值观，鼓励创新的思维方式，就可以有效地促进人们创造力的发展。拥有了创造性精神，个人就能在此精神的驱动下积极参与并推动创新和创造活动。

（二）培养创造性人格

创造性人格主要是在后天的学习活动中逐步形成的，并在创造活动中得以表现和发展。个体的理想、信念、意志、情感和道德等多种因素，对个人的成长和创造成果的产生起着关键的导向和决定性作用。具体而言，创造性人格主要表现为强烈的创造动机、坚定的创造意志和健康的创造情感。人的成败往往不仅受智力因素的影响，还受非智力因素的左右。创造性活动的本质是开发新事物，这往往意味着新东西会与"旧传统""旧观念"产生冲突，并会面临来自多方的阻力。维持并推动创造性活动的开展，需要强大的人格作为支撑，这是一种坚韧不拔的人格，使个体能够在面对创造性活动中不可避免的压力、困难和失败时依然坚持下去。进行创造性活动的第一步是拥有主动性和开拓精神，这涉及主动探索和发现尚未被人理解或阐释的事物。具备创造性人格是创造活动成功的关键。因此，创造性教育必须重视并积极培养学生的创造性人格，以确保创造活动能够顺利进行并取得预期成果。

（三）培养创造性思维

创造性思维是创造力的核心，还是创造性教育中需要重点培养的思维品质。创造性思维包括六个要素（图 1-1）：发散、辩证、联系、想象、直觉和实践逻辑。发散主要用于提高思维的多样性和方向性，使思维不受限于传统框架。辩证和联系提供了从宏观到微观的思维导向，帮助人们在复杂的问题中找到解决策略。想象、直觉与实践逻辑构成了创造性思维的主体，帮助个体进行从直觉到实际操作的思维转换。培养创造性思维需要持续不断的专门训练。系统的训练和实践，可以有效地开发和提升大脑的创造能力。

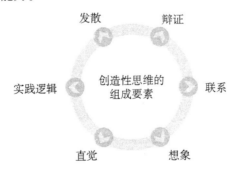

图 1-1　创造性思维的组成要素

（四）培养创造能力

对创造性精神和创造性思维的培养是创造能力的形成基础，而创造能力的真正提升需要在实践中体现。这意味着创造性教育应当与实际操作紧密结合，确保理论知识能够转化为实践能力。在这个过程中，教育者需要特别注意解决当前教育系统中容易出现的问题——学生动手能力差。为了有效地培养学生的创造能力，教育者应当提供更多实际操作和实践的机会，让学生能够通过体验进行学习和解决问题，让学生不仅能够学习具体技能，还能在实践中培养和强化自身的创造性思维和创造性能力。

五、创造性教育的时代应然

在当前的知识社会中，知识成为推动社会和经济发展的核心动力。科技的重要性在经济发展中日益显著，它在推动社会进步的过程中越来越重要。显而易见，一个国家的科技创新能力直接关系到其核心竞争力，所以对创新人才的培养显得尤为重要。进入 21 世纪，社会的竞争实质上转变为了人才的竞争。而人才竞争的关键，在于教育的质量和创新性。因此，实施创造性教育成为时代发展的迫切需求。创造性教育可以培养出能够适应未来社会变革和技术发展需求的人才。因此，各级教育机构和政策制定者需重视并推广创造性教育，以培养更多具备前瞻性和创新能力的人才。

（一）创造性教育是新时代教育改革的必由之路

教育是推动社会经济发展的基石，因此，人才培养必须紧密跟随社会经济的需求。社会经济的持续进步依赖教育系统给人才提供的相应知识和技能，这就要求教育的发展遵循一定的基本规律，确保教育的内容和方式与时代的需求保持同步。教育的目标应当是培养能够适应和推动社会经济发展的人才，这是教育发展的基本要求。

经过多年的发展，我国教育系统经历了从"应试教育"向"素质教育"的转变，实现这一转变的关键之一就在于对创造性教育的推广和实施。"应试教育"在一定程度上限制了对创新人才的培养和学生全面能力的发展。为了应对这一挑战，教育改革逐渐将焦点转向了素质教育，即注重学生的全面发展和个性化成长。在这一过程中，创造性教育起到了关键性的作用。创造性教育鼓励学生发展创新思维和实践能力，有效地打破了应试教育的局限，为学生提供了更为广阔的学习空间和自我发展的平台。这种教育模式的推广不仅满足了现代社会对多元能力和创新精神的需求，还为教育事业的进一步发展注入了新的活力。因此，可以说，创造性教育不仅突破了传统应试教育的束缚，还开启了实施素质教育的新篇章，是新时代教育改革的必由之路。

1. 有助于落实"立德树人"根本任务

创造性教育是塑造真人的"人格教育"，是实现"立德树人"根本任务的关键。创造性教育强调的是培养学生的创新精神和生活能力，从而反思教育中诸多的不良现象，并试图减少这类现象的发生，如教育功利化、课业压力过大、学生"高分低能"，以及人格发展不全和创造力缺失等。在教育中过度强调考试成绩往往会忽视品德教育、人格教育、生命教育及生活教育的重要性。这种偏颇的教育观念导致了学生在德、智、体、美、劳各方面不能平衡发展。而创造性教育可以通过给学生提供一个更为开放和包容的学习环境，鼓励学生发掘内在潜力，促进其全面成长，从而培养出既有专业知识技能，又具备健全人格和创新能力的复合型人才。实施创造性教育的重点在于培育"真善美的活人"，即不仅追求知识和技能，更追求道德、美学和生活智慧全面发展的个体。创造性教育注重学生的个性化发展，强调教育应服务于每个学生的成长需求，帮助他们建立自信，勇于追求真理，形成正向的人生观和价值观。因此，创造性教育的实施有助于落实"立德树人"根本任务。

2. 有助于促进"实践育人"的落实

创造性教育是强调行动的"实践教育"，有利于对学生实践能力的培养，促进"实践育人"的落实。过于侧重理论而忽视实践这种有所偏颇的教学方式会限制学生能力的全面发展。创造性教育通过整合实践教育的元素，强调"实践育人"，即通过实际行动来培养学生的创造力和实际操作能力，从而更好地实现实践育人的目标。真正的知识来源于实践中的应用和问题解决过程。教育不应只停留在课本和理论讲解上，而应该通过实验、项目设计、实习和社会实践等多样化的教学活动，让学生在实际操作中遇到挑战，寻找解决方案，并在这一过程中真正理解和掌握知识。在创造性教育模式下，对理论知识的学习不再是孤立的、静态的过程，而是需要通过实践活动来验证和深化的。此外，创造性教育的实践还包括对学生创新思维的培养。在动手操作和解决实际问题的过程中，学生能够发现新的问题，提出新的解决方案，这种能力是传统教育模式难以培养的。通过强调行动的重要性，创造性教育帮助学生将理论与实际应用相结合，从而形成深刻的理解，增强学习效果。

3. 有助于加强对学生创新能力的培养

党的二十大报告指出，要"着力造就拔尖创新人才"①，这一要求给创新和创业教育赋予了新的历史使命。创造性教育是重视环境的创新教育，注重为学生创造一个民主、公平且富有包容性的学习环境，使学生能够自由地表达思想，接受多元的观点，并在实践中不断尝试和创新。创造性教育的实施，不仅能提高学生的学习能力，更能让学生通过实际操作和探索提升创新能力，使学生能够在接受教育的过程中学会独立思考，培养解决问题的能力。由此一来，学生就能够发展成为不仅具备知识和技能，还具备创新精神和独立人格的人才。

（二）创造性教育是国家创新体系可持续发展的内在要求

对创新人才的培养是教育创新的根本宗旨所在。国家的科学进步和创新能力的持续提升依赖教育系统的有效支持。教育不仅能为学生提供必要的知识储备，更是学生发展创新能力的关键环境。无论在哪个领域，

---

① 习近平.高举中国特色社会主义伟大旗帜为全面建设社会主义现代化国家而团结奋斗：在中国共产党第二十次全国代表大会上的报告 [EB/OL].（2022-10-25）[2024-04-18].https：//www.gov.cn/xinwen/2022/10-25/content_5721685.htm.

实现创新都需要经过系统的教育过程。创造性教育的实践是培养创新人才的有效途径，它通过激发学生的创新思维和实践能力，为国家在知识和科技创新领域提供坚实的人才基础。鉴于教育在知识、科技创新中的作用，教育也被纳入国家创新体系的重要部分。国家创新体系由知识创新系统、技术创新系统、知识传播系统和知识应用系统四大部分构成。其中，知识创新系统主要由国家科研机构和教学科研型大学组成，它们是推动基础科学进步和理论探索的前沿阵地。技术创新系统以企业为核心，这些企业通过研发活动将科学研究转化为可应用的技术成果。知识传播系统主要包括高等教育系统和职业培训系统，它们负责教育培训和专业技能的普及，确保知识的有效传递和人才的培养。知识应用系统由社会和企业组成，主要负责将知识和技术成果应用于实际生产和服务中，推动经济发展和社会进步。教育创新在这一体系中的作用不容小觑，它关系到国家创新能力的整体水平和持续竞争力。因此，加强教育创新，不仅是提高教育质量的需求，更是构建和完善国家创新体系的关键。教育创新已经上升到了国家战略的高度，这凸显了其在全球知识经济时代中的重要性。而创造性教育又是教育创新的有效途径，因此，创造性教育有助于间接地推动国家创新体系的可持续发展。

在当今世界，经济发展已经转向以知识经济为主的形式，这种经济模式主要是创新驱动的，并且高度依赖知识信息的快速增长和知识创新周期的不断缩短。知识经济强调以创新为核心动力，促进经济的持续发展和竞争力的提升。同时，知识经济也标志着劳动力结构的智力化，即提高劳动主体的技能和智力水平成为推动经济增长的关键。在知识经济的发展中，创新能力显得尤为重要，它不仅是推动技术进步和产业升级的关键，还是提高劳动生产率和创造新的经济增长点的基础。因此，人力资本的质量直接影响了知识经济的发展效率和质量。这就要求劳动者不仅要拥有丰富的知识和信息处理能力，更应具备创新和应用新知识的能力。因此，培养和发展具有创新能力的人才是知识经济成功的决定性因素。当前，青少年正处于进行思维创新活动的黄金年龄，他们天生好奇，充满激情，拥有解决问题的独特视角，是国家创新体系的中坚力量。因此，将创造性教育融入学校教育系统，不仅是适应社会发展的需要，更是构建国家长远竞争力的战略部署。创造性教育的主要目标是发展学生的创造能力，使其成为能够进行原创性思考和解决问题的创造型人才。这种教育方式强调在教学过程中提供足够的空间和自由度，让学生探索未知，尝试新方法，并在实践中学习和创新，逐渐形成面对未来挑战所需的创新能力和适应能力。创造性教育在我国国家创新体系建设方面所作出的贡献是不可限量的。

第二节　灵性语文教学的相关理论

一、语文教学

（一）语文教学的含义

语文教学是教师指导学生对语言进行学习、掌握以及实践，并在训练中不断增强学生言语技能的学校教学活动。从不同角度出发，对语文教学的理解有所不同，通常包括以下几点。

从内涵上看，语文教学是一个整体概念，由多个相互包容、相互影响的元素组成。具体来说，语文教学不仅涵盖了对口头语言和书面语言的教学，还包括对文学和文化素养的培养。语文教学内涵受三个主要因素的影响：语言因素、社会因素和科学因素。语言因素主要指语言文字的特性，这影响着教学的方式和内容；社会因素包括社会制度、教育政策和文化背景，这些因素决定了语文教学的目标和方法；科学因素涉及语言科学、教育科学及其他相关领域的发展，这一因素为语文教学提供了理论和技术支持。语文教学通过语言认知、语言传意和语言训练（以书面语为主）来提高人的思维、认识与表达的能力和素养。

从教学内容上看，传统的语文教学主要涵盖了四个基本方面：识字、书法、读书和作文。基于此，语文教育的教学内容可以被划分为三大核心支柱：语言教学、文章读写教学以及文学作品欣赏教学。语言教学，尤其是识字和写字，构成了教学的基础，确保学生能够掌握学习语文的基本工具。文章读写教学不仅包括现代文，还涵盖了对文言文的学习。文学作品欣赏教学旨在培养学生的文化素养和审美能力，使学生更深刻地理解和欣赏文学的价值。

关于教学任务和目的，人们存在两种主要观点。其一，语文教学的基本任务在于培养学生的言语能力，包括听、说、读、写等方面；语文教学的目的是培养学生的语言能力，提高学生的语言素质位于首要位置。① 其二，语文教学的目的与任务包括三个主要方面：一是使学生接受真善美的教育和熏陶，培养学生的道德和审美观；二是提升学生的文学素养，使学生能够欣赏和体悟文学作品；三是提高学生的语文技能，即驾驭语言文字的能力。②

从教学方法上看，语文教学主要是指教师在课堂中主要围绕精心挑选的阅读材料而展开，通过事先设计的具体教学方案和步骤而进行的教学活动，其主要目的是通过教师的指导和帮助，系统地提升学生的母语语言能力，涵盖读、写、听、说等各方面的技能。

以上观点从不同角度出发对语文教学做出了解释，由此可知，语文教学需要以语言教学为基础和核心。

---

① 吴娟利.语文教学中听说读写训练探讨 [J]. 教学管理与教育研究，2023，8（2）：42-43.

② 唐明虎.学习任务群视域下的高中语文综合阅读教学方法 [J]. 语文教学通讯·D 刊（学术刊），2024（7）：22-24.

（二）语文学科的性质

语文学科的性质指的是语文学科区别于其他学科的本质属性。[①] 语文学科的性质决定了语文学科的教学目的、教学内容和教学方法。因此，正确地认识语文学科的性质是语文教学中的首要问题。对于语文学科的性质，大家的认识不完全一致，这主要是因为人们对"语文"的定义有所不同。语文学科的性质可以从以下几点去理解。

1. 工具性

语文学科的基本属性是工具性，这一性质源于语言本身的工具性。历史上的多位思想家都强调了语言的工具性。在现代社会，无论是在日常生活、工作还是学习中，语文都扮演着不可或缺的角色。掌握语文，就掌握了一个强大的交流工具，这对于个人的全面发展极为关键。因此，在教育中教师应重视语文学科的工具性，确保学生能够熟练使用这一工具，从而更好地培养和发展人才。这不仅是提升个人能力的需要，还是社会进步和发展的要求。

2. 人文性

语文学科具有人文性特征，具体来说主要体现在以下几方面。

（1）关注精神发展

语文学科作为一门人文课程，在新课程改革背景下其人文性质变得更加突出，教师不仅要传授学生必备的知识和技能，更要重视对学生心灵的涵养和精神境界的提升。语文教学专注于培养学生的思想道德，引导学生通过语文的学习深入理解自我、他人、自然及社会。进行语文教学的目的是帮助学生树立坚定的理想信念，同时培养他们的历史使命感和社会责任感。教师在设计课程标准、结构与内容时，应当充分考虑学生的学习兴趣、主动性、积极性及创新意识，以激发学生的学习潜能。

---

① 李进祥 . 中学语文教学实践及其艺术性研究 [M]. 北京：中国书籍出版社，2022：3.

同时，语文课程强调优秀文化对学生精神世界的重要影响，教师通过对文学和文化的讲授，使学生在语文的学习中得到精神上的涵养和成长。语文教学不仅扩大了学生的知识面，还能培养他们的人文关怀精神，陶冶他们的道德情操，为他们的全面发展奠定坚实的基础。

（2）重视生命价值

进行语文教学的目的是通过教学活动突出学生的生命价值，强化其个性化体验，从而促进每个学生的全面而有个性的成长。语文不仅是学习语言的工具，更是一种深入探索和记录生命体验的方式，可以帮助学生构建更为丰富和多元的世界观、人生观、价值观。新课改背景下的语文教学特别强调以学生为学习的主体，从而确保教学过程中学生的主动性、创造性可以得到充分发挥。教育的核心目的是使学生能够通过语文学习更好地理解自身和世界，实现最大程度上的自我发展。这一目标可以通过重新设计学习任务群和语文课程内容的结构性重组来实现，这些任务不仅能锻炼学生的思维品质，还能强化他们的语言和审美能力。新课程背景下的语文教学强调学习方式的多样化，倡导自主合作与探究式学习，摒弃传统的被动接受知识的方式，鼓励学生将个人的生活经验、情感体验和直觉与学习内容紧密结合，使学习过程不仅是知识的传递，还是一种深刻的生命体验。学生在整合和梳理各种言语材料的过程中，不仅提升了自己的语言表达能力，还增强了感受和欣赏美的能力。

（3）尊重个体差异

新课程改革背景下的语文教学高度尊重每个学生的个体差异，认为每个学生都是一个具有无限潜力和独特个性的独立个体。语文课程的设置更加灵活多样，涵盖必修课程、选择性必修课程和选修课程，从而更好地适应不同学生的学习兴趣和需求。新课改背景下的语文教学注重以学生为学习的主体，倡导教师和学生之间平等的互动交流。在教学过程中，教师不仅是知识的传递者，更是学生成长道路上的引导者和伙伴。通过积极的引导和支持，教师可以帮助学生探索和发掘自身的潜能，同时鼓励学生表达个性化的观点，并对这些个性化表达给予充分的肯定和专业的指导。此外，语文课程还给学生提供了丰富多样的发展机会，使学生能够在多种教学活动中找到适合自己的学习路径，实现个性化发展。以学生为中心的教学模式，不仅能激发学生的学习热情，更能助力学生全面而独立地成长，形成正确的世界观、人生观和价值观，为其未来的生活和发展打下坚实的基础。

（三）语文学科的功能

作为一门基础学科，语文单独设科，是人们从长期教育实践中深刻意识到了语文有教学功能的结果。语文学科具有多重功能，下面从基本功能、具体功能两大方面进行阐述。

1. 基本功能

（1）全面性基础功能

对语文的学习，是掌握其他所有学科知识的基础工具。学生在学习过程中，无论是理科还是文科，所接触的知识几乎都是通过语言这一媒介来传递的。因此，语文能力的高低直接影响着学生对各学科知识的理解和吸收效率。良好的语文能力，能够帮助学生更准确地理解学科内容和复杂概念，同时能增强他们表达自己想法的能力。这不仅是学习的需要，更是职业和日常生活中不可或缺的技能。无论未来从事何种职业，良好的语文能力都能够提高个人在理解指令、撰写报告、进行演讲或是日常交流中的效率和效果。

语文学科不仅是其他所有学科学习的基础，还对未来更高层次的理论学习和职业发展至关重要。其他基础教育学科虽然也具备基础性，但它们并不具备语文学科这样的全面基础的功能。

（2）广泛的社会应用功能

虽然其他学科也具有应用性，但语文学科具有更为广泛的社会应用性，这是其他学科所不能比拟的。首先，语文是传承和弘扬中华优秀传统文化的重要工具，也是吸收和传播人类进步文化的桥梁。这使语文学科在文化保护和交流中扮演着核心角色。其次，随着科技进步，尤其是人工智能和声控技术的发展，语文的现代化应用已经深入物质生产和国家现代化建设的各个层面。这不仅显示了语文学科的实用价值，还反映了其在现代社会中日益增长的重要性。语文学科的社会应用功能为其教学的民族化和现代化提供了理论基础，这要求教师在教学过程中不仅要关注语文知识的传授，更要引导学生理解语文的社会应用价值。教师需要教导学生正确处理学习中"大语文"（文化和思想内容）与"小语文"（语言技能）的关系，使学生能够在广泛的社会应用中学习语文，并以此为目标，全面提升自己的语文能力。

（3）深刻的个体移情功能

与其他学科相比，语文教学具有独特的个体移情功能，这在教学过程中尤为明显。在语文教学中，深刻的个体移情功能主要体现在师生的情感融通、学生的情感再造和情感突变等方面。教师通过自身对文学的热爱和对学生情感的理解，将文本中的情感转移到学生心中，从而引发学生情感的共鸣。在这个过程中，教师的情感、文本中的情感以及学生的情感三者相互作用，形成了一种情感的和谐共振。这种共鸣不仅增强了学生对文本的理解，还深化了他们的情感体验，实现了情感上的再造和突变。这就是师生的情感融通。情感再造是指学生被感情驱动，并热切希望将新激发的情感表达出来的过程。当课文或教学活动触动学生的内心时，他们往往会迫不及待地需要通过口头或书面形式表达这种新兴的情感。这种表达不仅是情感的自然释放，还是提升语文核心技能——听、说、读、写的强大动力。情感突变是学生在教师的引导下，通过文本的思想情感和审美意识的熏陶，在道德品质、学习态度及其他个人发展方面实现质的飞跃的过程。这种变化不仅是知识的学习，更是个性和情感深度的成长。深刻的移情作用显示了语文学科的特色和优势，还对语文学科应用功能的发挥产生着直接影响。

2. 具体功能

语文学科的具体功能体现在如图 1-2 所示几个方面。

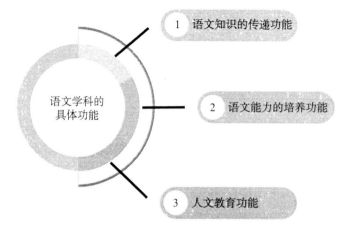

图 1-2　语文学科的具体功能

（1）语文知识的传递功能

语文学科的传递功能主要表现为教师在教学过程中，需将语言知识、文学常识、他人的言语经验和社会文化知识有效传授给学生。这一功能确保了学生不仅能学习到语言的结构、语法和词汇，还能收获对语言的深层理解和文化背景的认知。学生能够通过阅读经典文学作品和各种文体的文本，在学习语言的同时，获得丰富的历史、哲学和社会科学知识。知识的传递不仅限于语言的表面层面，更能深入语言所承载的文化、情感和思想内容。

（2）语文能力的培养功能

在培养学生语文能力上，语文学科不仅承担着多方面的任务，还发挥着多种作用，包括对学生综合性学习能力和综合性应用能力的提高。这不仅响应了时代发展的需求，还是语文学科自身发展的必然趋势，更关键的是，它为学生的终身发展奠定了基础。语文的综合性学习能力包括理解、分析和创造等多个方面，语文的综合性应用能力则主要是将以上技能应用于实际情境中，解决问题、表达思想的能力。对这些能力的培养反映了语文学科的综合性和社会性，显示了语文在现代教育中的重要性和实用性。

（3）人文教育功能

语文学科的人文教育功能体现在多个方面，主要体现在对学生进行文化教育，人格教育和情感、态度、价值观教育等方面。为了充分发挥语文学科的人文教育功能，教师需要精心设计教学过程，不仅要解决学生在学习学科知识上的主要困难，还要关注他们在情感和人格成长上的需要。这要求教师在课堂结构的构建上进行全方位、立体式的设计，创造一个有利于学生全面学习的教学环境，使语文学科的各种功能得到最大程度的实现，让学生不仅能在语文课上学到知识，还能通过语文学习得到文化的熏陶、情感的滋养和价值观的引导，从而在多个维度上实现自我成长和发展，使语文教育能在学生生活中产生深远影响。

二、灵性语文教学

（一）灵性与灵性教育

谈到灵性语文，必须弄清楚灵性和灵性教育的含义。人之所以为万物之灵长，是因为人聪明，有智慧，"灵"之引申义正是聪明、机敏。聪明机敏的特性、气质也称为"灵性"。"灵性"一词，来源已久，可指人所具有的聪明才智，感受和理解事物的能力，也可指一种敏捷的心理活动状态。是否有灵性是生命是否在进化的一个重要体现，它不仅会显现在外在的行为差异上，更深层地反映了内在的心理变化。在物理学中，灵性变化类似于变量，是心灵活动的动态标识。缺乏灵性变化，生命便会显得死板和机械。灵性教育是指使人聪慧的秉性可以得到后天化育和养成的教育理念。灵性教育无论是在源远流长的中华优秀传统文化中，还是在西方的哲学体系里，都是一种重要的思想。在我国传统文化中，强调"心""灵""性"。灵性教育旨在培养具有高度灵性的个体。这种灵性不同于初生时的天真无邪，而是一种通过去除精神上的障碍后所达到的更高层次的精神状态——第二次天真，即心灵的返璞归真。这种状态既纯净又深邃，是个体在接受灵性教育后，重新发现自我，开放本能，并向更高的精神境界进发的状态。灵性像一朵充分绽放的花，不仅展示了个体的独特生命力，还能映射出宇宙万物的生命律动。通过接受灵性教育，个体得以实现自我超越，探索并表达更广博的生命意义。

（二）灵性语文教学

基于对灵性教育的认知，笔者提出了灵性语文教学主张。与追求获取高分的机械训练，不注重通过语文对学生进行熏陶感染、心灵化育的功利主义观相对，灵性语文是一种将语言、文学与人的心灵和精神层面发展相结合的语文教育观，旨在帮助人们通过阅读、写作、思考等方式，深入理解自己、他人和世界。它强调语文教育的价值在于培养学生的思维能力、创造力和文化意识，并注重学生的内在发展。提出灵性语文教学主张，就是要用语文的真味，去激发学生禀赋中原有的灵气，帮助学生在掌握语言运用方法的过程中，产生对母语的兴趣与激情，领悟母语的美感，进而认识自我、社会与人生，完善自己的人格。也就是说，学生经历这种对语文的沉浸式学习后，应能获得身心的和谐发展，永葆生命的灵动与自由的天性。语文课程的基本特点是工具性和人文性的统一。这种统一性正是灵性语文所追求的教育目标，即通过语文学习，让学生在语文生活中表现出灵活运用语言的能力，灵动的情思生发境界。

灵性语文教学强调使用新颖的教学设计、多样的教学形式和富有创意的教学手段，点燃学生思维的火花，释放学生的学习潜力。灵性语文教学不仅课堂氛围活跃而灵动、其艺术化的教学过程，还能将语文学科的学习变为一种审美和思考的体验。由此，学生不仅能够学习到语文知识，还能在思考和表达上获得灵感，提高语言运用能力和创造性思维。另外，灵性语文教学着重于培养学生的情感和价值观，通过文学作品的深度解读和创造性写作，引导学生产生人文关怀精神和深层次的思考，实现个人的情感成长和价值认同。

第三节 创造性教育理念与灵性语文教学

一、创造性教育理念对灵性语文教学的启发

（一）拓宽教学内容与方法

创造性教育理念强调教学内容和方法要突破单一性，追求丰富性、多元化，这为灵性语文教学提供了重要启示。灵性语文教学着重于培养学生深层次理解、情感共鸣与个性表达的能力，这需要教师在教学内容与方法上进行大胆创新和整合。

在教学内容方面，创造性教育倡导跨学科教学，这为灵性语文教学注入了新的活力。通过课程融合，语文教学不再局限于传统的文学、语法和写作训练，而是与历史、哲学、艺术等学科交叉，让学生在探索文学作品的同时，理解作品背后的历史背景、文化价值和哲学思想。例如，在《红楼梦》的教学中，教师可以结合中国古代社会结构、中国古典园林艺术，帮助学生全面理解作品的深层意义。跨学科的教学方法能够激发学生的学习兴趣，提高他们的文化理解力和思维能力，从而让他们在情感与认知上实现灵性成长。

在教学方法方面，创造性教育倡导使用多样化的教学方法，如合作学习、问题导向学习以及情境学习，这些教学方法可以有效地促进学生主动学习和深入思考。例如，在语文课上，教师可以设计一系列基于真实情境的学习任务，如模拟一个与课文主题相关的社会问题讨论会，让学生在讨论中深入分析文本，表达自己的见解和情感，从而加深对文本

的理解和感受。另外，数字技术的融入可以为灵性语文教学提供新的视角和平台。利用多媒体和网络资源，教师可以将经典文学作品与音乐、影视剧等多种艺术形式结合起来，例如，在课文《边城》的教学中，通过观看《边城》的电影版本，学生不仅能够理解文本内容，还能通过画面和演员的表演感受到作品的情感深度和人物形象。电影中的湘西风光和人文风情也能帮助学生更直观地理解沈从文笔下的边城生活与文化，使他们更深入地体会到文章中蕴含的民族情感和历史背景，同时激发他们对文学作品的兴趣和热爱。

（二）强化教师的角色转变

创造性教育理念注重培养学生的创新思维和创新能力，这就需要教师加强对自身的反思，由权威的讲授者转变为学生的引导者。基于此，在灵性语文教学中，教师要从传统的知识传递者转变为学生学习的引导者和协作者，为教学目标的实现奠定良好基础。

如果教师扮演权威的讲授者，学生则是被动的接受者。这种模式可能导致学生对学习缺乏主动性和兴趣，尤其是在语文学习中，学生可能只是机械地记忆文法规则和文学知识，而无法真正理解和感受文学作品的深层意义和美学价值。而且，缺乏互动和情感投入的教学环境也不利于学生个性的发展和创造力的激发，忽视了学生作为学习主体的能动性，使教学过程变得单一和枯燥，难以满足现代教育对学生全面发展的要求。

而当教师的角色从传统的知识传递者转变为引导者和协作者时，教学的整体氛围和效果都会发生显著变化。在灵性语文教学中，教师更多地通过提问、引导讨论和创设情境，激发学生的思考和情感共鸣。这种角色的转变使学生能够在学习过程中发挥主动性，通过探索和实践来深入理解语文知识和文学作品。例如，教师可以通过组织角色扮演、辩论和写作研讨等活动，引导学生从不同角度体验和解读文学作品，这不仅增强了学生的语文能力，还促进了他们在情感和灵性方面的成长。此外，教师作为学生学习的支持者，可以更加关注学生的个性化需求，通过观察和反馈，帮助每个学生找到最适合自己的学习路径。这种个性化的教学关注每个学生的独特性和潜能，有助于培养学生的自信心和独立性，使他们能够在未来的学习和生活中更加具有主动性和创造性。

（三）增强学生的自主参与

创造性教育理念强调学生中心、探索性学习和创新思维的重要性。灵性教育注重个体的内心体验与情感表达。这就要求在语文教学过程中学生要有更高的自主权和参与度。

在缺乏自主参与的教学环境中，学生往往只是简单地接收信息，缺乏对知识的深入理解和思考。这导致学生往往只关注考试成绩，而忽视了学习的过程和深层次的思考。例如，学生可能只会通过背诵诗文来应对考试，这种学习方式虽然可能带来短期的成绩提升，但难以激发学生的阅读兴趣，难以提高学生的文学欣赏能力。更严重的是，学生的自主学习能力和创新思维的发展会受到制约，这使学生在面对复杂性和开放性问题时，往往无所适从。

而当学生能够自主参与学习时，语文教学的效果和学生的学习体验都会显著改善。自主参与使学生能够根据自己的兴趣和需求选择学习内容和方式，这种选择权的赋予可以极大提升学生的学习动力和参与感。在灵性语文教学中，教师可以设计多样化的学习活动，如阅读自选读物、创意写作和小组讨论，这些活动不仅能提高学生的语文技能，更重要的是能帮助学生在阅读和写作中发现自我、表达情感，从而达到情感和灵性的共鸣。此外，自主参与的教学模式鼓励学生对学习内容进行深入探索和思考，这是形成创造性思维的关键。例如，在分析一部文学作品时，学生不仅要概括文章的主要内容，还要根据自己的理解提出不同的解读和批评，这一过程需要学生积极思考、大胆假设和自由表达，不仅有助于提升学生的语文分析能力，还能够促进学生的个性发展，丰富学生的情感。

（四）创建多元化的学习环境

在当今日益多元化和国际化的教育背景下，创造性教育理念强调教学环境的多元化，这在灵性语文教学中显得尤为关键。传统的单一教学环境往往局限于课本知识和标准化的教学方法，这种环境虽然在一定程度上保证了基础教育的普及和标准化测试的便利开展，但同时带来了一系列教学和学习的弊端。

单一教学环境的问题之一在于限制了学生的视野和思维方式。在这种环境中，学生通常只能接触到固定的知识体系和重复的学习模式，这种单调的学习体验难以激发学生的学习兴趣和探索欲。例如，语文教学可能过度侧重于对文法规则和经典文学的解读，忽视了对当代文学、跨文化作品及其他艺术形式的整合，使学生对语文学科的理解变得狭隘。此外，在单一教学环境下的评估方式通常依赖标准化考试，这种评估方法强调正确答案而非学习过程，可能导致学生形成应试的学习态度，不利于对学生创造力和思维能力的培养。

相比之下，多元化的学习环境给师生提供了广阔的教学视野和丰富多样的学习资源，这对实施灵性语文教学而言尤其重要。多元化的学习环境鼓励教师引入各种教学媒介和跨学科的内容，如电影、戏剧、音乐及视觉艺术，这些内容能够与语文教学相结合，为学生提供更为丰富的文本解读和创造性写作的灵感。例如，通过分析电影中的叙事技巧或讨论音乐作品中的语言表达，学生可以从多角度理解语言的力量和表达的多样性，这种理解超越了传统教材的限制，有助于学生形成全面和批判性的思维方式。

二、灵性语文教学与创造性教育在目标上具有一致性

灵性语文教学与创造性教育虽然在方法和具体实践上可能存在差异，但在教育目标上，它们显示出了很强的一致性。这种一致性主要体现在

促进学生全面发展的共同目标上，特别是在激发学生的创造力，提高学生的思维能力和情感深度，以及促进学生个人价值观的形成等方面。

灵性语文教学，本质上是一种致力探索和培养学生内在精神和情感的教学方法。它通过对文学作品的深度解读，使学生能够理解并感受到不同文化和历史背景下的人类所共有的经验和情感。这种教学不仅能让学生在知识层面上获得信息，更能鼓励学生在情感、道德和哲学层面上进行深入的思考和探索。这样的探索能帮助学生形成自己的价值观，增强其对人性和社会的理解，从而促进其个人的全面成长。创造性教育的目标主要是培养学生的创新思维和解决问题的能力，强调学生应当在学习过程中不断尝试和探索，勇于创新。这种教育理念认为，教育的目的不仅是传授知识，更重要的是激发学生的潜能，使他们能够在将来面对复杂多变的世界时，具备独立思考和创新解决问题的能力。

灵性语文教学与创造性教育在目标上具有一致性，因为两者都致力于促进学生内在品质和综合能力的发展，而不仅仅是外在知识的累积。灵性语文教学通过文学的多层面解读，可以培养学生的同理心、思维能力，深化学生对情感的理解，这些都是创造性解决问题所必需的素质。同时，灵性语文教学还鼓励学生表达自己独特的见解和创意，无论是通过写作、讨论还是其他形式的艺术创作，都是对学生创新能力的直接培养。因此，虽然灵性语文教学与创造性教育在某些教学策略和方法上可能有所不同，但它们从根本上追求的是相同的目标：通过教育促进学生的全面发展，使学生在知识、情感、道德和创造力等多个方面获得平衡和提升。这种一致性使灵性语文教学成为实现创造性教育理念的一个重要途径，通过深化学生的文学和情感探索体验，为他们未来在更广泛领域中的创新和成长打下坚实的基础。

三、灵性语文教学对实施创造性教育理念的促进

在当代教育改革的潮流中，创造性教育理念逐渐成为推动学生全面

发展的重要方向。该教育理念不只强调知识的传授和技能的培养，更注重激发学生的创造力、思考能力和自我表达能力。在这一背景下，灵性语文教学显得尤为重要，它不仅能够深化学生对文学的理解，还能促进他们的情感发展和精神性成长，从而为实施创造性教育理念提供了一条有效的路径。

首先，灵性语文教学的主要目的之一是通过文学作品触及学生的内心世界，激发他们的情感共鸣和精神反思。这种教学方式超越了传统语文教学的界限，将文学作品作为一种工具，通过丰富的情感和深刻的主题来引导学生探索人生的意义、社会的责任和个人的价值。例如，通过研读不同文化背景下的经典作品，学生不仅能够学习到不同的文学技巧和表达方式，更能够通过分析作品中的人物和事件，理解不同的人生观和价值观，从而促进自我认知的提升和精神上的成长。

其次，灵性语文教学强调创造性写作的重要性，这是创造性教育理念的另一项关键实践。通过鼓励学生创作自己的诗歌、故事和戏剧，教师能够帮助学生发掘内心的创造潜能，表达个人的情感和想法。这种创作活动不仅能够提升学生的语言表达能力，更能帮助学生理解和整合自己的情感体验，从而促进情感智力的发展和个性的独立形成。

第二章　灵性语文教学

第一节　灵性语文的教学目标

语文课程具有工具性和人文性相统一的基本特点。这也引出了灵性语文教学所追求的主要教学目标，即通过语文学习，让学生在语文生活中表现出灵活的语言运用能力、灵动的情思生发能力、灵敏的审美感受能力、灵巧的文化理解能力。本节主要从教学对象（学生）的角度出发，围绕灵性语文的教学目标展开论述。

一、灵活的语言运用能力

灵活的语言运用能力，表现为学生在各种语用情境之中，都能够用母语准确、得体、生动地进行表达。例如，写作应用文时应准确、规范，演讲时应有目的感和现场感，和人交流时应使用得体的表达方式，文学创作时应有生动的文采等。语言运用能力是现代社会人才所需具备的关键技能之一。学生通过在各类实践活动中积累和运用语言文字，不仅能够熟练掌握语言表达的技巧，还能了解语言运用的基本规则和特性。这种过程可以帮助他们基于个人经验，形成独特的语言能力。与此同时，通过参与各种语言实践活动，学生不仅能逐渐形成规范使用语言的意识与技能，还能增强合作与沟通能力，深刻体验语言的深层意义，并感受到中华文化的深厚魅力。灵活的语言运用能力的生成与提升主要包括以下几个阶段，即语言积累、语感建构、语理习得、语意表达[①]，如图2-1所示。

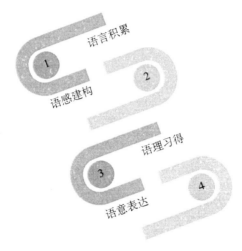

图2-1　灵活的语言运用能力的生成与提升阶段

（一）语言积累

积累是语言运用的基础。学生在语言、思维、智慧及技巧方面的积累越丰富，其语言表达就越自如和生动。

1. 字句段的积累

词语浩如烟海，需要学生持之以恒地积累，以使语言表达精准而富有内涵。句式有很多种，各有不同的特点。例如，使用恰当的比喻，可以使描述更加生动形象；合理运用排比句，能增加语句的气势；选择动感较强的动词，可让叙述更加生动；适当描述色彩，可使整个画面更为优美。一个好的段落构建不仅涵盖总分、因果、并列、转折和递进等传统结构，还应融入动静结合、由实至虚、先叙述后议论等多种形式。这些灵活多

---

① 熊建峰.指向提高学生语言运用能力进阶的教学：语言积累、语感建构、语理习得、语意表达 [J].云南教育（小学教师），2024（3/4）：54-56.

变的段落形式能够承载更丰富的写作意图，极大地增强文本的表现力和感染力。

2. 手法的积累

掌握多种表达手法是提升文章表现力的关键。教师应指导学生系统地积累各类表达手法，如人物描写、景物描写、正面描写、侧面描写、对比描写、动静结合、虚实结合等。此外，谋篇布局的方法也是必不可少的，它们能极大地增强写作的条理性和逻辑性。通过持续的练习和深入的理解，学生可以将这些技巧内化为自己的能力，使行文更加生动，更有感染力。

3. 思想的积累

思想是前进的指向标。在语文教学中，引导学生深入理解课文的主题思想和哲理至关重要。教师应鼓励学生广泛阅读，特别是积累那些蕴含深刻智慧的名言警句。这些名言不仅是智慧的结晶，还是思想的灯塔，能够指引学生在复杂的语言表达中找到明确的方向。通过不断的思想积累，学生才能够在言语中进行更加精准和有力的表达，进而提升整体的语言运用能力。

（二）语感建构

语感建构指的是在语文活动中形成输入型和输出型语感。语感建构是语言运用的核心。在阅读过程中，通过诵读、比较、想象、联系生活等多种方式，学生能深入理解语言的深层含义和言外之意，从而培养输入型语感。同时，通过口语交流和写作训练，学生能够实际应用这些语言知识，有效地提升输出型语感。

1. 诵读

诵读涉及对视觉、听觉、发音、记忆和情感的综合运用，可以将文字转化为富有表现力的语言。诵读活动不仅是读出文字，更是通过眼、口、耳的互动，将文字铭记于心，同时深入体会和领悟语言的深层意义。通过诵读，学生能够感受到文字的形态、色彩和声音之美，洞察人物的外貌、言行及内心之美，以及领会文章的语言运用、构思布局方式和内涵之美。

2. 比较

比较是培养语感精确性的有效手段。通过在教学中引导学生进行各种修改，如换一换、改一改、加一加、减一减、调一调，学生可以在比较中深刻领悟准确和形象的重要性，并感受到语言背后的思想和情感。比较方法可以帮助学生识别和欣赏不同表达之间的细微差别，从而提高他们的语言敏感性和表达能力。

3. 想象

阅读课文时，想象能力能够引导学生超越文字的层面，进入作品所描述的情景中，更深刻地感受事物的形象，体察人物的内心，从而深切地感受到语言的独特魅力。通过想象，学生能够更加真切地领会到文字背后的深层意义，增强语感和理解力。

4. 联系生活

将学习内容与实际生活联系起来，可以极大地增强语文学习的实际应用价值。生活本身就是一部丰富的语文教材。通过观察和体验生活，学生能够更加深刻地理解语言的使用环境和语境方面的知识，加深对语言深层含义的理解。在阅读和学习的过程中，联系生活可以帮助学生感受到语言的深刻意蕴和无限魅力，从而在实际生活中有效地运用所学的语言知识。

（三）语理习得

语理习得是语言运用的有力支撑，涉及对语感的理性分析和对语言规律的深入理解。通过学习和掌握语言运用的规律，学生能够更加自如地运用语言，确保表达的清晰和主旨的突出。语理习得不仅可以促进语感的形成，还能提高语言表达的水平。缺乏对语言理论的深入理解，学生在语言运用上往往难以达到更高的水平。因此，语理习得对于语言学习者来说，是不可或缺的。

1. 遣词造句的规律

遣词造句是语言表达的基础，涉及词语选择和句式构造方面的技巧。比喻、拟人、排比、设问等修辞手法，都有自身的特点。比喻通过将抽象的事物与具体的事物相对比来增强表达效果，使语言更加生动形象；拟人是赋予非人类对象以人的特征，增加文本的情感色彩；排比通过重复相同的句式结构，增强语气和节奏感；设问是在文中提出问题，启发读者思考或强化作者的观点。这些手法各有特点，合理运用可以大大提高语言的表现力和感染力。

2. 表达手法的规律

文章的表达手法灵动多变，且各有特点。正面描写直接描述对象的特征，侧面描写通过周围环境或他人的反应来揭示主体特征，对比描写通过展示不同事物的对立面强化主题；动静结合的手法通过描述静态的场景和动态的行为来增强层次感；点面结合是从细节出发展开到整体，形成全面的视角；虚实结合通过现实与想象的交融来增加文章的深度，产生引人入胜的效果。掌握这些表达手法的规律，可以让文章更加丰富和生动。

3. 不同文体的规律

诗歌、散文、小说等文体，其结构、表现手法、语言特点等各有千秋。诗歌通常结构紧凑，富有节奏和韵律，强调情感的表达和象征意义的使用；散文更加自由和灵活，注重语言的流畅和思想的深刻；小说侧重于对故事的叙述和人物的刻画，通过复杂的情节和多样的视角展现生活的广阔。每种文体都有其特定的语言运用规律和创作技巧，掌握这些规律可以帮助学生更好地掌握文体特点，灵活地运用语言，提高写作的质量。

（四）语意表达

语意表达是语言运用的目的。灵性语文教学追求的是让学生能够流利地表达自己的思想，让他们出口成章，笔落惊人，能够写出既新颖又富有感染力的文章。为达到这一目标，教学中教师应鼓励学生借鉴经典，灵活运用已有的表达方式，并在此基础上进行创新。在此基础上，学生可以开发出独具特色的表达技巧，写出内容丰富、富有创意且情感真挚的作品。这不仅能提升他们的语文能力，还能加深他们对语言美感的理解，使他们能够更好地在学术和实际生活中运用语言。

二、灵动的情思生发能力

灵动的情思生发能力，指的是学生在语言表达时表达细腻、丰富的感情，独特、深刻的见解，蕴藉、高远的意旨的能力。例如，在面对生活时能产生细腻丰富的体悟，观察社会现象时能认识到现象背后的本质原因，鉴赏文学作品常有异于他人之新见，文学创作中能表达高远的意旨等。灵动的情思生发能力能够使学生更加敏锐地感受到语言背后的情感和思想，从而在语言表达时能够更加准确和深刻地表达自己的感受和思考。灵动的情思生发能力可以进一步细分为以下几种能力。

（一）情感共鸣能力

情感共鸣能力指的是个体在阅读或接触文本、艺术作品时，能够理解并感受到其中人物或作者的情感，进而在自己内心产生相应情感反响的能力。这种能力是情感认知的一部分，涉及对同理心的培养，能够使个体跨越自我的界限，与他人的情感状态产生共振。在语文教学中，情感共鸣能力的培养尤为重要，因为它不仅能加深学生对文学作品的理解和感受，还是促进学生情感和道德发展的关键。情感共鸣能力的培养对于学生的全面发展至关重要。首先，这一能力可以极大地丰富学生的学习体验，使他们能够更加深刻地理解文学和艺术作品中复杂的人物关系和情感变化，从而提升他们的文学鉴赏力和思考能力。其次，情感共鸣能力有助于培养学生的同理心，使他们能够理解和尊重不同背景和文化的人，这对于形成一个和谐的社会环境和增强社会的包容性具有重要意义。最后，情感共鸣能力的提升还可以帮助学生在日常生活中更好地管理自己的情感，解决人际交往中的冲突，提高社会适应能力，促进个人情感健康发展。

（二）想象力

在语文教育中，想象力主要指的是学生在接触文本内容时超越文字的直接信息，创造性地构建心理图像和场景的能力。想象力不仅增强了学生理解和感受文学作品的深度的能力，还是培养创新思维和解决问题能力的重要工具。想象力的本质在于在心中构建出尚未发生或可能永远不会发生的场景和图像，这对学生理解复杂的文学主题和人物心理非常关键。在学习生涯中，学生通过语文学习，会接触到各种文学形式，如诗歌、小说、戏剧等，每一种文学形式都富含情感和想象的空间，学生需要运用想象力去深入文本，理解作者的意图和文本的深层意义，感受人物的情感波动，想象故事背后的社会背景。

语文教师在教学中可以采用多种策略来激发和培养学生的想象力。首先，通过故事讲述和文本解读，教师可以引导学生跳出文字的直接意义，探索更为丰富的解读可能。例如，通过讨论一个故事中未被明说的情节或人物心理，教师可以鼓励学生提出自己的解读，推测故事可能的延伸。其次，创意写作是培养想象力的有效途径。教师可以设置一些开放性的写作任务，如编写一个基于阅读材料的新故事，或者从某个人物的视角重新诠释故事，这样的练习有助于学生熟练运用并发展想象力。

（三）表达与沟通能力

表达与沟通能力在语文教学中占有重要地位，因为语文作为学习母语的学科，不仅是学习语言本身，更是通过语言学习让学生掌握进行思想、情感和信息交流的重要工具的过程。在学习阶段，学生可以通过参与阅读、写作、讨论和演讲等活动，使表达与沟通能力得到系统的培养。阅读教学不仅要教学生理解文本内容，更包括对文本深层意义的探讨和批评，这需要学生能够理解并运用复杂的语言结构和大量的词语。写作教学则直接关系到表达能力的强弱，通过不同类型文章的写作练习，如记叙文、议论文、说明文等，学生可以学会如何组织语言、构建论点、描述事件，表达自己的见解和感受。表达与沟通能力的培养也密切关联着情感的表达。语文教学中的文学作品为学生提供了丰富的情感资源，学生通过诗歌、小说和戏剧等文学形式，学习如何感知并表达复杂的情感。例如，在学习诗歌的朗诵时，学生不仅要理解诗歌的意境和情感，还需要通过声音的抑扬顿挫来表达这些情感，这种活动能极大地提升学生的情感表达能力和审美能力。

在现代社会，随着信息技术的发展，表达与沟通的形式和平台也在不断变化。学生需要学会如何在数字化环境中有效地表达和交流，包括使用电子邮件、社交媒体和各种在线平台进行沟通。教师可以引入这些现代沟通工具，让学生在安全和有指导的环境下学习如何在网络环境中表达自己，处理信息，并与人互动。

三、灵敏的审美感受能力

灵敏的审美感受能力，指的是学生在接触文学和艺术作品时，能够敏锐地察觉到并深刻感受作品中的美学元素，如语言的韵律、形象的描绘、情感的表达以及深层的主题意义。① 这种能力使学生不仅能够理解文本的表面意义，更能感受到作品所传达的情感与美的深度，体验情感与思想上的共鸣。在灵性语文教学中，对于学生灵敏的审美感受能力的培养，其目标可以进一步细分为以下几部分，如图 2-2 所示。

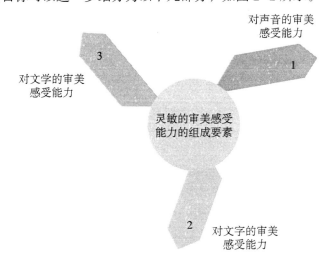

图 2-2 灵敏的审美感受能力的组成要素

（一）对声音的审美感受能力

对声音的审美感受能力涉及学生对语言音质、语调、节奏和声音的和谐程度或对比等方面的敏感性和欣赏能力。声音在文学中扮演着至关重要的角色，尤其在诗歌、戏剧和散文的朗读中，良好的声音能够极大地增强文本的情感表达和氛围营造效果。通过细致入微地感受声音的变化，学生能够更深入地理解文本的情感和艺术美感。例如，诗歌中的韵律变化不仅增加了朗读的美感，还能引导学生体验诗人的情感波动和艺术意图。此外，戏剧作品中角色的语音特征和语调变化也是学生理解角

---

① 杜昱霖. 初中语文教学中审美能力培养途径探寻：以重庆市 B 中学为例 [D]. 重庆：西南大学，2020.

色性格和情感状态的关键。通过培养对声音的审美感受能力，学生可以提升自己的语言表达技巧，学会如何通过声音的调控来增强语言的表现力。这不仅有助于他们学习语文，更能提高他们在生活中的沟通技能。学生将学会如何更有效地运用声音来传达情感和信息，同时这种能力会提升他们对音乐、戏剧和其他声音艺术的欣赏水平，从而丰富他们的文化生活和艺术体验。

（二）对文字的审美感受能力

文字不只是语言的基本单位，也是承载文化和进行艺术表达的重要媒介。学生对文字的审美感受能力，涉及对字词的选择、句式的构造以及整体文本的布局和流动性的敏感度和欣赏能力。这种能力使学生能够感受到语言的美，包括文字的意象、声韵以及表达方式的独创性和精确性。例如，在文学作品中，作者会通过巧妙的词语选择和句子结构，创造出强烈的视觉和情感效果，如使用象征、比喻、拟人等手法，使抽象概念形象化，并丰富情感。学生在学习和体验这些技巧时，不仅可以提高对语言细节的敏感度，还能更深刻地理解到文本背后的意义和情感。此外，对文字的审美感受能力还涉及对文章结构的理解，如篇章的开展、转折、高潮和结尾等，这些都是构成文本美感的关键因素。学生通过学习如何感受和评价这些元素，能够增强阅读理解能力，提升写作技能，并在此过程中培养思维能力和创造性表达能力。

（三）对文学的审美感受能力

对文学的审美感受能力是使学生深入体会文学作品的多层次美感，从而全面理解作品的艺术价值和文化意义的重要能力。文学的审美感受能力不仅包括对诗歌、小说、戏剧等不同形式的文学作品形式美的感知，还包括对作品中复杂情感、人物性格、社会背景和作者世界观的理解和共鸣。这种能力让学生在阅读过程中能感知到作者通过文字游戏、象征、隐喻以及其他文学手法所创造的美学效果，使他们能够感受到文字背后的情感波动和深刻思考。除此之外，对文学的审美感受能力还能激发学生的创造性和思维能力。通过与文学作品的互动，学生不仅能够提升自己的语言表达和写作能力，还能在解读复杂文本的过程中，培养分析、批评和综合思考的能力。这种深度的文学体验，可以帮助学生建立起个人的价值观和审美观，增强他们对人类经验和情感的深刻理解。

四、灵巧的文化理解能力

灵巧的文化理解能力指的是学生在语文学习中通过深入学习和体验不同文化背景下的文学作品，准确地理解并尊重不同文化的价值观、信仰、习俗和行为模式的能力。这种能力不仅是跨文化交际的基础，还是实现有效跨文化沟通的关键所在。具备良好的文化理解能力，可以让学生在不同文化环境下都能与他人进行有效沟通和协作，从而避免文化差异导致的冲突和误解。在灵性语文教学中，对于学生灵巧的文化理解能力的培养主要包括以下几方面，如图2-3所示。

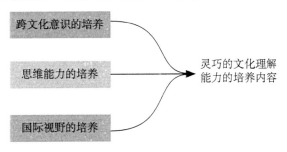

图2-3　灵巧的文化理解能力的培养内容

（一）跨文化意识的培养

在经济全球化发展的当下，跨文化交流变得日益频繁，因此培养学生的跨文化意识显得尤为重要。跨文化意识的培养使学生能够理解和尊重各种文化的习俗和价值观，进而促进不同文化的交流与融合。灵性语文教学为学生提供了一个培养跨文化意识的有效平台，通过文学作品，学生可以深入了解不同文化的历史背景、发展现状和风俗习惯。文学作品中蕴含的丰富文化信息不仅拓宽了学生的知识视野，还有助于培养学生的跨文化意识。

（二）思维能力的培养

通过阅读不同文化背景的文学作品，学生不仅能开阔视野，还能增强对异质文化的理解与包容。这种阅读经验有助于提升学生的思考能力，使他们在面对有多元文化的环境时能进行深入的理性思考。具备良好思维能力的学生能够在多样的文化情境中做出更加明智和审慎的判断与选择。因此，通过对文学作品的阅读和学习，学生不仅可以学习到语言和故事，更能学习到如何在经济全球化的世界中有效地交流和互动。

（三）国际视野的培养

通过学习和阅读不同文化背景的文学作品，学生可以广泛了解世界各国和民族的历史、文化、政治和经济等，从而形成国际视野。这能使他们在未来参与国际交流和合作时，能够更好地适应多元文化环境，有效地与来自不同背景的人士交流和协作。由此一来，学生不仅能增长知识，还能够增强跨文化的理解和沟通能力，为自己在国际舞台上的成功奠定基础。

第二节　灵性语文教学的四个特性

灵性语文教学具有四个主要特性，即情感性、思想性、语用性以及文化性。情感性是海，思想性是彼岸，语用性是航船，而文化性则是比海更辽阔的天空。四性的统一，才能育就一个人格完满的语文人。本节主要围绕灵性语文的四个特性展开详细论述，如图2-4所示。

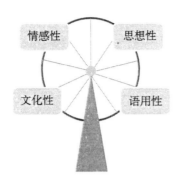

图 2-4　灵性语文的四个特性

一、情感性

灵性语文教学是一种注重内心体验和情感表达的教育形式，强调语言与人的内心世界之间的深刻联系，以及通过文字来触动、表达和沟通情感的能力。

首先，相比于传统语文教学，灵性语文更强调语言的情感表达能力和对读者情感的影响。语言不仅是信息交流的工具，更是情感交流的桥梁。通过诗歌、散文、小说等文学形式，作者能够将自己的感受、思考和激情通过文字传达给读者，而读者在阅读这些文字时，也能感受到作者的情感波动和心理活动，实现情感的共鸣。例如，教师在教授鲁迅的《阿 Q 正传》时，灵性语文的教学方法能够有效地引导学生深入文本，不仅理解作品对封建社会的批判，还能体会到阿 Q 的自欺欺人和无奈。通过详细分析阿 Q 如何在社会底层中挣扎、如何自我安慰，学生可以感受到阿 Q 的精神世界和他对现实的不满。这种情感的传递，使文学作品的影响力远超文字本身，使阅读成为一种强有力的情感体验。教师通过设置讨论、写作反思或角色扮演活动，能使学生不仅能站在理性分析的角度看待文本，更能从情感层面进入作品，体验人物的内心世界。

其次，灵性语文注重对个体情感的尊重和唤醒。在灵性语文教学和实践中，每个人的个性和情感体验都是被重视的。教师和学生被鼓励去探索自己独特的情感体验并将之表达出来，这不仅有助于增强语言表达的深度和力度，还促进了学生个人情感智力的发展。在这个过程中，学生可以通过写作和阅读来探索自己的情感深度，学习如何在语言中捕捉和表现情感的细微差别。例如，在教授《大战中的插曲》这部作品时，灵性语文的教学特别强调对学生个体情感的尊重和唤醒。通过这部作品所描述的战争场景和人物的内心经历，教师要引导学生深入探讨作品中的情感冲突和对人性的挑战，激发学生对战争、恐惧、勇气及牺牲等复杂情感的理解和感受。在这个过程中，教师可以鼓励学生通过写作和讨论，表达自己对作品中情感的看法和自己的情感。这种探索和表达不仅增强了学生的语言表达能力，更能帮助他们学习如何在文字中捕捉和传达情感的细微差别，从而促进其情感智力的发展。例如，学生可以通过写一篇日记或第一人称的短文来表达如果自己处在作品中的情境下会有怎样的感受，这样的活动使文学不仅是学生感知外部世界的一种方式，还是他们了解和表达内心世界的桥梁。

最后，灵性语文的情感性还带有一种治愈性质。中学生正处于心理发展的关键时期，面临学业压力、人际关系构建以及自我认同的挑战，这些因素常常会引发他们的情感波动和心理压力。通过灵性语文的学习，学生可以从文学作品中的情感体验里找到情感共鸣，从而获得心灵上的慰藉。例如，在阅读《鲁滨逊漂流记》这部文学作品时，主角在孤岛上的自救经历可以为学生提供重要的心理启示。在这部小说中，鲁滨逊经历了从绝望到自我拯救的转变，他在孤岛上的求生经历不仅展示了人在物理层面上的生存技能，更重要的是展示了他心理层面上的适应和成长。教师可以引导学生深入探讨鲁滨逊如何利用有限的资源，保持乐观的心态，以及如何通过日常的工作和日志写作保持心理健康。这些行为反映出面对困难时保持勇气和坚持到底的重要性，同时教会学生如何在现实生活的逆境中找到心理平衡。通过小组讨论或写作反思，学生可以分享自己面对困难时的感受和应对策略，从而在情感上得到共鸣和治愈。

二、思想性

灵性语文教学的思想性特质深刻地体现了语言不仅是沟通的工具，更是反映和塑造思想的载体这一道理。灵性语文教学鼓励学生不要止步于学习语言本身，而要通过语文来探索和表达复杂的思想、哲学问题以及个人和社会层面上的价值观，拓宽学生思维，深化学生对人类经验和存在的理解。

（一）促进学生思考人生问题

灵性语文教学具有强烈的思想性，这一点特别体现在促进学生思考人生的根本问题上。引导学生进行深入的文本分析和批判性讨论的教学方法，不仅涵盖了语言和文学的学术研究，更能引导学生探讨诸如生命意义、人的存在状态以及人与自然和社会的关系等深刻话题。文学作品因独特的情感和哲理深度，是探讨这些主题的理想媒介。例如，教师利用卡夫卡的《变形记》来引导学生讨论身份和异化的问题，讨论可以深入个体在社会和家庭中的角色如何影响自我认知和人际关系这一层面。在教授《变形记》时，教师可以引导学生分析主人公格里高尔·萨姆沙是如何从一个普通销售员变成一只巨大的昆虫的，这一变化又如何显现出他在家庭和职业生活中感受到的疏远和孤立。通过引导学生探讨格里高尔·萨姆沙的内心感受和家庭成员的反应，教师可以激发学生对于如何在现代社会中维持个人身份和自尊的深层次思考。此外，教师还可以鼓励学生探讨现实生活中的异化现象，如在工作和社会压力下的个人身份危机，以及如何找到自我价值和目标。通过王维的山水诗来感悟与自然和谐相处的哲理也是一种很有成效的教学方法。王维的诗歌充满了对自然美景的描绘和深切的宁静感，教师可以引导学生深入分析王维如何通过诗歌表达他与自然的和谐关系和对禅宗哲学的领悟。例如，教师可以选取《鹿柴》等具体作品，讨论诗中的意象如何反映了诗人内心的平静与超然。通过讨论王维的生活背景和他的道家思想，学生可以了解如何在忙碌和压力中寻找精神上的慰藉和平衡。这不仅能让学生欣赏到中国古典文学的美，还能帮助他们探索在现代生活中如何实现与自然的和谐相处，以及这种和谐对精神健康的重要性。通过各种各样的文学作品，学生不仅能学习到丰富的语言表达技巧，更能够在思想和情感上获得共鸣，对生活和世界有更深的感悟。

（二）培养学生的思维能力

思维能力指的是学生在阅读和分析文本时，独立思考、评估信息的真实性、逻辑性和有效性，并形成自己的见解的能力。思维能力的培养对于学生的个人成长极为重要。它不仅能提高学生的语文学习效率，增强他们的阅读和写作能力，更能促进学生独立思考和自我表达能力的发展，为学生将来在更广阔的学习领域和职业生涯中遇到复杂问题时提供了解决的工具。思维能力是现代人的一项基本技能，特别是在信息爆炸的今天，能够思考和评估信息的真伪和价值，是每个公民都应具备的能力。

在语文教育中，思维能力的培养涉及多个方面。首先，学生需要学会识别文本中的论点和论据，并分析这些论据是否充分、论点是否合理。这包括辨别作者的偏见和前提，评估信息来源的可靠性，以及理解不同的文体和表达方式如何影响信息的呈现。例如，在分析一篇论述性文章时，学生应能够指出作者的主张是什么，并且分析支持这一主张的论据是否充分，是否存在逻辑漏洞。其次，思维能力的培养还包括对不同观点的对比和综合。在阅读多篇同一主题的文章时，学生应能够识别各篇文章的不同观点，分析这些观点之间的异同，并能在此基础上形成自己的见解。这种能力的培养，不仅能使学生形成对观点的深层次理解，还能锻炼他们的综合和比较分析能力。

例如，在教授《劝学》时，教师可以设立一个专门的课程模块，对其所展现的学习和修身问题进行深入分析。首先，教师可以引导学生探讨《劝学》中提到的学习态度以及如何实现知识的积累和超越，如"青，取之于蓝，而青于蓝；冰，水为之，而寒于水"，启发学生思考自己学习过程中的努力方向和潜力所在。教师可以通过提问，引导学生思考如何在面对学习中的困难和挫折时，坚持不懈地追求进步。其次，教师可以引入对修身问题的讨论，分析《劝学》中提到的"木直中绳，𫐓以为轮，其曲中规"分析如何通过自我修正和磨炼提高自身素质，以及这种过程对促进个人成长和承担社会责任的重要性。教师可以通过组织小组讨论或辩论，让学生探讨这些修身理念在今天是否仍然适用，以及现代社会中的相似情形。最后，教师可以引导学生将《劝学》中的修身理念与当代社会中的自我提升和社会责任问题联系起来，思考如何在现实生活中培养自身的品德和能力。例如，讨论当前社会中的终身学习观念、个人素养与职业发展的关系等问题。由此不仅能帮助学生理解经典文学，还激发了他们对现实世界问题的思考意识，培养了他们的社会责任感和公民意识。

（三）培养学生的道德观和伦理观

灵性语文教学的思想性还体现在培养学生的道德感和伦理观上。通过对文学作品中的人物命运、选择和行为的分析，学生可以在道德和伦理的层面获得启发，形成个人的价值观和行为准则。例如，在教授《岳阳楼记》时，教师可以引导学生深入分析文中所展现的政治理想和个人情操。首先，教师可以让学生探讨范仲淹如何通过对岳阳楼的描写，表达忧国忧民的情怀以及"先天下之忧而忧，后天下之乐而乐"的崇高理想。特别是在描写了洞庭湖壮丽景象和阴晴变化之后，范仲淹以景抒情，抒发了自己心系国家命运和人民疾苦之情的部分。教师可以通过提问，引导学生思考范仲淹如何在复杂的政治环境中保持高尚的情操和坚定的信念。其次，教师可以引导学生讨论范仲淹所提倡的"居庙堂之高则忧其民，处江湖之远则忧其君"这一理想在今天是否仍然适用，以及如何在现代社会中实现这种理想。通过小组讨论和情景再现等活动，学生可以更深入地探讨范仲淹所提倡的责任感和奉献精神的内涵，如讨论在面对社会不公和个人利益与公众利益有所冲突时如何做出选择。教师还可以进一步引导学生将《岳阳楼记》中的政治理想和个人情操与当代社会中的责任意识和公共精神联系起来，思考在现实生活中如何实现个人价值和社会责任的统一。例如，讨论当前社会中的公共服务精神、社会责任感与个人成就之间的关系等，促使学生在现实生活中形成对社会责任和个人道德的认识，培养其社会责任感和公民意识。

三、语用性

灵性语文教学中的语用性强调语言作为一种实用工具的功能属性，关注语言在实际应用中如何有效地实现交流、影响他人以及适应不同的社会和文化环境。在灵性语文教学中，学生不仅可以学习语言的结构和语法，还可以学会如何在不同的语境中灵活运用语言以达到特定的目的。

一方面，灵性语文教学不是孤立地教授语言知识，而是将语言学习放在真实或模拟的交际情境中进行。例如，教师可能会设计一些角色扮演的活动，让学生在模拟商业谈判、医患对话或文化交流中使用语言。通过参与这些活动，学生不仅能够练习语言技能，还能够学习如何根据对方的反应灵活调整语言策略，以提高交流的有效性。另一方面，灵性语文教学关注语言如何影响人际关系的建立和维护。在日常生活中，人们通过语言表达情感，表示礼貌、尊重或亲密，而这些都直接影响着人际关系的质量。在灵性语文教学中，学生将学习如何通过调整语言的选择和使用方式，如使用不同的敬语、语气和表达方式，来适应不同的社会角色和关系需求。例如，通过分析文学作品中人物的对话，学生可以学习如何在尊重对方的同时表达自己的意见，或者如何在需要时为对方提供支持和安慰。

另外，灵性语文的语用性教学还强调语言的创造性使用。在灵性语文教学中，学生被鼓励不仅要掌握语言的常规用法，还要学会如何创造性地使用语言来表达个性和发展创新思维。这包括学习如何在写作和口头表达中使用隐喻或其他技巧来增加语言的表现力和吸引力。通过这样的训练，学生可以更好地表达自己的想法和情感，同时能更有效地吸引和保持听众的注意力。以"词义的辨析和词语的使用"这一学习活动为例，灵性语文教学可以深化学生对语言细微差别的理解和应用。在这个活动中，学生被引导通过对词义的深入分析来探索词语的多种用途和表达的层次性。教师可以挑选一系列近义词或多义词，让学生在不同的语境中尝试使用这些词，并鼓励他们通过创造性的写作和口头表达练习，如编写短剧、叙述故事或进行辩论，来实际应用这些词语。这种练习不仅可以帮助学生理解每个词语的精确意义，还激发了他们使用语言的创造性，如通过隐喻、比喻等手法增强语言的生动性和表现力。这样的教学不只是语言学习的技巧训练，更是一种思维训练，使学生能够更自由地探索和表达个人的想法，有效地提高了他们在实际交流中"引人入胜"的能力和影响力，可以使他们成为更有创造力和表现力的沟通者。

四、文化性

灵性语文教学的文化性反映出语言教学是一种文化理解和传递的过程。灵性语文的文化性特征强调语言和文化的不可分割性，倡导人们通过语文学习来增进对自身文化及他人文化的理解和尊重，从而促进文化的交流与融合。

首先，灵性语文的文化性强调文化背景在语言教学中的重要性。语言是文化的载体，每一种语言都蕴含着属于特定文化的丰富信息。例如，教师在教学中会引入各种文化元素，如节日、风俗、历史事件和重要人物，这些都能帮助学生在学习语言的同时，更全面地理解和接触那些语言背后的文化。

其次，灵性语文教学的文化性体现在对本土和全球文化的理解的平衡上。在经济全球化日益发展的今天，灵性语文教学不仅注重对本国文化的传承，还强调在全球视角下的文化多样性和相互尊重。教师鼓励学生探索和比较不同文化之间的相似之处和差异，通过这种比较增进其对全球文化的认知。例如，在探讨节日主题时，教师可以比较中国的春节和西方的圣诞节，让学生理解不同文化中庆祝重要节日的方式和意义。

再次，灵性语文的文化性也关注文化身份的建构。语言是构建个人和集体身份的重要工具。在教学过程中，通过语言的学习，学生不仅可以加强对自身文化身份的认同，还能学习到如何在多元文化的环境中表达和维护自己的文化立场。教师可以通过教授学生如何用语言表达个人的文化经验和价值观，帮助他们构建一个坚实的文化自我认知。以"参与家乡文化建设"学习活动为例，教师可以引导学生深入探讨和描述自己家乡文化的特色和价值。在这个过程中，学生应被鼓励收集和研究本地的历史资料、民间故事和文化艺术形式，通过作文、演讲和社区活动等方式展现这些文化元素。这样的活动不仅加深了学生对本土文化的理解和认同，还教会了他们如何有效地在多元文化背景下传达和推广自己的文化，增强了他们的文化自信和自豪感。

最后，灵性语文的文化性强调文化的创造和创新。语言和文化是动态发展的，灵性语文教学鼓励学生不仅传承传统文化，更要有创新精神，探索和创造新的文化表达方式。通过参与文学创作、语言游戏和跨文化项目，学生可以在实践中发展自己的创意，形成新的文化理解和表达。这种教学方式不仅增强了学生的语言能力，更培养了他们作为文化参与者和创造者的能力。

第三节 灵性语文的师生观

师生观是指关于教师与学生之间的关系及相互作用的观念和理念。良好的师生观有助于语文教学的实施。本节主要围绕灵性语文的师生观展开论述。

一、教师观

教师想激发、启迪学生的灵性，应先成为一个有灵性的老师。语文本应是有灵性的，它富有情感，充满意趣，韵味十足。

从教师语文素养来说，教师除了要有较强的书写、朗读能力，还要有独特的文本解读能力和较强的写作能力，并能运用恰当的教学艺术，才能在课堂上游刃有余，带领学生"悠游"语文之海。具体来说，书写和朗读是语文教学的基础，这不仅关系到教师个人的语言表达能力，还是他们传授语文知识的基本工具。一位教师如果书写工整、朗读感染力强，就可以更好地引导学生感受文字的魅力和节奏美，这对于提高学生的语文兴趣和文学素养是非常有益的。独特的文本解读能力使教师能够深入挖掘文学作品背后的深层意义，不停留在文字表面，而是能够解析作者的思想感情和社会背景，以及文本结构和语言特点等复杂元素。这种解读能力是教师带领学生"悠游"于语文之海的重要条件，它能够激发学生的思考，开阔他们的视野，提高他们的文学欣赏能力和思考能力。优秀的写作能力不仅是语文教师自我表达的必备能力，还是他们教学的重要工具。教师能通过自身的写作示范，教学生如何构思、组织语言、阐述论点等，这些都是学生进行有效写作的必备技能。良好的教学艺术是指教师设计富有吸引力和教育意义的教学活动，创造积极的课堂氛围，有效地管理课堂，使学生能在轻松愉悦的环境中学习所需的相关技能。这包括教师的课堂表达能力、互动技巧和对学生心理的把握等。

从教师的人格修养来说，教师对生活要富有情趣，洒脱达观，细腻严谨，宽厚仁爱，在言语表达上应常有"探险"的激情，引领学生在语言世界撷取珍宝。这是因为教师的个人品质和生活态度能显著影响教学质量和学生的学习体验。教师应当具备健康的生活情趣和达观的人生观，这样的教师能将生活的多样性和深度带入教学中，增添教学内容的魅力和深度。例如，一个洒脱达观的教师能以乐观的态度面对教学和生活中的挑战，这种态度能够激励学生以积极的心态面对困难。细腻严谨的个性能够使教师在教学过程中关注细节，准确把握教学内容和学生反馈，从而增强教学效果。宽厚仁爱的品质能够让教师给予学生更多的理解和支持，营造一个充满关爱和鼓励的学习环境。在语言表达上，教师应富有激情，能够以引人入胜的方式讲授教学，将学习语文变成一次次探险之旅，引领学生在语言的世界中发现和收获知识与智慧的珍宝。

二、学生观

在学生观上，教师要把学生视为言语的创造者，要善于组织学生参与丰富多彩的语文活动，激发学生的灵性。具体来说，灵性语文的学生观主要包括以下几部分内容，如图 2-5 所示。

图 2-5　灵性语文的学生观

（一）学生是发展中的人

中学生的身心发展是有规律的。在灵性语文教学中，学生被视为发展中的人，这一观点认识到每一位学生都在身心各方面按照一定的规律经历着成长和变化。

从生理和认知的角度看，青少年时期是学生生理迅速成熟及认知能力大幅提升的关键时期。在这一阶段，学生的大脑发育正在加速，特别是负责逻辑思维、抽象思考和解决问题的前额叶区域。这种生理上的变化为学生提供了掌握复杂语文知识和技能的生物学基础。因此，语文教学不仅要传授基础知识，还应挑战学生的思维，引导他们进行更高层次的思考和分析。从情感和社会性发展的角度来看，中学生有明显的阶段性特征。青春期的学生开始形成自我认同意识，寻求独立，同时他们的社交圈开始扩大，对同伴的依赖和影响增强。这一时期，学生的情感波动较大，教育者应提供充分的情感支持，同时利用课堂活动鼓励学生进行正向的社交互动，帮助学生建立健康的人际关系，习得社会技能。在道德和价值观方面，中学生正处于快速形成和变化的阶段。灵性语文教学通过文学作品的阅读和讨论，给学生提供了有效的平台，让学生探索和审视不同的道德问题和人生观。通过讨论文学作品中的人物和情节，学生能够接触到多种人生观点，形成自己的价值判断和道德感。

在实施灵性语文教学时，教师需要综合考虑生理、认知、情感和道德的发展规律，设计符合学生发展阶段的教学内容和方法。教师可以组织小组讨论、角色扮演和创意写作等多样化的教学活动，既满足学生的发展需求，又激发他们的学习兴趣，提高他们的语文能力。例如，在教授《与妻书》时，教师需要综合考虑学生的生理、认知、情感和道德的发展状况，设计适合学生的教学内容和方法。首先，教师可以通过角色扮演的方式，让学生扮演林觉民及其妻子，体验他们在特定历史背景下的情感交流，从而增强学生的情感共鸣。其次，教师可以通过小组讨论，让学生分享自己对文本中表达的家国情怀和个人牺牲精神的理解，提高他们的道德认识和社会责任感。同时，教师可以鼓励学生进行创意写作，让他们用自己的语言表达对《与妻书》中所包含的情感和价值观的理解和感悟，从而提高他们的语文能力和表达技巧。

（二）学生是独特的人

学生是完整的人。每个学生都有自身的独特性。学生与成年人存在着巨大的差异。首先，学生的独特性体现在他们的思维方式、学习风格和情感反应上。学生对知识的接受和处理方式各不相同，有的学生可能更善于逻辑思考，而有的则可能在视觉或音乐方面表现出更高的敏感性。灵性语文教学强调教师应识别并适应这些差异，通过多样化的教学方法来满足不同学生的学习需求。例如，在语文教学中，教师可以通过结合视觉艺术、音乐和戏剧等多种艺术形式，让不同类型的学习者都能找到共鸣，从而提高学习效率和学习兴趣。其次，学生的个体差异体现在他们的知识背景和生活经验上。每个学生家庭背景各不相同，拥有不同的社会文化经验，这些差异影响了他们对文学作品的理解和感受。在灵性语文教学中，教师需要认识到这一点，并将其作为教学设计的一部分。通过引入与学生生活经验相关的文本，教师可以激发学生的兴趣和共鸣，使学习变得更有意义和吸引力。最后，学生与成人之间存在差异。与成人相比，学生在情感、认知和道德发展上仍处于成长阶段。他们可能对某些复杂的情感或伦理问题的理解不如成人深刻，但他们的好奇心和探索欲望非常强烈。教育者在这里的角色是引导者和支持者，而不仅仅是知识的传授者。通过创造一个支持性强、鼓励探索的学习环境，教师可以帮助学生在安全和积极的氛围中探索复杂的文学和语言世界。

（三）学生是具有独立意识的人

每个学生都是独立于教师的存在。这种学生观强调学生的独立性和主体性，表明学生不仅是教育过程的接受者，更是主动的参与者，拥有自己的想法、情感和判断，拥有独立人格。这种认识对于教育实践而言意味着教师需尊重学生的个性和自主权，鼓励他们独立思考，发表个人见解，以及在学习过程中扮演更为积极的角色。

第一，将学生视为具有独立意识的人，意味着教育不仅是知识和技能的传递，还是一个涵盖认知、情感和社会互动的全面发展过程。在这个过程中，学生的独立思考能力尤为重要。灵性语文教学应当鼓励学生挑战现有的知识和权威，提出问题，寻找答案，并对学习内容提供个人见解。这种教学方式能够激发学生的思维能力，增强他们解决复杂问题的能力，同时帮助他们形成独立的人格和自信。

第二，考虑到每位学生都是独特的，教育的实施也应当充分考虑学生的背景、兴趣和未来目标。语文教学不应该是一个单一化、标准化的过程，它需要教师根据每个学生的具体情况，设计个性化的学习计划和活动。这种方法不仅能激发学生的学习兴趣，还能更有效地支持他们的个人发展。

第三，把学生视为独立的个体还意味着教育应该培养学生的自我管理能力和自我责任感。学生应该学会对自己的学习和行为负责，设置个人目标，评估自己的进步状况，并对学习结果进行反思，帮助自己应对未来学术研究和职业发展的挑战。在《县委书记的榜样——焦裕禄》的教学过程中，教师可以通过多种方式培养学生的自我管理能力和自我责任感。首先，教师可以引导学生分析县委书记焦裕禄是如何在艰苦环境中坚守职责的，激发学生思考个人责任的重要性。其次，教师可以要求学生制定自己的学习目标，并在学习过程中评估进展状况，学习焦裕禄的毅力和担当。通过小组讨论，学生可以分享自己的目标和进步情况，相互监督和鼓励。最后，教师可以安排反思活动，让学生记录自己在学习和生活中的表现，反思改进的方法，让学生不仅能理解焦裕禄的榜样力量，还能学会对自己的学习和行为负责，培养自我管理能力和自我责任感，从而更好地应对未来学术研究和职业发展的挑战。

（四）以学生为中心

以学生为中心的教育本质上是一种社会实践活动，其主要目的是培养学生的主体性，确保教育活动围绕学生展开，坚持"为学生、围绕学生、以学生为中心"的原则。以学生为中心的教学活动不再是教师单方面的传授，而是教师与学生之间的互动和协作。教与学的关系在这种互动中得到融合和统一，教师的主要任务是指导学生学习，学生则通过学习参与教育过程，两者在这一过程中相互促进，共同发展。

无论是教学过程还是学习过程，最终都是为了实现学生主体意识的提高这一目标，这体现了教育的本质。在"教"的过程中，教师的角色是通过专业活动影响学生，在德、智、体、美、劳等多方面促进学生的全面发展。教师将自己的知识和能力转化为学生的学习内容，不仅可以增加学生的知识储备，还可以培养他们解决问题的能力和自我驱动的学习态度。教师可以帮助学生掌握学习的规律，增强他们的社会适应能力，提升学生的社会参与意识。在"学"的过程中，学生通过主动运用自己的知识、经验和情感意志，参与认识实践活动，逐渐实现自我提升发展，这能逐步减弱学生对教师的依赖性和被动性，增强学生作为社会个体的能动性和主体性。学生主体性的发展是一个由内而外的转变，是从潜在的、准备就绪的状态，向完整的、能够独立行动并承担社会责任的主体成长的过程。

以教师为中心的课堂和以学生为中心的课堂的特征主要体现在以下几点，见表2-1。

表 2-1　以教师为中心的课堂和以学生为中心的课堂特征的比较

以教师为中心的课堂特征	以学生为中心的课堂特征
注重内容	注重过程
强调知道"那是"	强调知道"如何"
学生作为个体进行工作，经常互相竞争	学生在团队和小组中工作，具有集体性和合作性
学生高度独立	学生相互依赖
强制性的学习目的	协商性的学习目的
评估形式以书面形式为主	评估形式多样化
知识以科目为载体传授给学生	学生从不同来源综合获得知识
教师的作用是专家	教师扮演促进者角色，是学生学习的伙伴

在语文教学中，学生的主体作用是指学生应成为学习活动的中心，具备自觉的学习意识和主动参与的能力。学生不仅需要自主把握学习的内容，更要能够掌控自身的学习过程，真正成为学习的主人。相应地，教师的角色转变为主要的引导者和激励者，他们的任务是激发学生的主体意识和学习热情，提供适宜的学习环境和机会，使学生能够在学习过程中发挥主导作用。教师在课堂上的引导方式对学生的学习效果有直接影响。如果教师能有效地调动学生的积极性，引导他们主动探索和思考，学生的学习体验将更加丰富，学习效果也更为显著。相反，如果教师未能让学生充分发挥主体性，就可能导致学习效果不佳。因此，语文教学应注重培养学生的自主学习能力，鼓励他们在学习中发挥主动性和创造性，以达到最佳的教学效果。

第三章　灵性语文的教学艺术

第一节　精心营造和谐的课堂气氛

一、和谐课堂的概念

和谐是一种美，营造和谐课堂与语文的审美教育目标是一致的。课堂气氛和谐，师生就容易情思高涨，表达欲望强烈，灵性处于被激发状态，语文学习就如春风拂面。具体来说，首先，和谐课堂是和谐教学思想在实际课堂中的具体体现。在具体的课堂教学过程中，如果各种教学要素配合得当，就会形成一种和谐的状态，形成合力，从而有效地提高课堂教学质量，促进学生的健康发展。和谐课堂强调各教学要素之间的协调与配合。教师需要关注学生的智力、性格、兴趣、情感特质等，提供与其发展特点相契合的教学情境。通过这种个性化的教学，学生能够参与有意义的学习活动，并从中获得成功的体验，这不仅使他们保持了学习兴趣，还促进了他们的自我发展。但如果教学要素配合不当，就会形成阻力，不仅无法发挥每个要素的优势，其作用还会相互抵消，直接影响课堂教学的效果。其次，和谐教学是一个充满动态变化的过程。教学的各个要素都要经历从不和谐到和谐，再演变为新的不和谐的过程。通过这样的矛盾运动，教学不断向更高层次的和谐状态发展。教师的角色在于精准掌握教学要素与环境变化的规律，并适时调整这些要素之间的组合方式，以使教学过程始终在动态和谐中前行。这要求教师持续观察、判断并优化教学环境和方法，从而推动教学质量的不断提高。

二、语文教学中构建和谐课堂气氛的重要意义

语文教学中构建和谐课堂气氛的重要意义主要体现在以下几个方面，如图 3-1 所示。

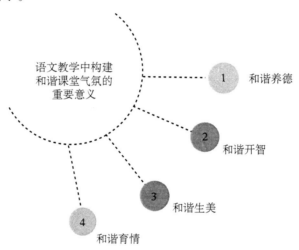

图 3-1　语文教学中构建和谐课堂气氛的重要意义

（一）和谐养德

培养学生高尚的道德品质，是课堂教学的一项重要任务。在和谐的课堂上，教师和学生之间、学生与学生之间可以建立一种基于相互尊重和包容的融洽关系。这种关系的特点是民主和平等，教师不再是简单的规则的执行者，学生也不是被动的接受者，这可以让学生卸下心防，使其心态更为开放和平和，为思想品德教育创造良好的接受环境。在相互尊重和包容的课堂氛围中，学生更容易吸收和培养出诸如相互关爱、尊重、宽容和信任等优秀品质。他们在日常的互动和学习中，学会了如何

以积极的态度对待他人，这些品质不仅在学校十分重要，更在他们未来的生活和社会交往中发挥着重要作用。相对地，在不和谐的课堂环境中，师生和生生之间的关系常常紧张而充满防备，这种环境不利于学生心灵的开放，也阻碍了对学生进行正面的思想品德的教育。长期处于不和谐的环境中的学生可能会发展出不信任他人、攻击性强，甚至对社会持有敌意的负面思想品质。

（二）和谐开智

开启学生的智慧是语文教学的首要任务。学生的智力包括观察力、记忆力、理解力、思维力和创造力等方面。在和谐的课堂环境中，这些能力可以得到最大限度的激发和发展。学生在这样的环境下能够保持敏锐的观察力，加强记忆力，深化理解力，活跃思维，并拥有充分的创造空间。相反，如果课堂氛围沉闷或师生关系紧张，学生的心理和智力就可能受到抑制，这表现为反应迟钝和思维呆板。因此，创造一个和谐的课堂环境是教学成功的关键。和谐的课堂不仅能够促进学生智力的全面发展，还能激发他们的学习激情和创造潜力，是每位教育者努力的方向。

（三）和谐生美

和谐的课堂总能孕育出一种和谐美，使学生感到放松、愉悦和陶醉，仿佛沐浴在春风中。在这种氛围中，学生能够自然而然地体验到各种美，包括优美、壮美、崇高、悲剧和荒诞等，这些美的体验都是建立在和谐的基础之上的。相反，不和谐的课堂则会带来压抑和不适感，严重影响学生对美的感受和理解。教学内容再丰富，再精彩，也会因不和谐的环境而失去价值。因此，创造一个和谐的课堂是至关重要的，它不仅是传授知识的空间，更是学生感受和理解美的重要平台。教师应努力营造这样的学习环境，以促进学生品格之美的发展。

（四）和谐育情

课堂不仅是传授知识的场所，还是情感交流的空间。情感在学习过程中具有多重功能，包括激发、选择、整合、驱动、调节、诱导和移植等。学生对教师的情感以及对学习活动的情感都会影响他们对学习内容的态度和接受度。这种情感的迁移不仅影响了学生对学习对象的评价，还直接影响了学习的效果。因此，理解并利用这种情感动力是提高教学效果的关键。

语文教学注重情感与思想品德的培养，旨在培育德、智、体、美、劳全面发展的人才。健康的情感素质是学生全面发展的关键条件。因此，教育者需重视对学生情感素质的培养，这对于学生形成良好的品格和健康人格至关重要。和谐的课堂环境为学生情感的健康发展提供了理想的土壤。在这样的课堂上，学生能够化解不良情感，体验更真切、深刻的情感内容，从而培养出更丰富的情感和积极的情感倾向。和谐的互动和积极的教学策略有助于学生形成高尚的情感，促进其情感的全面健康发展。相反，在不和谐的课堂环境中，学生的情感可能会受到压抑，不仅情感会发展得不健全，还容易产生如偏激、暴躁等不良的情感品质。这种环境中的情感体验可以严重影响学生的学习动力和健全人格的形成。

三、语文教学和谐课堂气氛的构建策略

（一）树立和谐课堂教学的意识

1. 明确和谐课堂气氛的重要性

构建和谐课堂气氛的最终目的是使学生得到全面、和谐、充分、个性化的发展，而不是只让学生在语文知识方面得到发展。在建设社会主义和谐社会的过程中，社会需要的是身心和谐发展的个体，这样的人才

能够更好地适应和推动社会的全面发展。和谐课堂通过提供一个支持性强、关系和谐的学习环境，有助于学生身心健康发展，培养他们成为建设未来和谐社会的中坚力量。在这样的教学环境中，学生不仅能学习知识技能，更能通过各种教育活动，如团队合作、社会实践、情感交流等，提高社会责任感、创新精神和人际交往能力。为此，教师需明确自己在和谐课堂教学中的地位和角色，深刻理解和谐教学的意义和价值，自觉地培养和谐课堂教学意识，以及在日常教学中实施这一教学理念，确保教学活动既能促进学生的学习，也能支持学生情感和社会能力的发展。

例如，在《百年孤独》的教学中，教师可以利用这部小说复杂的人物关系和象征意义，来践行和谐教学理念。通过设置小组讨论，教师可以鼓励学生探讨马尔克斯是如何通过家族史来反映拉丁美洲的历史和文化的。学生小组可以专注讨论小说中的不同主题，如孤独、命运与重复等，然后分享自己的发现和见解。教师在这个过程中扮演协调者的角色，引导学生理解对文本的多重解读，并鼓励他们表达个人观点，同时使他们倾听并尊重同伴的意见。此外，教师可以引入创造性写作任务，让学生从个人经历出发，编写与小说主题相关的短篇故事，以此来深化他们对文本的情感共鸣和理解。通过这种方式，教师不仅提升了学生的文学分析能力，还促进了他们情感和社会技能的发展，实现了和谐课堂教学的目标。

2. 增强学生主体意识，树立自我和谐发展观念

主体意识是个体对自己的主体地位、能力和价值的自我认识，体现了个体的自主性、能动性和创造性。在语文教学中，学生的主体意识的觉醒是其积极参与自我发展的关键起点，标志着他们追求身心的自由和全面发展的开始。一个被强化了主体意识的学生将能更好地理解和参与自己的身心发展，具备更高的自我监控、自我驱动和自我管理能力。这种自我驱动的能力在很大程度上决定了学生自我发展的深度和广度。因此，在语文教学中，教师需要通过各种教学策略和活动，如讨论、探究

学习和项目任务，鼓励学生主动探索和表达，增强他们的自我意识和参与感。以《虞美人》的教学为例，教师可以利用探究学习的方法深入挖掘这首词的历史背景和情感内涵。首先，教师给学生布置自主研究李煜及南唐后期历史环境的任务，以使他们了解词作背后的故事和情感。其次，教师可以在课堂上通过小组讨论的形式，让学生分享他们的研究成果，并探讨李煜是如何通过诗句表达失国之痛与个人哀怨的。最后，教师可以引导学生通过创作自己的"虞美人"风格的词来进一步体验和表达诗中的情感，使学生在模仿中加深对诗歌艺术特点的理解。这样的教学活动，不仅增强了学生的历史文化意识和文学鉴赏能力，还激发了他们的创造性思维和表达能力，有效提升了学生的主体意识和课堂参与感。

（二）尊重学生独特体验，实现教学民主

在语文教学中，尊重学生的独特体验并认识到学生之间的个体差异是构建和谐师生关系的关键。由于学生的成长背景和学习能力不同，教师应当更新自己的"学生观"，摒弃以往"全知全能"的权威形象，转而采用更加民主和更有人文关怀的教学方式。语文课堂不仅是传递知识的场所，更是情感和思想的交流空间。教师应当放下工具化的教学观念，真正实行以学生为本的教学理念。在具体实践中，教师应该让学生主动参与课堂活动，鼓励他们表达自己的见解和感受。这种参与不仅提升了学生的学习动力，还使他们的思维更加活跃，培养了他们的独立性。同时，语文课程内容本身的不确定性和模糊性，为课堂上学生提出多元观点提供了土壤。在这样的环境下，教师的角色应转变为引导者和协调者，而不是单向的知识传授者。例如，在《说"木叶"》的教学中，教师可以设计一个活动，让学生探讨"木叶"在不同文学作品中的象征意义。教师应先提供几种不同的文学材料，如古诗文中对"木叶"的描述与现代诗歌中对"木叶"一词的运用，然后引导学生通过小组讨论来探索这些文本中"木叶"的多层次含义。接着学生需要围绕"木叶"的象征意义

发表自己的看法，并探讨这些意义在自己生活经验中的体现。最后教师鼓励学生创作体裁短小的文本或诗歌，用以表达自己对"木叶"象征意义的个人理解。通过这种方式，学生不仅能够深入理解文学符号的复杂性和美学价值，还能积极参与知识的探索和创造过程，提高批判性思维水平和创造性表达能力，同时教师的角色从传统的信息提供者转变为引导者和激励者。

另外，教师在评价学生的时候，应采用引导性的评价方法，尊重学生的自我感悟和个人品位。这种评价方式有助于激发学生对文本的更深层次的思考和情感的共鸣，进而促进学生语文知识的内化和情感的发展。这不仅可以实现教学的民主化，更能够建立一种积极的、和谐的师生关系，使学生在语文学习的过程中获得真正的成长和发展。

（三）教师要提高沟通的水平

教师在构建和谐课堂气氛的过程中，优化沟通方式是关键。具体来说，沟通水平的提高主要体现在两个方面：幽默和鼓励。首先，幽默是提高教学互动质量的重要工具。一位具有幽默感的语文教师能够通过风趣的言语激发学生的学习兴趣，增加课堂的趣味性。幽默不仅是简单的笑话，它背后还蕴含着教师的学识深度和思想广度，是智慧的一种表现。在《孔雀东南飞》的教学中，笔者说焦仲卿是中国文学里第一个受婆媳"夹板气"的典型男人形象，而且这个形象对将来大家处理婆媳关系有着重要的启发意义。学生们开怀大笑，在学生欢笑之余，笔者引导学生深入探讨产生"夹板气"的本质原因，背后的文化心理，以及它在制造情节矛盾上的作用，学生从笑变为思，幽默成了重要的润滑剂。其次，鼓励是激发学生积极性的核心策略。教师应在课堂上积极鼓励学生参与各种语文活动，如朗读、发言、书写、思考、鉴赏和创作等。通过创设一个充满"灵性"的语文课堂，教师可以保护和培养学生的想象力和创造力，维护他们对语文学习的热情，同时为传统文化的传承与发展作出贡献。即使是微小的进步，教师也应细心地观察到并及时地肯定。

（四）加强师生情感交流，推动师生关系良性发展

在语文的教学过程中，建立亲密而平等的师生关系是提高教学质量和学生学习体验的关键。师生关系的和谐不仅可以促进知识的传递，更能够深化情感的交流，从而形成一个充满活力的学习环境。为了实现这一目标，教师和学生双方都需要做出努力和改变。

教师作为课堂的引导者，应当通过广泛的阅读来丰富自身的情感体验，这不仅能丰富他们的教学内容，还能帮助他们更好地理解和感受学生的情感世界。在日常的教学活动中，教师需要打破传统的权威形象，以更加开放和包容的态度去接近学生，理解学生的独特需要和感受。此外，教师应运用同理心来看待学生的问题和困惑，站在学生的角度思考，这样才能有效地消除沟通中的障碍，拉近与学生之间的距离。与此同时，学生也应当积极调整自己对教师的传统看法，不再仅将教师视为知识的传递者，还要将教师视为一个可以信赖的朋友和指导者。学生应当主动与教师进行开放和真诚的情感交流，这样的互动不仅能够促进学生情感的发展，还能加深学生对学科知识的理解和兴趣。

当师生双方都能够在情感上进行真正的交流时，教学活动就不再是单向的知识灌输，而是一场双向的思想和情感的交流。这样的交流有助于构建一个自由平等的交流平台，让师生在语文的教与学的过程中实现真正的共生与共享。

第二节　注重对话生成

一、教师与文本之间的“对话”

师本“对话”是指教师通过对教材内容的深入解读和个性化阐释，与教材建立的一种对话关系。① 师本“对话”的重要性体现在以下几个方面：首先，它能够帮助教师突破教材的局限，发现教材背后更广泛的知识和文化背景，丰富教学内容。其次，通过个性化的教材解读，教师能够将自己的见解和经验融入教学中，使课堂更加生动有趣，更能激发学生的学习兴趣。最后，师本“对话”促进了教师的自我反思和专业成长，通过不断的对话和思考，教师可以不断提升自己的教学策略和更新教育理念。在进行师本“对话”的过程中，教师需要先全面深入地理解教材的内容和结构，挖掘其深层次的教育意义。教师要结合自己的教学经验和对学生的了解，对教材内容进行个性化的解读和扩展，包括联系实际生活中的例子，或者引入相关的历史背景、文化知识等，使教材内容更加丰富多彩。在此基础上，教师还需要思考如何将这种解读转化为具体的教学活动，以确保教学内容既深刻又易于学生理解。

在教授《归园田居》时，教师可以通过引导学生深入文本，与诗歌进行零距离对话的方式来感受作者陶渊明的情感和语言风格。这种靠近有助于教师发掘新的教学角度，并开阔教学视野。对于诗中描绘的田园生活，教师可以从人与自然和谐共处的角度切入，结合从网络中收集到的相关背景资料进行细化研究。通过介绍陶渊明的生平、撤离官场的背

---

① 王佳惠. 初中语文课堂中的“对话”问题、成因及应对策略探究 [J]. 语文教学通讯·D 刊（学术刊），2023（2）：28-31.

景、诗中的自然景观与对农耕生活的描述，帮助学生整体感知并深入理解诗歌内容。此外，教师可以创设与生活相关的生动场景，如模拟诗中的田园环境，引导学生建立情感的共鸣，使诗歌中的情感与学生的实际体验相联系，从而加深学生对文本的理解和感受。通过这种教学方法，学生不仅能感受到诗歌的美感，还能让他们理解作者对自由、自然和田园生活的向往，产生对文学和自然美的深层次认识和感悟。

二、教师与学生之间的"对话"

教师与学生之间的"对话"可以分为教师个体与学生群体的"对话"、教师个体与学生个体的"对话"。教师与学生之间的对话涵盖了知识的传递、思想的激发、观点的创造以及对学生学习情况的把握等方面。教师的任务不只是传授知识，更是引导学生发展独立思考的能力，从而实现学生主体性的发展。在进行师生对话时，首要的前提是确保对话的平等与民主，保障教师与学生之间的互动是双向的。这意味着教师需要通过问题或具体情境来激发学生的参与兴趣，鼓励学生表达自己独特的观点，并确保每位学生都能够参与课堂对话。在对话过程中，教师应对学生的不同反应有针对性地进行指导。对于那些观点不够深入的学生，教师需要及时进行指导，帮助他们提升思考的深度。对于提出新颖观点的学生，教师应给予积极鼓励，并在班级中将其树立为典型，以激励其他学生。对于表达能力较弱的学生，教师可以在小组活动中特别注意培养其交流意识，逐步提高他们的交流自信。

在教授《哈姆雷特》这部剧作时，教师可以与学生进行对话，引导学生自主合作探究深入文本。首先，教师应帮助学生厘清剧作的结构和主要情节。其次，教师应提出一些可以引发思考的问题，如"哈姆雷特在剧中展现了哪些复杂的心理变化？""《哈姆雷特》中的语言和曹禺的《雷雨》相比有哪些独特之处？"这些问题可以鼓励学生主动思考和分析，增强他们的思考能力和文本解析能力。通过小组讨论和角色扮演，学生能更深刻地体验人物的内心世界，认识到剧情的发展，理解人物的行为动机和剧作的深层主题。教师在这一过程中扮演着关键的桥梁角色，不仅衔接学生与学习内容，还可以通过精心设计的互动和对话激发学生的兴趣和参与度，有效地活跃课堂氛围。这种教学方式不仅让学生能够更加主动地探索和理解《哈姆雷特》这一文学经典，还可以促使他们在讨论和交流中提高思考深度和批判能力。

三、学生与学生之间的"对话"

生生"对话"是指学生通过小组合作这一主要形式，共同探讨问题，分享见解，并通过讨论促进思想和观点的碰撞的交流活动。学生与学生之间的"对话"可以分为学生个体与学生个体的"对话"、学生个体与学生群体的"对话"、学生群体与学生群体的"对话"。组织生生"对话"活动非常符合课程改革的要求，可以培养学生的自主学习能力和团队协作精神。生生"对话"能极大地促进学生思维的发展，尤其是辩证思维、逻辑思维和创造思维。在小组合作的过程中，学生需要相互倾听、讨论和批判，这种互动不仅可以帮助他们更深入地理解学习内容，还能激发他们的创新意识，提高问题解决能力。此外，生生"对话"还能提高学生的社交技能，通过团队合作解决问题，学生可以学会如何在社会中更好地与人交往和协作。为了促进生生"对话"，教师可以根据课程内容和学生的实际情况，设计一系列讨论问题引导学生思考。在小组讨论中，每个学生都应被鼓励发表自己的意见和想法，同时要学会倾听他人的观点。教师是引导者和协调者，确保讨论的有效性和秩序，同时对学生的讨论进行适时的引导和补充，帮助学生在互动中达到更深层次的理解和认知。通过这样的对话，学生不仅能够提升个人能力，还能在集体中体验成长和进步，真正实现知识与技能的综合发展。

在教授《皇帝的新装》这一课文时，教师可以通过巧妙设置问题来激活学生的思维，引导他们深入探讨皇帝和大臣的行为及性格特点。具体来说，教师可以让学生讨论皇帝和大臣的决策过程及其后果，评价他们的行为，并发表个人看法。为了进一步激发学生的想象力和创造力，教师可以引入一个假设性场景，如设想游行结束后皇帝与骗子的再次相遇，让学生探讨可能发生的对话和情节发展。讨论环节的设置不仅能活跃课堂氛围，还促使学生在激烈的讨论中提升思考的深度。在组织讨论活动时，教师需要精心控制讨论的时间和质量，避免讨论变得形式化或仅仅是为了活跃气氛而讨论。教师应鼓励学生以小组为单位，讨论出共同的观点并进行分享，同时确保每个学生都能在讨论中找到自己的位置。

四、学生与文本之间的"对话"

生本"对话"是以学生为中心的对话形式，强调学生的主体性和活跃参与，旨在使学习过程更加贴近学生的实际需求和认知状态。这种对话方式以学生的感受、想法和理解为基础，鼓励他们主动探索和理解教材内容，使学习过程更具吸引力和有效性。生本"对话"的重要性在于，它能够帮助学生建立与学习内容的深刻联系，从而减少学生对教材的疏离感。当学生对作品的作者和创作背景缺乏了解时，他们可能会感到不知所措，对学习内容感到陌生或难以接近。通过生本"对话"，学生能在教师的引导下，从自己的视角出发，探讨文本的主题、情感和信息，这不仅能够增强他们的学习兴趣，还能有效地消除他们在学习过程中的畏难情绪。

提高生本"对话"效率，可以从以下几个方面展开。一方面，教师可以设置深层次的探究性问题，深化学生对文本的理解，激发他们的思考和批判，使"对话"更具教育意义和效果。例如，在教授鲁迅的作品《孔乙己》时，教师可以引导学生探讨孔乙己悲剧命运的根本成因，通过深入分析孔乙己身上的封建礼教残余，以及它们对个人命运的影响，学生可以理解到封建社会的局限和对个人的压迫。另一方面，教师需要针对学生的认知水平，设计教学策略以培养学生从多维度、多视角思考问题的能力。这种方法不仅开阔了学生的思维视野，还锻炼了他们的思维品质。例如，在教授《拿来主义》时，教师可以先引导学生理解"拿来主义"的历史背景和文化含义，然后通过具体的例子，如中国现代文学的发展，展示"拿来主义"的实际应用和影响。最后，教师可以设置一系列的问题和讨论点，如"拿来主义在当今社会有何意义？"和"如何在保持文化特色的同时吸收外来优势？"这样的问题可以激发学生思考，鼓励他们从不同的角度和层面来探讨问题，从而实现深度学习。另外，教师应重视挖掘文章的"文眼"，即文章的核心思想和主题。例如，在教授《春酒》这一课文时，教师可以将"地道家乡味"作为文眼，帮助学生精准把握文章的主旋律和情感核心，从而深入理解整篇文章的主题和情感。

五、家校之间的"对话"

家校"对话"是指教师与家长之间的有效沟通和交流，以使学校和家庭共同关注和支持学生的成长和学习。这种对话可以通过多种渠道进行，如家访、电话交流、家长会以及使用数字平台等，要确保信息的及时交换和问题的有效解决。家校"对话"的重要性体现在几个方面。首先，通过与家长的定期沟通，教师能更全面地了解学生的家庭背景、个性特点及其在家中的行为，这有助于教师在教学过程中更精准地满足学生的个性化需求。其次，家校对话可以使家长更好地理解学校的教育理念和教学内容，增强家长的参与感和责任感，从而在家庭层面支持学校的教育工作。最后，这种对话还有助于形成家庭与学校的合力，共同解决学生可能面临的学习和心理问题，为学生提供一个更加健康和有利的成长环境。

为了促成家校之间的"对话"，教师需要详细观察和记录学生在课堂上的表现，如参与态度、频次和对学习内容的反馈。这些信息是制订有针对性的教学方案的基础。通过及时与家长沟通这些观察结果，教师不仅能够确保教学方案的合理性，还能实现更精确的因材施教。家长需要在家庭中扮演示范和引领的角色，打造一个和谐的亲子关系和有利于学习的家庭环境。在家校沟通过程中，教师应指导家长在日常生活中参与孩子的学习活动，如共读文章、共写作文、共朗诵诗歌等，这些活动不仅能使家庭成员间的关系变得更好，还能激发学生的学习兴趣和自主学习的意识。家长会是家校沟通的一个有效平台，家长应该在这样的会议中积极发言，与教师交流关于学生兴趣、特长和学习表现等的信息。这样的信息交换有利于教师更全面地了解每个学生的情况，从而设计出更加个性化且效果显著的教学方案。

第三节　巧妙搭建语文学习支架

学习支架是教师为学生提供必要的学习资源和支持，以帮助他们在自主学习的过程中更好地构建知识意义和解决问题的行为。[①] 学习支架通常是临时性的，教师通过深入解读教材内容和教学目标，有意识地提供适当的学习资源，引导学生有效地穿越最近发展区。有效的学习支架能够使学生逐渐减少对外部帮助的依赖，鼓励他们发展独立思考和自主学习的能力。随着学生能力的提升，教师应适时撤去支架，让学生尝试独立处理学习中的挑战，从而真正掌握知识和实现个人成长。本节主要围绕语文学习支架的构建展开论述。

一、借助多媒体资源，搭建情感支架

在灵性语文教学中，借助多媒体资源来建构情感支架，主要通过使用视频、音频等多媒体材料来丰富教学内容，增加情感的渗透力和吸引力。通过引入多媒体，教师可以更生动地呈现文学作品的背景、人物情感和故事情节，使学生得到视觉和听觉上的全方位刺激。这不仅能帮助学生更深入地理解文本内容，还能激发他们对文学作品的情感共鸣。对

---

① 王彤彦 . 学习支架：给学生理解诗人情感提供支持 [J]. 中学语文教学，2024（5）：71-72.

多媒体资源的使用在激发学生情感共鸣的同时，为语文学习提供了一个多维度的理解平台，可以帮助学生在情感认同的基础上，更好地把握语言的精髓和深层含义。

例如，在以"借景抒情"为主题的作文课当中，教师可以巧妙地将微课作为教学支架，激发学生的学习兴趣和创作热情。微课的设计目的主要是通过视觉媒介展示不同的景象，引导学生深入理解和运用这一文学手法。微课的开篇可以展示一系列引人入胜的画面：一个骑马的人出现在一片虚无的空地上；随后，画面转为他站在大海边的悬崖上，海浪汹涌，山岛隐约可见；最后，场景切换到秋风萧瑟的古道，旁边老树盘枝，远处隐现小桥人家。在学生观看了这三个视觉场景后，教师提出问题，让学生思考这些画面分别能联想到哪首诗，这些诗又是如何通过景物表达诗人感情的。通过视觉引导和问题探讨，学生可以在接下来的课堂中充分发挥主动性，不仅可以在课堂上积极变换"一人一马"的场景，还可以畅谈自己对画面中情感的理解。这种教学方法不仅可以让学生对"借景抒情"这一写作技巧有了更深刻的认识，还能够使他们将所学知识运用到实际写作中，真正实现了学以致用的目标。

二、归纳教材资源，搭建方法支架

在灵性语文教学中，归纳整合教材资源，搭建方法支架，可以帮助学生有效掌握学习策略和技巧，从而提高他们的语文学习能力。归纳教材资源主要包括对语文教材中的文本、概念和技巧进行整理和总结，以便学生能够更容易地访问和利用这些资源。例如，教师可以将相关的诗歌、散文、小说等不同文学形式的文学作品进行分类，突出各类文学的特点和写作技巧，或者对文本中的语言表达方式和修辞手法进行概括，帮助学生建立起一套完整的文学分析工具。通过搭建方法支架，学生可以更加有效地在新旧知识之间建立连接，将学到的技巧应用于实际的语文学习和生活实践中，从而真正达到运用所学的目的。

以统编版七年级上册第一单元的教学内容为例，这部分的教学目标主要包括三部分内容：读得懂文章、讲得出好处、写得出作文。首先，要解决学生如何读懂写景文章的问题。这需要教师在课堂上介绍有效的阅读策略，如词语的理解和应用，修辞手法的识别与赏析，以及如何从多个角度观察和描绘事物。教师要引导学生理解文章所要表达的思想感情，培养学生观察、感悟和热爱生活的能力，从而理解"一切景语皆情语"的深层意义。其次，教师需要教会学生如何评析写景文章。这涉及如何识别文中使用的文学技巧，包括作者如何通过景物描写来表达情感，以及这些技巧如何增强文章的表达效果。通过案例分析和小组讨论，学生可以学习并实践如何批判性地阅读和分析文本。最后，要使学生能够自行撰写写景文章。这需要教师通过示范和指导，帮助学生掌握写作技巧，如有效使用描述性语言、应用修辞手法以及如何构建文章的情感层次。通过写作练习和同伴评议，学生可以逐步提升写作能力。在具体教学实践中，教师可以以《春》和《济南的冬天》作为详细讲解的课文，强调对其中写景技巧的理解和应用。接着，教师可以在《雨的四季》这篇课文的教学中，重点转向知识的迁移和应用，让学生在自主探究的基础上深化学习，增强理解和运用所学知识的能力。最后，教师可以通过以阅读策略为主线的串讲复习，帮助学生巩固所学知识，并指导学生运用所学技巧完成一篇写景作文。

三、拓展教学资源，搭建探究支架

在灵性语文教学中，拓展教学资源以搭建探究支架是一种提高学生主动学习和深入探究能力的有效策略。这种方式要求教师不仅要依靠传统教材，还要利用多样化的教学资源，如网络文章、专题研究报告、历史文献、现代媒体内容等，来丰富学生的学习内容，开阔学生视野。探究支架的搭建旨在引导学生不仅要理解表层知识，还要深入挖掘问题的本质，认识到问题的复杂性。通过将传统教材与现代多媒体资源结合，教师可以设计出更具挑战性的学习项目和问题，激励学生从多个角度和层面分析问题。

例如，统编版九年级上册的《孤独之旅》一文中关于孤独的描写有这样一句话："与这种孤独相比，杜小康退学后把自己关在红门里面产生的那点儿孤独，简直就算不得是孤独了。"教师可以找到曹文轩的长篇小说《草房子》中关于孤独的描写，如"白天，村巷里也没有太多的声响……朝远处飞去了"，通过对"红门里"与"芦苇荡"两种孤独的描写进行对比，教师能有效地构建学习支架，增强学生对文本中环境描写作用的理解，让学生理解孤独如何在不同的环境中呈现，帮助他们通过自主探究深入挖掘文本意义。

四、捕捉生成资源，搭建合作支架

在灵性语文教学中，捕捉生成资源以搭建合作支架是一种鼓励学生通过团队合作来共同探究和解决问题的教学策略。这种方法的核心是以学生在学习过程中自然产生的想法、问题和洞察力为资源，通过组织这些生成资源来促进学生之间的互动与合作。合作支架的搭建意味着教师需要设计合适的合作学习活动，确保每个学生都能在小组中找到自己的角色，发挥个人的长处。这不仅增强了学生的参与感，还提升了学习的动态性和创造性。通过合作学习，学生能够在实践中学会如何表达自己的想法，如何倾听和接受他人的意见，以及如何在团队合作中达成共识或解决分歧。

在探讨《红烛》这篇课文时，教师可以巧妙地以作者闻一多的生平背景为切入点，展开深入的教学活动。闻一多，一个20世纪杰出的诗人和学者，其一生充满了戏剧性的变化和激情的抗争。教师先要介绍闻一多的生平。20世纪20年代，他留学美国，在20世纪30年代归国后积极参与抗日运动并在文学和思想领域作出重大贡献。20世纪40年代，由于政治原因闻一多不幸被特务暗杀。这些历史背景为学生描绘了闻一多的生命历程。基于对写作背景的介绍，教师可以引导学生思考闻一多在不同生命阶段的状态和情绪，如激情、受挫和坚忍等。学生在讨论中提出不同的感受，教师则要灵活地抓住课堂上的生成资源，引导学生去诗文中寻找那些能够体现作者情感色彩的词语和句子，并在小组内进行深入讨论。在互动中，学生不同观点的碰撞，可以使他们发现闻一多思想和情感的多变性和丰富性，这一发现进一步深化了他们对文本和作者情感的理解。随后，教师可以提出一个新的讨论话题："《红烛》中的红烛象征了什么？"基于之前对课文的深入阅读，学生很快可以总结出红烛是生命与希望的象征，同时暗示了牺牲与献身，反映了闻一多不屈不挠的抗争精神和对自由的渴望等内容。这不仅能加深学生对《红烛》文本的理解，还能够让他们更深刻地感受到历史与个人经历对一个作家创作的影响。

第四节　善于激发情感，启迪思想

一、灵性语文教学中激发学生情感的重要性

（一）以情激趣，调动学生积极性

所谓以情激趣，指的是通过情感来激发学生的兴趣。[①] 在学习阶段，学生正处于思维和心理发展的关键时期，他们的情感敏感度和可塑性都非常高。因此，通过情感来激发学生的学习兴趣，是增强语文教学效果的有效方法。教师将情感元素引入教学中，利用学生的情绪和感受来引导学习过程，不仅能够增强学生对学习内容的兴趣，还能促使他们在情感的驱动下，主动探索和学习新知识。

---

① 赵淑贤.中学语文教学中的情感教育[J].文学教育（下），2022（10）：82-84.

（二）以情为源，升华情感教育

以情感为源头，将不同的教学内容联系到一起，再引入相关的教学资源，扩展教学模式，可以充分发挥语文的学科价值。语文教材本身涵盖了丰富的文学形式和主题，如人文情感、家庭爱情，以及家国情怀等，每一个主题都蕴含着深厚的情感价值和教育意义。教师在教学过程中应避免仅仅局限于文本的字面意义或固定的教学模式，并应从情感的角度对教材内容进行解读和联系，将不同的文章通过情感纽带相互关联，从而构建一个情感丰富、内涵深刻的教学网络。例如，通过对诗歌中的抒情表达、叙事文章中的情感描述，或是戏剧文学中的情感冲突进行分析和探讨，教师可以引导学生理解和体验到不同文体背后的情感深度。以情感为源的教学方法不仅能够提升学生的文学鉴赏能力，还能促进他们情感的成熟和人文素养的提高。通过情感教育的升华，学生能在语文学习中得到全面的发展，进而在情感与智慧上都取得显著进步。

（三）以情为媒，加速知识内化

激发情感在语文教学中扮演着至关重要的角色，不仅是教师教学的有效手段，还是加速学生内化知识的重要媒介。以情感为载体，教师与学生之间的知识交流可以变得更为生动和深刻。学生在由情感营造的学习氛围中，能够通过情绪的激发，对所学知识产生更为鲜明和持久的记忆。

二、灵性语文教学中激发情感的具体途径

（一）精心选择内容，突出"情感"主题

鉴于语文教材中有丰富的进行情感表达的文章，教师需精心选择合适的材料，并妥善运用情感元素进行教学。将不同的情感元素融入教材

内容，可以极大地增强教学的吸引力和效果。有效的选材应围绕关键的情感主题而展开，选择能够触动学生情感、引发其共鸣的文本，让学生在学习过程中体验到文学作品的情感深度，同时深化他们对文本的理解。

例如，为了培养学生的爱国情怀，教师可以选出《中国人民站起来了》《长征胜利万岁》《大战中的插曲》《别了，"不列颠尼亚"》《县委书记的榜样——焦裕禄》等文章。这些文本不仅可以丰富学生对文学的认识，更与中国的历史和文化背景有深刻的联系。在教学过程中，教师需要做的不仅是讲解文章内容，更应深入分析作品的时代背景，引入相关的历史人物和事件，帮助学生全面理解中国的历史脉络。通过这种方式，学生可以从宏观的角度认识中国的发展历程，感受到文章中的深切情感。此外，教师还应将历史与当代中国的发展相对比，使学生意识到现今的和平与繁荣是历代人民不断奋斗的结果，丰富学生的历史知识，更在情感上强化他们的民族认同感和对国家的自豪感。

（二）组织情景化教学，在情境中感受情感

情景化教学通过模拟教材内容中的具体场景，利用第一人称视角让学生身临其境地体验和感悟，从而显著加深学生的学习印象和感受。这种教学策略特别适合融入情感教学元素，这样可以增强教学的情感深度和教育效果。在实施情景化教学时，教师可以选择教材中具有丰富情感色彩的文章，运用多媒体设备构建生动的外部场景。通过参与情景剧或舞台剧，学生可以扮演文中角色，亲身体验角色的心理变化和情感冲突，从而深化对文本的理解。此外，情景化的对话和表演有助于即时地激发出学生的内在情感，而多媒体所提供的视觉和听觉体验则能强化这一感受。

在《鸿门宴》的教学中，利用情景化教学方法可以极大地提升学生的学习体验和情感共鸣。教师可以创设一个模拟古代宴会的教学环境，让学生扮演故事中的关键人物，如刘邦、项羽、张良、范增等。通

过角色扮演，学生能更直观地体验到当时的紧张氛围和人物间的心理斗争。例如，学生扮演的刘邦需要在宴会中表现出外表的镇定和内心的警觉，而扮演项羽的学生则需要展现项羽的霸气和对权力的渴望。在这样的情景中，学生不仅是知识的接收者，更是情感体验的参与者。在进行角色扮演的同时，教师可以设置特定的情景任务，如让"刘邦"和"项羽"进行一场辩论，讨论联合还是分裂的命题，其他学生扮演的宾客则可以给出他们的意见，模拟古代宴会中可能发生的争论和策略部署。通过这种互动，学生能够更深刻地理解各角色的心理和所运用的策略，以及他们的决策对后续历史的影响。此外，教师可以引导学生讨论《鸿门宴》的关键主题，如权力、背叛、忠诚与智谋，探讨这些主题对人物行为背后的动机和历史的影响。通过分析人物的选择和行为，学生可以从道德和哲理的层面对《鸿门宴》进行深入理解和评价，同时能在情境中体会到复杂的人性和历史进程的交织。

（三）延伸教学内容，开阔学生视野

课堂外的内容同样是教师激发学生情感和开阔其知识视野的重要资源。教师可以依据学生当前的学习阶段和教学目标，有选择性地引入相关的教学资源，这不仅可以丰富课堂内容，还可以从多个角度深化学生对知识的理解。利用现代教育技术，如电子多媒体，教师可以将实时新闻、历史事件、文化故事等与课堂知识相结合，使学生能够在实际的应用中理解和感受学习内容。

学生在以这种方式学习《邓稼先》这一课时，不仅可以了解到邓稼先作为我国"两弹一星"元勋的卓越贡献，还可以见证他在国家需要时，如何牺牲个人生活，为国家的科技进步和国际地位的提升付出巨大的努力。同样，类似的精神在其他中国科学家身上也有所体现，如钱学森和屠呦呦。钱学森被誉为"中国航天之父"，他的一生是对科学无比热爱和对祖国深深忠诚的完美诠释。在美国工作多年后，钱学森选择回国，

在国内推动了中国航天事业的发展。在极其困难的条件下，他带领团队成功发射了中国第一颗人造卫星，为中国成为世界航天大国奠定了基础。屠呦呦是一位杰出的药学家，她发现了青蒿素，有效治疗了数百万疟疾患者，为全球抗疟疾斗争作出了历史性贡献。屠呦呦的研究开创性地结合了中国传统医药与现代科技，她的工作不仅挽救了无数生命，还获得了 2015 年的诺贝尔生理学或医学奖。通过引入钱学森和屠呦呦的事迹，教师可以展示出科学家对个人职业的热情及对社会和国家的巨大贡献。这不仅能够开阔学生视野，还能激发他们的国家荣誉感和责任感。

（四）加强课外实践，在生活中感受情感

语文教学不应仅限于课堂内的书本学习，而应拓展至多元化的课外实践，这对于深化学生的情感体验尤为重要。语文学科的教材多取材于生活，承载着丰富的人文情感和德育理念，这些都在日常生活中有所体现。教师可以根据教材的核心主题和情感内涵，设计相关的课外实践活动，引导学生走出课室，深入社会和生活。

在《信息时代的语文生活》的教学中，教师可以引导学生通过课外实践活动深入探索现代信息技术如何影响语言的使用和沟通方式。具体方法包括让学生进行在线调查，收集和分析不同年龄段群体在社交媒体、博客和论坛上的语言表达方式。学生可以设计问卷调查，收集数据，以理解不同平台语言使用方式的多样性和各自特点。此外，教师可以组织学生观看相关的演讲或纪录片，以提高对数字语言变迁历程的认识。这些活动不仅能让学生了解到语言在信息时代的演变和重要性，还能激发他们对现代语文生活的兴趣和思考。由此，学生将能从实践中感受到信息时代对语文生活的深刻影响，从而更好地理解和适应这一变化。

第四章 基于核心素养的灵性语文教学

第一节 语文学科的核心素养

一、相关概念界定

（一）核心素养

　　语文核心素养是一个学科化的概念，体现了对核心素养的具体应用。要准确理解语文核心素养的含义，先要了解核心素养。"核心"指的是中心或事物的主要部分，是影响事物的决定性因素。"素养"即"平日的修养"，主要用来形容一个人在日常生活中待人接物方面的态度。但在教育领域，素养的含义被拓展为个体通过教育所获得的必要的知识、能力和态度。蔡清田的观点指出，素养涵盖的不仅是知识和技能，还包括适应社会的能力。[①] 具备良好素养的人可以通过教育和学习实现全面的个人发展，能够应对复杂多变的社会环境，并促进社会的进步与发展。因此，

[①] 蔡清田. 论核心素养的课程发展 [J]. 中小学教师培训，2019（9）：32-36.

在语文教学中，核心素养的培养是至关重要的。它不仅是语文知识的传授，更是通过语文教学培养学生的批判性思维、创新能力和人际交往能力。教育者和课程设计者应关注如何通过语文教育有效地培养学生的核心素养，从而使他们成为具有全面发展潜力的个体。"素养"一词在课程与教学层面含义很广，涵盖了知识、能力、情感态度、价值观及思想道德等多个维度。可知，从字面上理解，"核心素养"指的是关键的素养，它包括了个体所必须具备的基本知识、能力和正确的态度。

在教育领域，核心素养的定义为多方学者所关注和探讨。我国教育学学者林崇德教授在分析多国对核心素养概念的理解后，结合我国教育实际和研究成果，提出了一种新的界定。按照林教授的定义，核心素养是指学生在教育过程中逐步形成的必备品格和关键能力，这些能力和品格能够帮助学生在进入社会后顺利实现个人的终身发展并适应社会的不断发展。[①] 这一定义强调了核心素养在个人发展和个人适应社会变革中的重要性，是学生在知识、技能、情感、态度等方面全面发展的综合体现。此界定在国内教育界具有较高的权威性，影响着教育政策的制定和教学实践的优化。

（二）语文核心素养

语文核心素养作为学科核心素养的重要组成部分，是核心素养在语文学科领域的具体化、学科化体现。根据林崇德教授对核心素养的定义，可以将语文核心素养的概念做如下界定：语文核心素养是学生在语文学习过程中逐步形成的必备品格和关键能力，能够帮助学生适应个人的终身发展和社会需求。由此可以看出，学习语文学科的必备品格和关键能力涵盖了语言素养、思维素养、审美素养和文化素养四个维度。

---

① 辛涛，姜宇，林崇德，等.论学生发展核心素养的内涵特征及框架定位 [J].中国教育学刊，2016（6）：3-7, 28.

基于上述内容，笔者认为，语文核心素养指的是学生在接受语文教育过程中逐步形成的关键素养，包括语言素养、思维素养、审美素养和文化素养，这些素养共同构成了学生适应个人终身发展及社会需求的综合能力。

二、语文核心素养的理论基础

（一）马克思主义的人的全面发展理论

自 21 世纪初以来，许多国家高度重视对核心素养的研究，这不仅反映了全球教育领域的一种趋势，还是对现代教育目标的深刻揭示。在信息技术迅速发展和全球竞争日益激烈的背景下，核心素养研究应运而生，其核心问题在于探讨和确定教育系统"培养什么样的人"。

核心素养的研究重点在于定义和培养能够适应 21 世纪社会需求的高素质人才。这种人才培养不仅关注个人的自我发展，还致力推动社会的整体进步。具备核心素养的个体应具有广泛的知识、出色的问题解决能力和强烈的社会责任感。因此，对核心素养的研究不只是学术讨论，还是对教育实践需求的直接响应，是对教育系统应如何培养既能实现个人价值又能贡献于社会发展的人才的探讨。这项研究的根本目的是回答"国家教育究竟要培养什么样的人"的问题，为现代教育提供指导和方向。

对于"培养什么样的人"这个问题，马克思主义的人的全面发展理论提供了重要的指导，强调培养个性和谐且全面发展的人才。这种理想人才指的是在知识、能力、情感、道德等方面均能和谐发展的个体，这样的全面发展是适应不断变化的时代需求的关键。然而，实现这种理想状态的教育目标在实践中显得较为宏观和理想化，故需要进一步细化和具体化，这正是核心素养概念发挥作用的地方。核心素养作为一个桥梁，将马克思主义的全面发展理论中的宏观目标转化为中观层面的具体教育目标，即明确的品格和能力要求。这些要求既要满足国家对高素质人才的需求，也要符合学生的成长规律和学科特点。在具体实施上，教育部门将核心素养进一步与各学科相结合，形成了所谓的学科核心素养。这种学科核心素养不仅具体体现在各学科的教学目标和内容上，还贯穿教育的不同阶段，以确保学生能够在各个学科领域内都获得均衡和深入的发展，深入回答了我国教育"培养什么人"的问题。

语文核心素养的提出，是语文教育工作者在新时代为了实现人的全面发展而做出的重大突破和改变。虽然"三维目标"开始注重对学生情感、态度和价值观的培养，但主要依然强调语文知识和能力的发展，这种偏向可能导致学生处于被动接受知识的状态，不能充分促进学生的主体性发展。语文核心素养概念的提出，不仅推动了学生核心素养的整体提升，还重申了学生在语文学习过程中的主体地位。这一转变意味着教育不再仅仅是知识的传授，而更加注重学生个性的发展和能力的提升。语文核心素养的提出，确保了学生能够在阅读、写作、表达和交流中发展语言技能，同时在思维、情感和价值观上获得提升。因此，语文核心素养不仅是一个教学目标，还是语文学科在教育改革中对"培养什么人"这一核心问题的具体回应。通过这种改革，语文教育被赋予了培养学生成为有思想、有感情、有创造力的人的使命，这符合当代社会对人才全面素质的要求。

（二）中国学生发展核心素养

中国学生发展核心素养以最高育人目标立德树人为出发点，是语文核心素养的理论根基。2014 年，教育部印发了《教育部关于全面深化课程改革落实立德树人根本任务的意见》（以下简称《意见》），《意见》提出："教育部将组织研究提出各学段学生发展核心素养体系，明确学生应具备的适应终身发展和社会发展需要的必备品格和关键能力。"①2016 年 9 月 13 日，由林崇德教授领导的团队在中国学生核心素养研究成果发布会上，详细介绍了核心素养体系。该体系包括三个主要方面、六项指标以及十八个具体要点（见表 4-1）②，各个要素之间相互作用、密不可分。

表 4-1 　中国学生发展核心素养体系

三个方面	六项指标	十八个要点
文化基础	人文底蕴	人文积淀
		人文情怀
		审美情趣
	科学精神	理性思维
		批判质疑
		勇于探究
自主发展	学会学习	乐学善学
		勤于反思
		信息意识
	健康生活	珍爱生命
		健全人格
		自我管理
社会参与	责任担当	社会责任
		国家认同
		国际理解
	实践创新	劳动意识
		问题解决
		技术运用

语文学科核心素养作为整个核心素养体系的重要组成部分，紧密依

---

① 中华人民共和国教育部.教育部关于全面深化课程改革落实立德树人根本任务的意见 [EB/OL].（2014-04-08）[2024-05-18]. http：//www.moe.gov.cn/srcsite/A26/jcj_kcjcgh/201404/t20140408_167226.html.

② 林崇德.中国学生核心素养研究 [J].心理与行为研究，2017，15（2）：145-154.

托核心素养的理论基础和结构框架。这确保了语文教育在追求专业性的同时，符合整个教育系统对学生全面素质培养的要求。在 2017 年，随着教育部推动学科核心素养的研制工作，各学科相继开展了对应的研究，以明确各学科在核心素养大框架下的具体内容和目标。如果说核心素养是学生在各种生活和学习领域中形成的综合能力和品格，那么语文学科核心素养就是在语文领域中，学生必须形成的一些关键能力和品格。作为核心素养的一部分，语文核心素养不能脱离核心素养的大框架，要建立在核心素养体系的基础之上。

三、语文核心素养的内涵

（一）语言素养的内涵

1. 语文学科语言素养的含义

语言素养是指学生在丰富的语言实践中，通过主动的积累、梳理和整合，逐步掌握祖国语言文字特点及其运用规律，形成个体言语经验，发展在具体语言情境中正确有效地运用祖国语言文字进行交流沟通的能力。基于这一概念，通过对关键词的提取可知，语言素养可以被划分为语感、语言规律和经验、交流与沟通这三个层面。

学者们对语言素养有着多元的解释。尽管不同学者在描述这些层面时使用的术语可能有所不同，但他们的分析都指向同一基本过程：从感性认识到理性认识，再到实际应用。在教学的初期，学生通过大量的输入，如阅读、听觉接触和口头交流，不断积累语言素材。这种丰富的语言活动体验能使他们逐渐形成良好的语感，这是语言学习的感性基础，涉及对词汇、句式、声调等语言元素的敏感把握和自然吸收。建立在这种语感基础上，学生通过对所接触的语言材料进行反复的理性分析和归纳总结，开始理解和掌握语言的内在规则，如语法结构、逻辑关系和修辞技巧。在这个阶段，学生的语法掌握可以得到加强，他们不仅学会了识别语言的形式，还开始理解其背后的逻辑和功能。最终，随着对语感和语理的深入理解，学生在实际的语言使用中将这些知识转化为技能。他们能够根据不同的交际需求和具体语境，有效地运用语言进行表达和沟通。这种能力不仅可以应用于学习环境，还可以延伸到日常生活和社会交往之中，具备这种能力的学生能够在多样的情境下展示其创造性和语言能力的适应性。

2. 语文学科语言素养的构成

根据上述对语言素养的解读可以发现，语言素养主要包括三方面内容，即积累与语感、整合与语理、交流与语境，如图 4-1 所示。

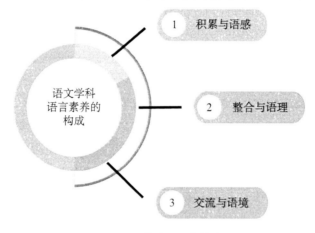

图 4-1　语文学科语言素养的构成

（1）积累与语感

"积累"指的是通过语言接触和实践，逐渐聚集起大量语言素材和知识的过程，包括词汇、语法规则等。积累的语言素材通过日常的使用和练习可以被逐步内化为个人的语言能力，为发展高级的语言技能打下坚实的基础。"语感"是对文字的灵敏感觉，涵盖了语音、语义和语法等多个维度。语感不仅是一种心理感受或直觉，更是一种心智技能和审美能力。具体而言，良好的语感能够使母语使用者迅速准确地理解和使用语言，在听、说、读、写各方面表现出高效和自然，无须刻意组织便能表达思想，也无须刻意分析即可判断言语的正确与否。

"语感"的形成离不开对语言材料的长时间"积累"。[1]语感的形成是一个长期积累的过程，它虽然如直觉般自然流畅，但实际上是通过持续的学习和实践而习得的。在语言学习中，没有充分的语言材料积累，便无法形成有效的语感。因此，积累和语感之间存在着密不可分的关系，两者互为因果，共同构成语言素养的核心。良好的语感依赖对词汇、句式、语法等语言元素的深入积累，这种积累通过语言接触和使用逐渐转化为直觉的语言反应能力。

（2）整合与语理

所谓"整合"，是指将零散的语言元素组合成一个有机整体的过程。在语文学习中，整合能力尤为重要，它帮助学生将分散的语言知识点串联起来，形成系统的语言理解能力。通过有效整合，学生能够更深刻地把握语言的内在逻辑和规律，从而在实际应用中更加得心应手，有效提升语言的运用效率和准确性。"语理"是指对语言的结构性和规律性的理论认识。这一认识涵盖了语法、逻辑、修辞等语言知识领域，是人们对已有语言知识体系的深层次理解。语理与语感相对立，代表了对语言的理性认识，标志着从直观的感性认识逐渐过渡到逻辑性的理性理解。

"语理"的形成离不开"整合"。在对语言进行理性认识的过程中，人们需要对大量零散的语言材料进行梳理和整合。因此，"整合与语理"是指语言学习中对零散的语言材料进行系统的梳理和整合，其目的是建构起一套完整的语言知识体系。在实际的语言学习与实践中，学生需要对接触到的各种语言现象进行分析和理解，从而形成对语言结构和运用的深入洞见。通过这种方式，学生能够逐渐掌握如何在不同的交流和表达场合中灵活运用语言。整合与语理，是对语言材料的理性认识，是语

---

① 王郧郧. 语文核心素养演变研究：以百年初中语文课程标准（教学大纲）为考查对象 [D]. 成都：四川师范大学，2023.

言素养在更高层次上的体现。

（3）交流与语境

交流是语言学习的核心目的，指学生使用语言这一工具自由地表达个人的观点和看法。语境，或语言环境，指的是人们在说话或书写时所处的具体环境和状态，这对语言的使用方式有着决定性影响。一个有效的语言交流无法脱离其语境，因为不同的语境需要不同的交流方式，语境为语言提供了必要的参照框架，使语言表达具有针对性和适应性。

随着学生对语感和语理的理解逐渐深入，他们能够学到如何根据具体的语境灵活运用语言，这种能力的培养是逐步建立起来的。学生需要先通过对语言材料的感性认识，如对语音、语义和语法的直观感受，建立起基础的语言感觉，进而通过理性认识，如分析和归纳语言的规则与逻辑，形成一套系统的语言知识体系。最终，当这些知识和技能在各种语言实践活动中得到应用时，学生便能在多样的语境中进行有效的交流与沟通。这不仅展示了他们的语言能力，还反映了他们对语境的敏感性和适应性。因此，交流与语境不仅是对语言材料的灵活运用，更是学生语言素养的更高体现，这种能力使他们能够在复杂多变的实际环境中精准地使用语言，实现有效沟通。

（二）思维素养的内涵

1. 语文学科思维素养的含义

在心理学领域，思维被视为一种核心的心理现象。心理学家通常通过分析人类的心理活动过程，来探究思维的形成、发展以及背后的规律。心理学家朱智贤教授从心理学的视角出发，对思维进行了精确的界定，认为思维是人脑对客观事物的本质及其内在规律的概括和间接反映。[①]这

---

① 朱智贤.中国儿童青少年心理发展与教育 [M]. 北京：中国卓越出版公司，1990：230.

一定义不仅清晰地阐述了思维的基本功能，还被广泛接受并用于解释语文学习中的思维过程。

语文教育界是基于心理学对思维的定义，对语文思维进行学科化界定的。下面介绍几种对语文思维的定义。

冉正宝在其著作《语文思维论》中首次系统地提出并深入探讨了"语文思维"这一概念，将其定义为一种独立的思维形态，并与数学思维、科学思维、艺术思维等其他学科思维相区分。他认为，语文思维是思维主体利用语言形象对思维对象进行概括性和间接性的认识。[①] 杜生国认为，语文思维主要包括五大内容，分别是整体性思维、逻辑性思维、发散性思维、批判性思维、独创性思维。[②] 郭美灵认为，语文思维主要包括四方面内容，即创造思维、形象思维、逻辑思维、辩证思维。[③]

从上述心理学界和语文教育界对思维的定义可以看出，语文学科思维素养有以下几个显著特征：第一，它是通过思维主体的大脑对客观事物本质和内在规律的概括性、间接性反映而形成的认知过程。这种思维过程强调了对深层次信息的理解和整合能力。第二，语文学科思维素养的培养基于个体已有的知识和经验，这些经验为新的思维活动提供了基础和跳板。第三，这种思维素养的发展依赖语言的使用，语言作为表达和思考的工具，是连接内部认知与外部世界的桥梁。第四，语文学科思维素养不仅涉及思维能力的提升，还包括品质、态度和习惯等方面，指向一种综合的、稳定的素质和修养。

综合已有研究，笔者认为，语文学科思维素养指的是个体在参加各种各样的语言实践活动，结合已有知识经验，将汉语言作为媒介，对言

---

① 冉正宝.语文思维论 [M].桂林：广西师范大学出版社，2003：26-32.

② 杜生国.谈高中语文教学中如何培养学生的语文思维 [J].语文教学通讯·D 刊（学术刊），2021（1）：27-29.

③ 郭美灵.高中语文写作教学中语文思维的培养研究 [J].豫章师范学院学报，2023，38（5）：97-100，112.

语作品进行概括性、间接性反映的过程中，逐渐形成和发展的相对稳定的思维素质和修养。

2.语文学科思维素养的构成

思维能力涉及学生在语文学习过程中的联想想象、分析比较、归纳判断等认知表现，主要包括直觉思维、形象思维、逻辑思维、辩证思维和创造思维。思维具有一定的敏捷性、灵活性、深刻性、独创性。基于此，可以将思维素养分为三个方面，即思维能力、思维品质、思维态度与习惯，如图4-2所示。

图4-2　语文学科思维素养的构成

（1）思维能力

思维能力是个体对感性材料进行认识和加工的能力，是通过分析、综合、概括、抽象和比较等一系列操作而实现的对材料的理性认识。思维能力使个体能够发现问题、分析问题并解决问题。语文教学是全面而深入的，主要包括对直觉思维、形象思维、逻辑思维、辩证思维、创造性思维等方面能力的培养。这些不同类型的思维能力共同构成了语文教学的核心目标，培养这些思维能力可以全面培养学生的思维技巧，从而提升他们的理解、分析和创新能力，为他们解决实际问题和挑战提供坚实的思维基础。

直觉思维能力是一种基础性思维能力，它允许个体在没有明显逻辑推理过程的情况下，依据已有的经验迅速做出判断或猜想。这种能力的特点是快速和非逻辑性，主要表现为个体的直觉反应和灵感。

形象思维能力侧重于使用具体的视觉或感性形象来解决问题。这种能力以形象性和想象性为特征，强调通过直观的图像、联想和想象来处理和理解信息。形象思维是解决那些难以用言语清楚表达的复杂问题的有效方式。

逻辑思维能力是通过概念、判断和推理等形式对事物的本质和规律进行系统反映的能力。这种思维能力涉及分析、综合、比较、分类、抽象和概括等操作，是科学研究和学术探讨中不可或缺的思维能力。

辩证思维能力强调以发展的视角理解和解决问题，它要求人们认识到事物的多面性和发展变化的过程。这种思维能力可以让人们超越表面现象，触及问题的深层次结构，从而在更广泛的背景中进行思考。

创造性思维能力是一种高级的思维形式，它要求人们跳出常规的思维框架，通过原创的思考产生新的想法或解决方案。这种能力是创新和发明的基础，涉及改造现有的思维模式或创造全新的思维产品。

（2）思维品质

思维品质是对个体思维基本特性的描述，揭示了人们思维水平的差异。语文教学特别强调培养学生思维的深刻性、灵活性、独创性、批判性和敏捷性。通过思维品质的培养，语文教学不仅能提升学生的理解与表达能力，还能使他们在分析、创新和解决问题时表现出更高的思维水平，从而全面发展。

思维深刻性是学生能够超越事物的表面现象，探究更深层次原因和内在联系的能力。这不仅体现了思维的广度和深度，还使学生能够在阅读和分析文本时，洞察作者的意图和文本背后的文化、社会结构，从而形成全面而深入的理解。

思维灵活性是指学生能够跳出传统思维模式，从多角度、多方向考虑问题，使用多种方法解决问题。对思维的灵活运用极大地增强了学生的适应能力和创新能力，使他们能够在面对新情况时迅速调整自己的思路，找到合适的解决方案。

思维独创性体现为学生在语文学习和思维活动中具有创新能力。这种能力使学生能够产生新颖、独特且有价值的想法，使学生能展现个性和创造力。独创性是评价学生思维活动质量的重要标准之一，它鼓励学生挑战常规，探索未知。

思维批判性关注学生对思维过程的自我控制和调节能力。学生通过批判性思维能够评估自己的学习方法和思维过程，并对其及时进行调整和改进，这是持续学习和自我完善的基础。批判性思维在评价和分析他人的观点时同样重要，可以培养学生独立思考的习惯。

思维敏捷性是指学生在语文思维活动中快速反应的能力，与是否能够迅速、正确地得出判断和结论有关。这种能力在高压和限时的情境下尤为重要，如在辩论、答题或日常对话中。

（3）思维态度与习惯

良好的思维态度是个体对思维活动所持有的积极情感倾向，体现为学生对知识的好奇心和求知欲，以及面对问题时积极主动的态度。一种良好的思维态度可以激发学生的探索精神和解决问题的热情，使他们在遇到挑战时更加坚持和敏锐。与思维态度相辅相成的是思维习惯，这是个体在长期的思维实践中形成的一种稳定的思考模式和方法。思维习惯包括处理问题的特定方式、方法和角度，它使个体能够以一种高效和系统的方法应对各种情况。

（三）审美素养的内涵

1. 语文学科审美素养的含义

关于审美素养的含义，杜卫的研究强调，审美素养是建立在个体已有的审美经验之上的，并且主要由三个核心要素组成：审美知识、审美能力以及审美意识。审美知识涉及对美的认识和理解；审美能力强调在不同情境下进行审美判断和欣赏的技巧；而审美意识则关注对美感体验的深度反思和意识。① 这一界定不仅包含了审美的认知和实践，还体现了审美的主观体验性和情感反应性，因此它为研究不同群体和不同教育阶段的审美发展提供了一个全面而深入的理论框架。杜卫的这种定义因其全面性而得到了广泛的认可。

在语文教育界，关于审美素养概念的界定，自 19 世纪 80 年代开始就有研究，下面介绍几个有代表性的研究观点。

童庆炳在 20 世纪 90 年代提出，审美教育应当是语文教学的固有组成部分，而非额外附加的任务；语文教育应致力培养学生的审美观点、审美趣味和审美能力。② 彭立勋、曾军对语文中的美育目标进行了准确的总结，他们认为教学应该实现三个基本目标：形成正确的审美观念、培养健康的审美情趣以及提高学生的审美欣赏与创造能力。③ 潘纪平提出语文审美教育的目标，主张通过教学培养学生健康高尚的审美观、审美情趣、审美感受力和审美鉴赏力。④ 徐林祥与郑昀在《中国语文教育研究丛书语文美育学》中提出语文美育的两大任务，即重建审美意识和培养审美能力。⑤

近年来，学术界对于"审美鉴赏与创造"这一核心素养的探讨显著增多。其中，王宁教授认为"审美鉴赏与创造"素养应细分为三个具体

① 杜卫.论审美素养及其培养 [J].教育研究，2014，35（11）：24-31.

② 童庆炳.语文教学与审美教育 [J].北京师范大学学报（社会科学版），1993（5）：96-101.

③ 彭立勋，曾军.审美教育与语文教育：彭立勋教授访谈录 [J].语文教学与研究，2001（1）：4-5.

④ 潘纪平.语文审美教育概论 [M].武汉：湖北人民出版社，2005：72-77.

⑤ 徐林祥，郑昀.语文美育学 [M].南宁：广西教育出版社，2018：74-86.

维度：体验与感悟、欣赏与评价、表现与创新。①黄厚江教授则从培养目标的角度，将"审美鉴赏与创造"素养分为三个层级：良好的审美意识和审美趣味、良好的审美欣赏能力和审美评价能力、良好的审美表达能力和审美创造能力。②虽然两位教授的侧重点有所不同，王宁教授注重从感悟体验到创新表现的过程，黄厚江教授则强调从意识培养到能力提升的递进，但他们的共同目标是通过多维度的训练，培养学生的综合审美能力，从而使他们能更好地适应和贡献于当代社会的文化和艺术发展。

虽然对审美素养的具体理解因研究者的背景不同而异，但基本达成的共识是，审美素养涵盖审美知识、审美能力和审美意识这三个基本方面。在语文学科中，对审美素养的研究主要关注两个层面：一是外显的语文审美能力，二是内隐的审美意识。具体来说，审美能力可以细分为审美感受能力、审美鉴赏能力、审美表达能力以及审美创造能力，这些能力使学生能够有效感知、评价、表达并创造美。审美意识涉及审美观念和审美情趣，这关系到学生对美的感知深度和广度。

由上述内容可知，语文学科审美素养是在学习语文的过程中，基于个体已有的审美经验而形成的一种审美素质。

2. 语文学科审美素养的构成

语文学科审美素养主要包括四个组成部分，即审美感知与体验、审美鉴赏与评价、审美情趣与观念、审美表达与创造，如图 4-3 所示。

---

① 王宁. 语文核心素养与语文课程的特质 [J]. 中学语文教学，2016（11）：4-8.
② 黄厚江. 以美启美 追求语文教学审美诸元的共生：谈核心素养"审美鉴赏与创造"的培养 [J]. 语文教学通讯，2019（7）：26-31.

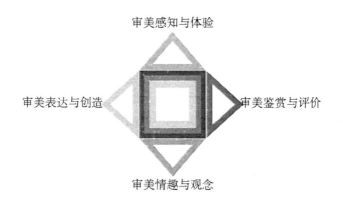

图4-3　语文学科审美素养的构成

（1）审美感知与体验

审美感知与体验是审美活动的起点，是个体通过感官（如视觉、听觉）感知并体验美的事物的过程。这一过程不仅包括对美的事物的外在特征（如颜色、形状、声音）的感知，还包括对其内在含义（如情感表达、象征意义）的理解。审美感知与体验是个体对美的初步反应和感受，为进一步的审美鉴赏、评价和创造活动奠定了基础。这一能力是发展其他审美能力的必要前提，可以直接影响个体如何理解和欣赏美的事物，进而影响审美活动的深度和广度。

（2）审美鉴赏与评价

审美鉴赏与评价是指个体对美的事物进行识别、欣赏和评价的能力。这包括两个方面：首先，分辨能力，即能够判断事物是否具有美感，识别其美的类型以及美感程度；其次，依据个人的审美经验和知识对美的事物进行深入的欣赏和评价，确定其美感或缺陷所在的能力。审美鉴赏与评价是建立在审美感知与体验之上的更高级的审美能力。对这种能力的培养不仅深化了个体的审美体验，还加强了个体对美学理论的理解和应用，使个体能够更加精确和深入地参与审美活动。因此，审美鉴赏与评价能力的培养对于提升个体的整体审美素养具有重要意义。

（3）审美情趣与观念

审美情趣主要是指个体在审美活动中对不同审美对象所表现出的主观偏好和情感倾向。这种情趣表现为个体对某些审美对象的喜爱或不喜爱，反映了个体的个性和情感选择。由于具有主观性，不同个体的审美情趣往往有显著的差异。审美观念是人们在长期的审美实践中所形成的对美的基本看法和认识，它是世界观在审美领域的具体表现。这些观念不仅影响着个体如何理解和评价美的事物，还在审美实践中起着指导作用。随着个体审美实践的不断深入，这些审美观念也可能得到修正和发展。

（4）审美表达与创造

审美表达与创造是指个体在审美实践中利用已掌握的关于美的知识和规律，以美的形式对事物进行表达或创造新的美的作品的过程。这一过程不仅是个体展示自己对美的理解和应用的方式，还是其创造性思维的体现。通过审美表达与创造，个体能够将内心的审美感受和思考具象化，进而创造出具有审美价值的新作品。

（四）文化素养的内涵

1. 语文学科文化素养的含义

语文学科文化素养是指学生在语文学习的过程中形成的文化能力和修养。这包括尊重和理解国内外多元文化成果，对中华优秀传统文化的热爱和认同，以及积极参与文化实践活动。

语文课程培养的核心素养是学生在语文实践活动中积累、建构并在真实的语言运用情境中表现出来的，是文化自信和语言运用能力、思考能力、审美创造能力的综合体现。其中，文化自信是指学生认同中华文化，对中华文化的生命力有坚定信心的心理状态。"文化自信"含义丰富，体现了文化素养的最高追求。文化素养涵盖了对中华优秀传统文化、革命文化、社会主义先进文化、当代文化及其他人类文明优秀成果的熟悉和理解。要想达到具有良好文化素养的标准，学生不仅要"热爱"和

"认同"这些文化，还应"继承和弘扬"以及"了解和借鉴"它们。目前，虽然人们对语文学科核心素养中"文化素养"的界定，还存在着不同意见，但文化自信是语文学科文化素养的重要组成部分仍是一个共识。学生在学习语文的过程中，应逐渐理解、热爱中华文化，建立自觉、自信的文化意识。语文课程在继承和弘扬中华优秀传统文化，推动文化的创新发展方面，也具有不可替代的优势。

2. 语文学科文化素养的构成

语文学科文化素养主要包括三个渐进的维度，即文化理解、文化认同、文化践行，如图 4-4 所示。

图 4-4　语文学科文化素养的构成

（1）文化理解

文化理解是个体对文化的含义、特征及历史发展状况进行深入体验、认知和反思的过程。这一过程可以分为体验、认知和反思三个阶段，每个阶段都对文化的理解有着重要的作用。在体验阶段，个体第一次接触到新的文化现象或情境时，会产生直观的感受。这种初步的印象和认识是个体对于文化现象的第一次感知，形成了个体对该文化的基础理解。例如，观看一场传统戏剧或参与一个地方节庆可以让个体直接体验到文化的独特性和魅力。进入认知阶段后，个体开始系统地学习和掌握与该文化现象相关的知识，包括其历史背景、发展过程，以及其所反映的社会价值和思想意义。通过阅读、教育和交流等方式，个体会对这种文化现象的深层含义和广泛联系有更全面的理解和分析。这不仅增加了个体的知识储备，还加深了其对文化多样性和复杂性的认识。在反思阶段，个体会采用批判性的思考方式，对已知的文化现象进行辩证分析，评价其优势与劣势，并反思这些文化元素在现代社会的适应性和发展潜力。这种批判性的反思是文化理解的深化，可以帮助个体形成对文化价值和影响的独立看法。

此外，文化理解的对象非常广泛，既包括对中华优秀传统文化、革命文化和社会主义先进文化的深入理解，也涵盖了对全球各民族和地区的文化的认知。这种广泛性使个体能够在经济全球化的背景下更好地交流和协作，促进文化的交融。

（2）文化认同

文化认同是个体或群体对特定文化特征，如审美取向、伦理道德、行为习惯等方面特征的认可和接纳，涵盖了鉴别、接纳、自信三个核心方面。特别是在初级阶段，文化认同要求个体在面对不同文化观念的冲突和矛盾时，保持客观和公正的态度。在这一阶段，个体需要进行理性的思考，对比不同文化观念的优劣，力求"取其精华，弃其糟粕"，并在此基础上形成正确的价值判断。这不仅是一个认知过程，还是一个道德和伦理的选择过程。接纳是在鉴别的基础上，接受并吸收新的文化观念及其背后的思维方式和风俗习惯的过程。这一阶段要求个体有开放性和适应性，个体要通过学习和体验逐渐融入新的文化环境，从而开阔自己的视野，增强文化适应能力。自信是文化认同过程中的关键和终极阶段。当个体不仅接受一种文化，还坚信这种文化具有无可比拟的价值并对未来持乐观态度时，他们的文化自信就得以确立。这种自信是文化素养的价值导向，推动个体在文化传承和创新中发挥积极作用，同时是促进文化多样性和全球交流的基石。

（3）文化践行

文化践行是将文化观念从理论的认知和认同层面推进到具体实践层面的过程。这一过程需要群体在实际生活中积极地实施、传承、改造和创新其所选择并认同的文化观念及价值原则，以使文化健康而持续地发展。文化践行可以细分为实践、继承与传播、创新三个核心层面。实践层面要求个体自觉地参与各种有意义的文化活动，将文化观念融入日常生活，使之成为行为的一部分。这种参与不仅包括保留和维持现有的文化状态，更包括积极地应用这些文化观念解决现实问题。继承与传播是文化实践的延续性组成部分。在这一过程中，个体在代际传递中不仅要接受并实践所在团体的文化观念和行为方式，还要将这些文化特征传播到不同地区和不同人群之中，以扩大其影响力。这种传播活动可以帮助文化观念跨越时空界限，发扬光大。创新是文化实践的关键动力。为了适应新时代的需求和挑战，文化实践者要对传统文化产物进行创造性的改造，或将传统文化与现代特征相结合，开展新的文化诠释。这不仅是对过去的重新包装，还是在保持传统文化精髓的基础上，赋予其新的生命力。

第二节　核心素养下语文教学设计的原则

一、开放性

在语文教学中，以语文核心素养为指导所设计的学习目标、内容和形式应遵循开放性原则。这意味着教学设计不应该是刻板固定的，而应根据教学环境、班级特点及学生的具体情况灵活调整。例如，即使是同一天对两个平行班授课，由于学生的接受程度和班级互动的差异，教学设计的应用方式和具体内容也会有所不同。教学目标的实现是在教师与学生之间的持续互动的过程中逐步完成的。一堂课的发展不应仅仅遵循预设的流程，而应根据师生互动中出现的新问题、新内容和新目标不断调整和优化。因此，教师在准备教学设计时，需要保持一种开放的心态，不能期望一份固定的导学案能够适用于所有教学场合。开放性原则强调的是教学内容和方法的灵活性与适应性，以提高学习和教学互动的效率。例如，在《春江花月夜》的教学设计中，教师可以依据语文核心素养的指导，并遵循开放性原则，灵活调整教学目标和内容。首先，教师可以根据班级的具体情况，选择不同的切入点进行授课。例如，对于接受能力较强的班级，教师可以引导学生深入分析诗歌的意境和情感；对于接受能力较弱的班级，教师可以先从诗歌的语言和修辞手法入手，逐步引导学生体会诗歌的美感。在教学过程中，教师应根据学生的反馈和互动情况，实时调整教学内容和方法。如果学生对某个部分表现出特别的兴趣，教师可以适时拓展相关内容，深化讨论。

二、问题性

灵性语文教学提倡将知识"问题化"，即通过问题来引导学生探索和学习。这种方法与语文核心素养的目标之———在学习和生活中培养解决问题的能力，是一致的。在这种教学框架下，问题不仅是学习的起点，还是推动教学进程的重要环节。在课堂上，问题的设计需要考虑到教学内容的逐步深入和难度的逐渐提升。这种由浅入深、由简到难的策略，能够有效地引起和维持学生的学习兴趣，从而帮助他们在解答问题的过程中不断深化对知识的理解和应用。随着课堂教学的推进，问题应更具挑战性，使学生的思考和讨论更加深入，从而达到每堂课所设定的学习目标。在教学设计时，教师应充分考虑到不同学生的学习水平，通过精心设置的问题来激发学生的思考。教师应使用设疑、探讨和解惑的方法，引导学生通过合作探究的方式进行学习。这种方法不仅能够激发学生的主动学习态度，还能帮助他们培养团队合作和自主解决问题的能力。

三、灵活性

教学设计是教师在上课前就设计好的，旨在指导课堂教学，但这并不意味着教师和学生必须严格按照设计中的步骤一步步执行。教学中，"教无定法"，灵活性是至关重要的。当学生在探究问题的过程中提出新的、有教学价值的问题时，教师应能在确保不偏离整体教学目标的基础上，适时调整教学计划，以适应学生的兴趣和需求。语文核心素养的培养需要学生运用多种方法灵活地解决问题，这种教学理念支持教师在课堂上采取更开放的和响应式的教学策略。对学生的积极响应和对他们发散思维行为的鼓励，可以提高课堂的教学效果，同时有助于培养学生的创新思维和问题解决能力。因此，灵性语文教学不仅是传授知识，更是一种激发学生潜能和兴趣的教学方式。教师应把握住学生的兴趣点，灵活调整教学内容和策略，让学习变得更加生动和富有成效。例如，在进行《将进酒》的教学设计时，教师可以先播放这首诗的吟唱版本，引导学生感受李白豪放不羁的个人气质和诗歌的节奏美，再根据学生的反应和兴趣，灵活调整教学内容。对于表现出对历史背景感兴趣的学生，教师可以适度介绍唐代的社会风貌和李白的生平；对于对诗歌语言和意象感兴趣的学生，教师可以重点分析诗中的比喻和夸张手法，以及"人生得意须尽欢，莫使金樽空对月"等名句的深意。

四、主体性

核心素养以培养"全面发展的人"为目标，"自主发展"是其中重要的一个方面。灵性语文教学强调以学生的高效学习为基础，设计教学内容和环境，确保教学活动围绕学生的自主学习而展开。在这种教学模式下，学生被视为学习的中心，他们不仅要学习语文知识，更要通过自己的方式表达情感、进行思维分析和深刻体验。教学设计应创建一个创造性的学习环境，允许学生有充分的时间和空间以自己的语言和思维方式进行探索和表达。这种方式激发了学生对语文学习的热情，并使他们成为学习过程的主人。通过坚持主体性原则，学生能够更加自主和积极地参与学习，从而实现个人的全面发展和自我提升。例如，在《书愤》的教学设计中，教师可以先引导学生自主阅读文本并提出疑问和见解。教师可以安排学生分组讨论，让他们探讨陆游在诗中所表达的家国情怀和个人抱负。每组学生可以就不同的主题进行讨论，如诗中的历史背景、情感表达、语言特色等。然后，每组代表将讨论结果向全班展示，全班同学共同学习和思考。教师在此过程中扮演指导者的角色，根据学生提出的问题和讨论的方向，适时补充并对学生进行点拨。

第三节　核心素养导向下灵性语文教学的设计

一、灵性语文教学设计的基本要求

核心素养导向下的灵性语文教学设计，并不一定要包含语言、思维、审美、文化这四个方面，实际的教学应依据文体的特点和学习的需要对某些方面进行选择性强化，确保各有侧重。例如，在教学文言文时，教师应重点关注文本中所表达的情感及其历史文化背景，通过这种方式激发学生对传统文化和历史的兴趣和爱好。而在说明文的教学中，教师则应着重于对说明方法的教授，帮助学生学会知识的迁移，提升思维能力。根据文体特点来调整教学重点，能更有效地促进学生的学习和理解，使教学更加贴近学生的实际需要。对灵性语文教学设计的基本要求主要包括以下几个方面，如图 4-5 所示。

图 4-5　灵性语文教学设计的基本要求

（一）分析学情

在语文教育中，随着学科数量的增加和知识范围的扩大，教师对学生的学情进行有效调查显得越来越重要。学情调查的主要目的是了解学生已经掌握的知识与他们希望学习的新知识，这不仅有助于实现教学内容的精准对接，还有助于提高教学效果。为全面掌握学生的学习情况，教师需要从多个维度进行分析，包括性别差异、家庭背景、学习能力、学习兴趣、学习动机、认知水平，以及心理特点等。对这些因素的综合分析可以让教师更准确地把握学生的学习需求和潜力，从而设计出更符合学生实际需要的教学计划。实施学情调查时，教师可以采用多种方式，如课堂观察、个别访谈和调查问卷等。这些方法能够帮助教师从不同角度获取学生的学习信息，特别是评估学生的认知能力和学习水平方面的信息，有助于建立一个更加客观全面的学生学习档案。

考虑到认知水平与知识掌握之间的密切联系，了解学生当前的知识水平对于课程设计至关重要。通常，认知水平较高的学生能更扎实地掌握知识。因此，教师可以在每堂课的开始，设置一个"课前 3 分钟"的活动，由自己或小组长轮流担任主持人，出题测试学生对之前知识的掌握和新课预习的情况。这个环节可以采用小黑板快速问答的形式，通过回顾旧知识和预测新知识点，有效检测学生的学习准备情况，同时提高学生对即将学习的内容的兴趣和预期。

（二）合理分组

为了有效地开展自主学习和合作探究式的语文学习，教师需要在深入了解学生基本情况的基础上进行科学合理的分组。良好的小组组合可以促进学生之间的互动和交流，特别是对那些可能未能完全理解教师讲解内容的学生来说，同伴的帮助往往更易接受，并且更加有效。在学生更愿意接受来自同龄人的帮助的学习阶段，教师的分组策略显得尤为重要。如果分组不合理，不仅会导致课堂讨论效果不佳，还会浪费学生宝贵的学习时间，甚至可能让小组讨论变成学生闲聊或开小差的机会。不恰当的分组还会影响课堂展示的效果，使其变成少数学生的"表演"而不是全体学生共同参与的活动。因此，教师在分组时应考虑学生的学习能力、兴趣和个性等多方面因素，力求每个小组的内部成员都能够互相帮助，形成有效的学习合作关系。

教师在分组时需充分考虑学生间的差异性，包括性别、认知水平、学习能力和风格、表达及思维能力等方面。通过科学的分组策略，教师可以将不同能力层次的学生安排在同一小组，促进优等生与学困生之间的互帮互助，并使中等生也能向优等生看齐，从而形成一个融洽且高效的学习环境。营造相互尊重和共同进步的合作氛围，可以激励学生发展合作意识，确保所有学生都能积极参与课堂活动。

（三）分层设计

在语文教学中，考虑到学生学习风格、认知水平和学习能力的多样性，教师必须对导学案进行分层设计，以适应不同学生的需求。这种设计避免了传统"一刀切"教学模式的局限，防止了学习效果的极化，即优秀学生感到内容不够有挑战性（"吃不饱"），中等学生理解困难（"吃不好"），学困生跟不上（"吃不消"）的问题。进行分层教学设计可以从两个主要方面入手：首先，学习目标的分层，即根据不同学生的能力和理解水平设定不同层次的学习目标，使每个学生都有明确且可达成的目标；其次，问题难度的分层，即提供不同难度级别的问题，让学生根据自己的实际水平选择合适的挑战，这样做不仅有助于帮助学生巩固已有知识，还能推动学生的进一步发展。

（四）区分课型

在语文教学设计中，教师应根据不同的课型精准调整教学重点，以更有效地实现教学目标。具体来说，语文课可分为新授课和复习课两大类，每种课型都有独特的教学侧重点。

新授课主要关注对基础知识的传授，如字词的学习、文章结构的理解以及语感的培养和表达能力的提升。这是因为语文学科不仅是基础性学科，还深刻影响着人们的社交和日常生活。教师在进行新授课设计时，需要针对不同类型的文本，建立清晰的文体意识，帮助学生识别不同文体的特点，并引导学生在阅读过程中能够将文体知识迁移到其他类似的文章中，从而寻找文本之间的区别与联系。通过这种方法，学生不仅能够掌握具体的语文知识，还能形成自主学习的能力和善于思考的习惯，真正做到"能自学"和"会自学"。例如，在古诗词的教学中，教师应引导学生多次诵读，借助头脑中想象的画面去感受诗词所创造的独特意境，并深入品味诗人所表达的思想情感，更好地领会古诗词的意境美、音韵美和文化美。对于议论文的学习，教师需要引导学生通过对文章结构的分析，掌握议论文的基本构成要素，并学习其论证方法及结构特点，这有助于学生在写作和分析议论文时更加得心应手。在说明文的教学中，导学案的设计应帮助学生结合文章的标题和内容来识别说明的对象及其特点，并通过具体的问题引导学生掌握说明文的文体特征和写作技巧。有目的的学习活动能够使学生更加系统地理解和运用各种文体知识，提高他们的阅读和写作能力。

复习课是学生对已学知识进行再认识、再学习和再整理的重要过程，它对于学生系统掌握知识、培养思维能力以及查缺补漏有着重要作用。这一课型可以被视为对过去学习内容的深化和巩固，而与新授课的"现在式"相对应的则是复习课的"过去式"。鉴于许多学生可能对已学过的知识缺乏兴趣，不愿意重复学习，教师在设计复习课的导学案时需要坚持"知识问题化、问题情境化"的教学策略，以激发学生的学习兴趣。教学设计中的问题设计应具有层次性，使不同层次的学生都能从复习中获益。对于学困生，教学设计的重点应放在扎实掌握基础知识上；而对于学有余力的学生，则可以通过设计拓展性的练习来提升他们的学习能力和思考的深度。

二、灵性语文教学设计的基本内容

充分体现培养语文核心素养理念的教学设计主要包括以下基本内容：学情分析、教学内容、教学目标、教法学法、教学过程、拓展延伸、教学反思等。下面以《锦瑟》为例，对教学设计中的教学目标、教学内容、学法指导这三个主要组成部分进行论述。

（一）核心素养导向下的教学目标

教学目标是灵性语文教学设计的基石，它为教学提供了清晰的"路线图"，指导教师的教学活动，确保课堂教学能够有效实施并达到预期效果。在设计教学目标时，教师需要基于语文核心素养，清晰、明确、全面地考虑语文学科的独特性和学生的实际需求。语文不仅仅是学习语法、词汇或文学作品，更是一个理解人类经验、表达个人思想和参与文化交流的工具。因此，教学目标的设定应当使学生在理解的过程中，形成批判性和创造性思维。此外，教学目标的设计还应包括如何有效地使用语言工具来表达思想和情感，如书面和口头表达的技巧。这对学生而言，无论是在学习还是在职业生涯中，都是极其宝贵的技能。因此，教学目标的精心设计对于语文教学至关重要，它确保了教学活动的针对性和高效性。

以下是《锦瑟》的教学目标设计。

（1）了解作家生平作品风格和本诗的创造背景，理解李商隐诗歌的多种解法。

（2）理解文章中的哀怨情感与朦胧的艺术风格，体会非写实艺术美。

（3）品读语言，体会作者的情感。

（4）强调美的精神涵养作用，鼓励学生提高审美境界。

上述教学目标体现了文本价值与语文核心素养的有机结合。目标（1）旨在通过讲解李商隐的生平和作品风格，帮助学生建立起对作家及其创作背景的认识。这不仅能够让学生从历史和文化的角度理解诗歌，还能够鼓励他们探索和欣赏诗歌的多重意义和解读方式，培养其批判性思维和解析文学作品的能力。目标（2）要求学生不仅要理解文字的直接意义，还要深入探索其背后的情感和美学风格，从而提升学生对文学表达手法的感知和欣赏能力。目标（3）的设置旨在让学生更好地感受作者的情感波动和语言的韵律美，培养学生的语感和对诗歌情感表达的敏感性。目标（4）旨在让学生理解和欣赏美对人内心世界的深远影响，同时激励他们追求更高的审美境界。

（二）核心素养导向下的教学内容

教学内容的设计是确保课堂教学效果的关键环节。这一设计过程不仅关注"教什么"，即教学内容，还涉及如何根据不同的课型和文体合理地编排和组织这些内容。教师面对的第一个挑战是在有限的课时内精确选择必要的教学内容。教学大纲和教辅材料通常包含丰富的信息和知识点，但实际情况是，在规定的课时内学习全部内容往往是不可能的。如果试图涵盖所有知识点，学生的学习往往会变得"全而不精"，导致学习停留在表层知识学习的层面，而无法让学生深入理解和掌握核心素养。因此，教师在设计教学内容时必须做出明智的选择。这一选择应基于语文核心素养的要求、明确的教学目标以及对学生学情的深入了解。通过这种方式，教师能够优先选择那些最能促进学生核心素养发展的内容，同时确保学生能够深入理解和掌握关键知识。这种有的放矢的教学内容设计不仅提高了教学的效率，还提高了学生的学习质量和深度。

在教学设计中，选择能够激发学生对语文知识探求欲望的教学内容至关重要。例如，在《锦瑟》的教学设计中，教师提供李商隐的生平背景、文化环境以及《锦瑟》的创作背景信息，可以有效引发学生对这位诗人的复杂情感世界的好奇心，这不仅能帮助学生建构对唐代文学的认识，还能开阔他们的历史视野。此外，设计如"模拟李商隐创作《锦瑟》的情景"这样的角色扮演活动，不仅能提高学生思维的逻辑性和深刻性，还能激发他们的创作欲望，从而提高他们的审美鉴赏和创造能力。通过对《锦瑟》中隐含的哀怨情感和美学意蕴的深入分析，学生可以感受到诗中情感的丰富性和艺术美感，这样的教学活动有助于培养学生的文化敏感性和批判性思维。教师在整合教学资源时，应考虑学生的实际需要和兴趣，精选最适合的教学内容，以实现教学设计的最优化。

（三）核心素养导向下的学法指导

"授人以鱼不如授人以渔"，素质教育的目的是培养学生的自主学习能力，实现"教是为了不教"的教育理念。教学设计中的学法指导在这一过程中起着重要的作用，它不仅体现在学生所使用的具体教学材料上，还能在教师灵活的教学过程中体现出来。有效的学法指导应具体、操作性强，以确保学生能够实际掌握和应用。自主学习和合作探究是课堂上的重要学习方式，通过"知识问题化、问题探究化"，学生不仅能够在探究过程中深入理解和掌握知识，还能在小组合作的环境中增强自我认同感和自我价值感，从而大大提高学习兴趣。这种学习方式帮助学生从"不愿学、不会学"转变为"我会学、愿意学"，在这一过程中，学生逐渐养成了独立思考的习惯，并提高了合作解决问题的能力。

在教学设计中，有效的学法指导是吸引学生注意力和使学生高效完成学习目标的关键。教师在设计学法指导时，不仅需要考虑自身的教学能力和素质，还需顾及每位学生的个性和特点，以促进学生语文核心素养的全面提升。例如，在教授《锦瑟》这首诗时，教师应重点引导学生通过朗读和讨论式学习，深入体会诗歌的语言魅力和情感深度。通过朗读，学生可以感受到诗歌的音韵美和节奏感，而通过小组讨论和角色扮演等互动活动，学生能够在真实的语境中提升自己的表达和思考能力，进一步分析诗中隐含的情感和艺术境界。此外，教师可以设计与诗歌主题相关的写作或绘画活动，让学生通过创造性表达来深化对诗歌情感和意境的理解。这种多维度的学习方式不仅可以培养学生的语言表达能力和思维逻辑能力，还强化了他们的审美鉴赏能力，使学生能够欣赏并理解《锦瑟》的美学价值和文化意义。

三、核心素养导向下灵性语文教学设计的案例

（一）《约客》教学设计

1. 教学分析

《约客》是南宋诗人赵师秀所作的一首七言绝句，以其精妙的语言和意境广受赞誉。这首诗描绘了诗人在下着绵绵梅雨的夏夜中独自等待客人的情境，通过写景寄情，表达了诗人的孤寂与内心的丰富情感。在教授《约客》这首古诗时，教学的目标不仅是帮助学生欣赏其优美的画面和描绘技巧，更是引导学生深入理解诗中所蕴含的深层情感和哲理。诗中"闲敲棋子落灯花"一句，不仅描写了诗人在等待中的行为，更透露出一种淡然和自在的人生态度，体现了诗人对生命自由与诗意的追求。在具体教学过程中，教师应当引导学生探讨诗人在孤独中的心境变化及其对自由与诗意生活的向往，使学生感受到诗人通过自然景象所传达的情感和思想，这不仅能够增强学生的文学鉴赏能力，还能深化他们对传

统文化和人文情怀的理解。

2. 学情分析

本课的教学对象为七年级第二学期的学生，这个阶段的学生在小学及七年级上学期已经建立了一定的诗歌知识基础。他们能够利用课下注释理解诗歌的基本意义，但在多角度鉴赏诗歌和从诗中提取关键信息以形成个人观点的能力上仍需提升。特别是对诗歌中某些关键字如"闲"字的理解，学生们有不同的看法，这表明他们在理解诗歌深层含义和感受诗歌情感方面还需要更多的引导和训练。因此，教师在教学中应重点帮助学生发展深入解读和批判性思考的能力，指导他们从不同角度解析诗歌，以丰富他们的学习体验，提高他们的文学鉴赏水平。

3. 教学目标

（1）学生能熟练、流利且富有情感地背诵《约客》全诗，并能够正确无误地默写全诗。

（2）学生能够根据诗文内容用自己的语言描述诗人笔下的画面。在此基础上，结合个人体验，增添细节，进行合理的想象和联想，从而丰富诗歌画面，并尝试进行诗歌的改写创作。

（3）通过反复诵读，学生能深入感知诗文的语言艺术之美。学生将学习如何从"闲"字入手，通过类比阅读发散思维，打破常规思维定式，学会鉴赏此类诗歌的方法。

（4）学生能用自己的话表达诗歌中蕴含的诗人的情感，并学习诗人淡然从容的人生态度，将其融入自己的生活体验中。

4. 教学重难点

重点：

（1）确保学生能准确、流畅地背诵和默写全诗，并能在吟诵中体现诗歌的语言韵律和情感。

（2）引导学生不仅重现诗歌画面，还能基于个人理解添加创新元素，进行诗歌的改写。

难点：

（1）指导学生理解并表达诗中的深层情感，特别是从诗歌中的"闲"字展开，探讨其在诗中的象征意义及对整体情感的影响。

（2）帮助学生将诗人的抽象情感和生活态度转化为具体可感的语言描述，这对七年级学生来说有一定难度。

5. 教法学法

（1）教法：情境教学法、鉴赏法。

（2）学法：朗读感悟法、类比法、联想法。

6. 教学用具

多媒体课件。

7. 教学过程

（1）情境导入

课堂开始，教师通过引入学生熟悉的日常生活情境来激发兴趣，如提出"我们每个人都有自己的好友，大家一定有相约共同游玩的时候吧？"这一问题，等待学生积极响应后，教师继续引导："同样，今天我们的主人公便正在雨夜中静候友人的到来，让我们一同追随他的目光，去看看千年前的这场约会吧！"通过情境导入，学生能迅速进入古诗的情境中，建立起对诗歌情境的初步认识。

（2）初读诵诗文

教师邀请学生自由朗读诗歌，要强调读准字音，读出节奏。可以请2名到3名学生诵读，其余学生静听并思考诗歌的基本内容和情感。这一环节主要是让学生对诗歌有一个整体的声音感受，同时了解学生的初步理解情况。

（3）细读绘诗景

教师引导学生细读诗文，并特别关注描写环境的句子。学生在小组内讨论诗中的景物如何与诗人的情感相呼应。教师可以提以下问题："诗中的夜雨、孤灯、棋子等元素是如何构建整个等待的氛围的？""这些景象让你感受到了什么？"学生通过讨论，试图用自己的语言描绘出诗人笔下的画面，增进对诗意的理解。

（4）广读品诗韵

在细读的基础上，教师引导学生感受诗歌的音韵美，可以通过集体朗读、齐读等方式让学生感受诗歌的节奏和韵律，讨论如何通过语音的抑扬顿挫来表达诗人的情感。教师可以进一步指导学生探讨不同的朗读方式如何影响人对诗意的感知。

（5）悟读抒诗情

在前面对诗景和诗韵有所感知的基础上，教师引导学生深入探讨诗人的情感，可以提问"诗人为何选择在雨夜中等待？""'闲敲棋子落灯花'这一行为反映了诗人怎样的心态？"等问题。学生被引导通过类比、联想的方法进一步理解和感受诗人的寂寞、期待和内心的淡然。学生可以通过写作、绘画等方式，将自己对诗人情感的理解进行创造性表达。

8. 作业布置

（1）熟读并背诵全诗。

（2）在周记本上充实细节优化课堂改写或记录自己的"约客"经历。

（二）《中国建筑的特征》教学设计

1. 教材分析

《中国建筑的特征》是收录于统编版高中语文必修下册教科书中的一篇自然科学小论文，属于实用类文本。这篇文章介绍了中国建筑的独特特征，既包含丰富的科学知识，也展示了科学的美感。在阅读和学习这篇文章时，学生应该努力理解作者的思考逻辑，总结文章的主要观点，并深入品味这类科学文本的语言风格，从而提高语言素养、审美素养。

2. 学情分析

在此之前学生通过学习已经对各类说明文有了一定的理解，包括说明顺序和方法等专业术语，通过自读能够较好地厘清文章结构，归纳主要观点，以及品味文章的语言特色。但是面对科普类文章，尤其是涉及他们较少接触的传统建筑主题，学生往往缺乏兴趣。为了拉近学生与文本之间的距离，教师可以将精美的图片作为辅助教学材料，增加文章的吸引力。

科普文章常常篇幅较长且术语繁多，这也是学生阅读时感到困难和缺乏兴趣的重要原因。为了改善这种情况，课前给予学生足够的时间进行预习是非常必要的。通过讲授明确的文体特征并以标题作为切入点，教师可以引导学生探讨文章各部分内容与中国建筑特征之间的联系，帮助学生更轻松地理解文章的整体结构和深层含义。

3. 教学目标

（1）使学生了解中国建筑的基本特征，包括其独特的建筑风格、结构和文化意义等。

（2）引导学生厘清课文的结构层次，掌握分析和理解长篇论述的技巧。

（3）培养学生对中国古代建筑艺术的热爱，通过带领学生领略中国建筑的卓越成就，激发学生的民族自豪感和爱国情怀。

4. 教学重难点

重点：了解中国建筑的基本特征和风格手法。

难点：对文中出现的建筑名词进行形象理解。

5. 教法学法

教法：讲授法、演示法。

学法：讨论法、练习法。

6. 教学用具

多媒体课件。

7. 教学过程

（1）图片导入，激发兴趣

在课程开始时，教师可以通过展示一张精美的垂花门图片来引起学生的兴趣。垂花门是中国传统建筑中常见的装饰门式，其精细的雕刻和独特的设计风格体现了中华文化的精致和深远。

教师可以做如下描述："这不仅仅是一扇门，从它的上下到里外，都透露着浓厚的中国味。今天，我们就从这扇门开始，推开它，深入了解背后的中国建筑特色。"

（2）整体感知，明确目标

在导入图片后，教师引导学生进行整体感知和目标设定，让学生思考以下两个问题。

①本文是一篇什么体裁的文章？

②我们要从这篇文章中学习什么呢？

（3）研读课文，讨论问题

在这一教学环节中，教师可以引导学生通过完成以下任务或回答相应问题来深入探讨和理解《中国建筑的特征》这篇文章。

①讨论"中国建筑"这一概念在文中是否有时间上的限制，明确作者讨论的历史范围。

②分析如何将所提供的四幅图与文章中介绍的九点基本特征相对应，探讨每幅图最适合说明哪个特征。

③讨论这九点特征是否可以按照个人喜好随意调整顺序，或者它们的排列是否有特定的逻辑和重要性。

④在第14段里，作者有一个很新鲜的说法：中国建筑的"文法"，"文法"就是"语法"。我们知道汉语有语法，英语也有语法，中国建筑的"语法"是什么呢？

⑤评估文章在详细解释了中国建筑的范畴、特征和成因后，引入"各民族建筑之间的'可译性'"是否有必要，以及这个概念如何理解。

⑥作者在文章中提到了各民族建筑之间的"可译性"，探讨这一概念的含义以及作者希望通过它所表达的观点。

⑦分析作者为何使用"若想"这种表达方式，讨论其可能的含义和作用。

⑧评估文章最后一部分提到的"各民族建筑之间的'可译性'"是否多余，是否"画蛇添足"。

⑨讨论本文作为自然科学小论文的写作特点，如使用的结构、语言和方法等方面。

（4）布置练习，学以致用

组织学生完成以下练习题（任选一题）：

①描述家乡的老房子。

②探寻中国传统建筑中的文化气息。

要求：课外查阅资料，长短不限。

第五章　创造性教育理念下的灵性语文阅读教学

第一节　语文阅读教学与创造性阅读

一、阅读与创造性阅读的概念

（一）阅读

从心理学角度来看，阅读是信息的收集与处理过程，是人们认识世界、发展思维及获得审美体验的主要途径。将阅读视为一种基本的方法，不仅可以帮助人们深入理解文本内容，还促使人们在心理和认知层面上与他人进行形式丰富的互动。这一定义被教育界广泛接受，教师与学生都将其作为理解和应用阅读方法的基础。因此，阅读是一个通过信息解码和意义构建，来促进个人智力和情感成长的不可或缺的活动。

从阅读教学的实际过程来看，阅读是一种主动的意义建构活动，主要涉及对不同类型文本的深入理解和解释，通过这个过程，读者能够构建出自己的知识和理解框架。阅读活动的核心是理解和个人意义的构建，阅读不仅是接收信息的被动过程，还是一个涉及主动吸纳和内化信息的动态过程。从这个角度看，阅读是一种探索、发现并最终融入个人认知结构的活动，使个体能够通过文本与自我对话，促进思维的发展和自我认识的深化。

近年来，人们对阅读的理解已经超越了单向吸纳或接收的传统观念，开始强调其时代特征和多维度的内涵，涌现了多种现代阅读理论，包括"理解说""创造说""交往对话说""多重意义说"等。这些理论都强调阅读是一种多层次的互动和创造过程，不仅涉及信息的接收，还包括对信息的深入解读和创新性重构。笔者认为，阅读是读者、文本和作者三者之间的动态互动，读者不仅要从文本中提取信息，还要通过与文本和作者的交流，对信息进行同化与调节，从而达到对文本的深层理解和个人意义的构建。

（二）创造性阅读

关于创造性阅读的定义，仁者见仁、智者见智。下面介绍几种具有代表性的观点：其一，创造性阅读被视为一种方法和一种读书的境界。它不仅是对文本的表层理解，还深入文本的深层结构，通过主动的思考和解析，探索文本的多重意义和内在联系，从而实现个人理解的深化和拓展。其二，创造性阅读是对教育理念的实践，强调人本教育和学生的个性发展。在这种阅读活动中，教师的角色极为关键。教师需要通过引导和激励，设置丰富多样的教学情境，帮助学生建立与文本的深度联系。这不仅包括传统的阅读理解活动，还包括通过讨论、辩论和创作等多样化的教学活动。这样做的目的是激发学生的创造性思维并提升其创造能力。其三，从本质上说，创造性阅读是教师、学生、作者及编辑等多个对话主体针对文本而开展的一种建构性活动。这种活动不是单向的信息传递，而是一种多元对话的过程，每个参与者都在这一过程中构建意义，分享见解，共同探索文本的深层意义。

笔者认为，创造性阅读就是读者不仅停留在理解文字的表面，还能深入文本，结合自己的知识、经历和情感体验，对文本内容进行深度挖掘和创新性理解的阅读过程。在这一过程中，读者应当激活自己的思维，运用批判性和创造性思维技能，寻找新的答案，形成创新的结论，以展示自己对文本的全新领悟。此外，创造性阅读强调读者的主体性，读者应在阅读过程中积极发挥主观能动性。这种主体性的展现是一种主动的、创造性的参与。读者在与文本的互动中，不断地构建或重构意义，通过自己独特的视角和思维方式，提出独到的见解。

二、阅读与创造性阅读的关系

（一）阅读即创造

阅读本质上是一种探究性和创造性的活动，这表明创造性不是外加于阅读之上的属性，而是阅读自身固有的一部分。从这个角度来看，阅读与创造紧密相连，阅读活动本身就蕴含了创造的元素。因此，创造性阅读不应被视为阅读的一个附加部分，而是其核心组成。"传统性阅读"强调教师的主导地位和学生的被动接受，在这种模式下学生的个性和创造性往往受到限制。但是，创造性阅读不应仅是一种新兴的阅读理念，而应渗透进从接受知识到主动探索和创造知识的全过程。

"传统性阅读"通常指未经深思熟虑就将阅读本身与阅读教学手段相混淆的阅读方式。"非创造性阅读"这种提法是错误的，因为即使在传统的阅读教学中，学生对相同文本的理解也各不相同。一千个读者就有一千个哈姆雷特，在面对相同的教学内容时，每位学生都能产生独特的感悟和理解。这种个性化的理解本质上就是一种创造行为。因此，即使是在传统的教学环境下，学生对课文的解读也会有所不同，这证明了即使是在传统教学手段下，学生的阅读过程依然是具有创造性的。这样的现象表明，阅读的本质是探索和创新，而"非创造性阅读"实际上并不存在。

（二）创造性阅读是阅读的最高级阶段

阅读的心理过程可以细分为四个阶段：一是字面的理解阶段，即获取文本内容的直接字面意义，如词汇、观点或句子。二是解释阶段，此时读者并不是停留在文字表面，而是通过概括、比较等方式挖掘文字的潜在意义。三是批判性阅读阶段，读者在这一阶段会根据自己的知识和经验对读物内容进行个人的反应和判断。四是创造性阅读阶段，读者在这一层面将能够提出超越原始文本的新思想和见解。这四个阶段可以简化为"感知、理解、鉴赏、创造"。由此可以看出，创造性阅读是阅读过程的一个自然而然的阶段，是阅读的最终目标。有学者认为，创造性阅读是有目的的阅读，可以使学生在丰富的阅读环境中尽快找到阅读的目标，提升素养。[①] 由此可以看出，创造性阅读是阅读的更高层次。

创造性阅读的形成需要经历六个阶段（见图5-1）：感受性阅读、理解性阅读、鉴赏性阅读、评价性阅读、迁移性阅读、创造性阅读。这六个阅读阶段是层层递进的关系，每个阶段都为深入下一阶段提供了基础和准备。读者先经历感受性阅读阶段，产生文本带来的直接感触，随后进入理解性阅读阶段，读者开始深入文本，解析字符和词句的意义，构建对内容的基本理解。接着，在鉴赏性阅读阶段，读者开始欣赏文本的美学和风格，这不仅涉及对文本结构的理解，还包括对作者技巧的评价。在评价性阅读阶段，读者要对文本进行批判性思考，不仅理解和欣赏文本，还要对其价值和意义进行主观判断。迁移性阅读标志着读者开始将从阅读中学到的知识和技巧应用于新的情境，这要求他们将旧的知识与新的信息相结合，体现了学习的灵活性和适应性。最终，阅读者经历过感受、理解、鉴赏、评价、迁移五个阅读阶段之后，就过渡到最高

---

① 周媛香，肖志浪．培养学生创造性阅读能力"四法"[J]．语文建设，2021（10）：78-80．

阶段——创造性阅读阶段，产生新的见解，创新性地重构文本信息，形成独到的理解和表达。

图 5-1　创造性阅读的形成阶段

三、创造性阅读的特点

创造性阅读具有主体性、探究性、独特性等特点。

（一）主体性

从行为方式上来看，创造性阅读强调学生的主体性。学生参与阅读活动的深度和广度直接影响着他们能力的发展，学生的能力只能从他们自己的活动中得到提升。因此，教师应利用自己的知识和经验来引导学生进行主动学习，而不是简单地传授知识。教师无法将自己的能力直接"让渡"给学生，无论师生之间的情感多么深厚。

自新课程改革以来，语文阅读教学已经从传统的教师主导模式转变为更加强调学生主体性的教学方式。在这种新模式下，教师的角色转变为引导者，课堂教学更多采用师生互动合作的形式，从而为学生创造了一个民主、和谐且宽松的学习环境。推广创造性阅读作为这种教学变革的内容之一，其主要目标是激发学生的主动学习精神和创造能力。通过创造性阅读，学生可以在阅读过程中积极表达自己的思想，探索与众不同的阅读路径和体验。此外，创造性阅读的实施也意味着学生需要在阅读中展现更强的主动性和创新性。这不仅能帮助学生建立批判性和创造性思维，还能够让他们在互动和合作的过程中学会如何更好地理解和吸收知识。

（二）探究性

从思维方式上来看，创造性阅读具有探究性。创造性阅读教学摒弃了传统教学中寻求客观、固定答案的做法，转向更多的主观探究和个性化问答。学生在阅读过程中不再追求统一的答案，而是探索多样化的解读和理解。这种教学理念旨在促进学生独立思考，允许他们基于个人视角和思维习惯，形成独到的见解和情感体验。创造性阅读的实践不仅拓宽了学生的认知边界，还增强了他们的分析和创新能力，使每个学生都能在阅读中找到属于自己的声音和价值。在创造性阅读教学中，教师的角色从设计和控制教学内容转变为激发和引导学生探究。通过设计开放性的问题，教师减少了对学生学习过程的直接主导，提升了课堂的动态性和开放性，鼓励学生基于自己的知识和经验，提出创新的见解，并通过讨论和反思，帮助学生扩展和完善这些想法，提升了学生的独立思考能力，也使课堂成了一个充满活力的创造性学习环境。

（三）独特性

从认知差异上来看，创造性阅读具有独特性特点，这是创造性阅读最本质的特点。每个人的知识背景、人生经历和生活环境等都不相同，这些差异使学生即便是对同一文本，阅读体验和所创造的内容也会有所不同。因此，创造性阅读具有强烈的个性化特征。在阅读教学实践中，尊重并利用这种个性化特征是非常重要的。教师应鼓励学生基于自己独特的视角和理解进行阅读，发表个性化的见解，并在此基础上创造新的内容，让学生在课堂上展示自己的创造才能，激发学生对创造性阅读的兴趣。

四、语文创新阅读教学

简单来说，语文创新阅读教学就是指导学生进行创新阅读的教学。实际上，学生在理解和解读课文时，常常能够在现有研究的基础上提出新的问题和见解，形成独到的理解和答案。这种能力虽然体现了一定的创造性，但更准确地说，它应该被定义为创新阅读而非创造性阅读。创新阅读体现的是学生在已有知识框架内通过新的角度进行思考和理解的能力。因此，语文教学中的创新阅读教学应当致力引导学生探索文本的多层次意义，鼓励他们在已有解释的基础上发展自己的独特见解。

语文创新阅读教学可以弘扬人的主体精神，致力对学生创造潜能的挖掘，是培养创造型人才的一种新型阅读教学思想，它具有以下特征。

（一）以学生为主体

在教学观念上，语文创新阅读教学要求教师尊重每位学生的个性和创新意识，教师不再是课堂的绝对主宰，而是扮演"导演"的角色，让学生成为课堂的"主角"，从而激发学生主动参与课堂活动并发表独立见解的热情。

在教学性质上，语文创新阅读教学是一种探究式和创造性的教学活动，摒弃了传统的沿袭式、接受式教学方法。学生被鼓励深入作品，体味其内涵，从而能够从文本中读出新的问题和意义。

在教学模式上，语文创新阅读教学模式致力打破传统的师生等级关系，建立一个以学生为中心，强调学生独立思考、探索发现以及创造创新的互动教学环境。在这种教学模式下，教师与学生在平等的基础上共同参与教学活动，使课堂成为一个充满活力和互动的学习空间。

在教学方法上，语文创新阅读教学摒弃了传统的"满堂灌"和"填鸭式"教学方法，转而采用"启发式"和"点拨式"的教学策略，通过激发学生的好奇心和批判性思维，引导学生对课文内容进行深入质疑和自由讨论。教师在课堂上的角色更多是引导者和启发者，帮助学生从文本中发掘问题，提出问题，并尝试解答这些问题。

（二）以培养学生创造精神和创造能力为宗旨

语文创新阅读教学是以培养学生创造精神和创造能力为宗旨的教学。对于学生创造精神的培养，教师可以从以下几方面入手：第一，培养独立精神。教师应鼓励学生独立思考和探索，勇于表达并坚持自己的独到见解，避免盲目跟随他人的意见。第二，培养批判精神。教师需要鼓励学生对阅读材料进行深入的审视，敢于发现问题、提出疑问并进行批判，摒弃对古人和权威的盲目崇拜，以及对教科书答案的依赖。第三，培养求新精神。教师要激发学生的好奇心和创新意识，鼓励他们在阅读中打破传统观念和固定模式，追求新颖独特的见解和解释。

对于学生创造能力的培养，教师可以从以下两方面入手：一方面，培养学生的语文创造性阅读能力。语文创造性阅读能力主要包括两种能力，即语文评赏能力和语文借鉴能力。评赏能力是对阅读理解能力的进一步深化。它不仅涉及对文章内容的基本理解，还涉及进一步的评价和鉴赏，包括对文章的思想观点、语言文字和风格特点的综合评价。这种能力强调阅读者要使用已形成的思想观点来评价和鉴别文本的优劣及其美学价值，因此它带有较强的主观色彩。借鉴能力使阅读者能够在阅读过程中不仅评赏文本，还能够从中得到启发，通过推导和发现，提出或解答超越原文意义的新问题。发展这种能力的关键在于通过阅读触发创新思维，从而获得新的见解和认识，这些见解可以被借鉴和应用于实际情境中。借鉴能力不仅体现在对文本内容的深层次理解上，更重要的是将阅读转化为创新和实践的工具。另一方面，培养学生的语文创造性思维能力。语文创造性思维是一种特殊的心理过程，它以解决阅读中遇到的疑难问题为目标，指在语文学习中运用独特且新颖的思维方法来形成新的见解。这种思维能力是多层次的，在语文学科中显得尤为重要，因为它涉及创造想象力和发散性思维能力的发展。与其他学科不同，语文的特殊性在于文本常常含有意义上的"空白"和不确定性，这不仅能提高学生的理解能力，更是对其创造想象力和发散性思维能力的考验。在阅读过程中，学生需要动用这些能力去填补文本的空白，探索多种可能的意义，从而达到对文本更深层次的理解。

第二节　创新语文阅读教学的必要性

一、标准化解读削弱了文本的开放性

标准化解读是指教师向学生传授一个或几个官方认可的、固定的文本解释。这种做法的初衷是确保教学质量和评估标准的统一，使学生能在全国范围内的考试中公平竞争。但这种方法却忽视了文学作品本身的多义性和开放性。

首先，标准化解读往往限制了对文本进行多重解释的可能。文学作品与其说是传达特定信息的工具，不如说是启发思考和产生情感共鸣的平台。每一部作品都可以根据不同的文化背景、个人经历和情感状态被解读出多种意义。当教育者强调单一的、标准化的解读时，学生就失去了探索文本多样性的机会，这种做法可能会降低学生对阅读的兴趣和动力。其次，标准化解读可能会抑制学生的批判性思维和创造力。教育的一个重要目标是培养学生的独立思考能力，使他们能够对接收到的信息进行分析和评价。当教学只强调接受固定的文本解释时，学生的思考就被限制在了一个狭窄的框架内。他们可能会习惯于接受而不是质疑、服从而不是创造，这对于他们个人和职业的长远发展都是不利的。此外，标准化解读忽视了文本与个人经验之间的关系。文学阅读不仅是理解作者意图的过程，更是个人经验和视角与文本内容相互作用的过程。这种互动可以使读者从文本中汲取对自己意义重大的信息，得到独特的启示。如果教学仅仅局限于传授标准化的解释，那么学生如何能将阅读体验与自己的生活联系起来，从而获得更深层次的理解和感悟？因此，创新语文阅读教学显得尤为重要。通过鼓励学生探索多种可能的文本解读方式，教育者不仅能够增强学生的阅读兴趣，还能培养他们的批判性思维、创造力和情感智慧。

二、程式化分析削弱了学生的主体性

程式化分析主要指学生按照特定的分析框架来理解和解释文学作品。这种框架包括固定的问题列表、分析步骤或评价标准，目的是引导学生系统地探讨文本。尽管这样的方法可以帮助学生建立起对文本的基本理解，但它们也可能使学生的思考过程变得机械化，从而减少了学生对文本进行深层次、个性化解读的机会。

第一，程式化分析往往导致学生在阅读和解释文本时依赖固定模式。当学生习惯于遵循一定的分析步骤时，他们可能就会在不自觉中忽视那些不符合标准框架的文本元素和解读角度。在这种情况下，文本解读的独特性和创造性大大降低，学生的解读过程可能仅仅变成了寻找标准答案的过程，而非真正的思考和探索。第二，程式化分析可能会抑制学生的主观能动性。教育的目的之一是培养学生的独立思考能力，使他们能够基于自身的理解形成对文本的见解。然而，当分析过程被固定下来时，学生的主体性就被削弱了。他们可能更多地关注如何按照既定的分析方法来"正确"解读文本，而非根据个人的感受和理解去探索文本的多维度意义。第三，程式化分析在某种程度上忽略了文学教育中情感共鸣的重要性。文学作品的魅力往往在于它能够触动读者的情感，引发读者的共鸣。这种情感体验是非常个人化和主观的，很难通过固定的分析模式来完全捕捉。如果教学过程过于强调分析的程式化，学生可能就会忽视自己的情感反应，从而错过与文本建立深刻联系的机会。因此，为了更好地培养学生的文学素养和思维能力，语文阅读教学需要超越程式化分析，向更开放、更灵活的教学方法转变。

三、封闭式教学抑制了学生的个性化

封闭式教学是一种较为传统的教学模式，在这种模式下，教师通常采用单向传授的方式进行教学，学生的角色往往是被动接受知识的听众。这种教学模式在某些科目或特定教学环境中可能较为适用，但在语文阅读教学中，封闭式教学可能会抑制学生的个性化表达和思考，从而影响他们对文学作品进行深度理解和情感体验的能力。

一方面，封闭式教学模式往往限定了教学内容和教学方式，教学通常按照固定的教学计划进行，很少根据学生的反馈或兴趣而有所调整。在这种模式下，对文本的解读通常预设了固定的答案，学生需要按照这些预设的答案来理解和回答问题。这种做法可能导致学生在阅读过程中失去主动探索和解释文本的机会，他们的思维也可能被限制在教师设定的框架内，难以发展独立思考能力和创造性思考能力。另一方面，封闭式教学通常不鼓励学生之间进行互动和讨论。文学教学的一个重要方面是通过讨论和交流深化对文本的理解和欣赏。在开放的教学模式中，学生可以自由表达自己对文本的看法，通过与同学的讨论，听到不同的声音和解读，从而开阔自己的视野。然而，在封闭式教学中，这种交流和讨论的机会往往较少，学生的思维可能因此受到限制，难以多角度、多层次地理解文学作品。因此，为了更有效地培养学生的语文素养和思维能力，语文阅读教学需要摒弃封闭式教学，注重学生个性化发展。

四、传统教学无法适应新教材改革

更新教材是教育改革的基础。为了适应教育新常态，教师应当在应用新教材的基础上创新阅读教学方法，使语文阅读教学保持在教育前

沿。[①] 通过结合教材内容，教师能更好地采用现代教学策略，确保教学方法的现代化和有效性。这种教学方式的更新是实现教育目标的关键。下面以高中语文教材为例进行论述。

（一）新旧教材的变化

旧版高中语文教材主要采用"单元"方式教学，但各单元之间具有相对独立性，这种零散的结构常常使学生在学习单个单元时遇到困难，影响整体学习效率。此外，旧教材更重视对知识的学习和掌握，强调理论知识的积累，相对地忽视了对知识的实际应用，即"用"的重要性。

新版高中语文教材在教学目标和内容上呈现了全面和多维的特点。第一，新教材面向所有教师和学生而设计，旨在让每位学生都能体会到学习语文的实际价值，从而促进其语文能力的全面提升。第二，新教材强调对语文知识的综合运用，通过加强思维训练，帮助学生构建完整的语文思维网络，并深刻理解语言的本质。第三，统编普通高中语文教材采取了与以往不同的全新组织方式，不再只根据文体或话题组织教材内容，而引入了"人文主题"和"学习任务群"这两条线索作为双线组元。两条线索组织单元，更能凸显出语文工具性与人文性相统一的本质特征，有助于语文核心素养的培养。第四，新教材的特点体现在其综合性和互动性更高的教学方法上，主要体现在大单元教学、群文阅读、项目学习和整本书阅读等环节中。大单元教学强调通过较大的教学单元整合相关知识点，以培养学生的系统思维。群文阅读通过对多篇文章的综合分析，加深学生对特定主题的理解。项目学习鼓励学生通过实践项目来应用所学知识，培养其解决问题的能力。整本书阅读让学生深入一本书里，理解其深层的主题和结构。教师在使用新教材前需深入理解这些教学策略

---

① 李美君.立足新课标　用好新教材：评《统编高中语文教材名师课堂教学实录》[J].语文建设，2024（7）：81.

的概念和使用方法，以充分发挥教材的教学潜力。

（二）新教材改革与高中语文阅读教学

1. 教材内容

高中语文新教材在编写过程中，特别强调与学生的日常生活和个人成长经历的紧密联系，同时关注当前时代背景和社会热点问题。新教材设计不但内容更具时代感和现实意义，而且通过融入社会实际，激发了学生的学习兴趣和认知深度。此外，新教材着重于跨学科的整合，将语文学科与其他学科的知识相结合，强化了学生的综合阅读能力和批判性思考能力。

2. 教材选文

新高中语文教材在选文上展现了更广泛和更多样的特点，涵盖了经典传统文学、当代优秀作品以及非文学类文章和议论文等。这种广泛而与时俱进的选材策略，不仅可以帮助学生接触到不同风格和类型的文学作品，还有助于培养他们的文学鉴赏能力和思维能力，从而更全面地提升他们的文化素养和分析能力。

3. 教材结构

新版高中语文教材的结构按照不同主题或单元进行设计，通过精选的文学作品和文章，引导学生深入讨论相关主题、问题。此外，教材结构还精心考虑了教学逻辑和知识体系的连贯性，这种更为合理的安排有助于学生建立起系统且连贯的知识架构，从而更有效地理解和学习教材内容。

（三）新教材改革背景下语文阅读教学创新势在必行

在新教材改革的背景下，语文阅读教学的创新成了一个必要的趋势。教育部门推动教材改革，旨在使教学内容和方法更加贴近当代学生的实际需求，同时反映出社会的发展和文化的进步。随着信息技术的飞速发展和全球文化交流的加深，学生面临的信息环境和文化背景已发生显著变化，这要求教学方法也必须进行相应的更新，以适应这些变化。语文阅读教学的创新不仅是更新教材内容这么简单，更涉及教学策略、评价方式以及教与学的互动模式的全面革新。引入更多元化的文本和互动性更强的教学模式，可以更好地激发学生的学习兴趣和思维能力。例如，采用项目式学习，让学生在实际操作中探索文本的深层含义，或者通过网络平台进行跨文化的交流讨论，这些都是创新教学的有效途径。

第三节　灵性语文阅读教学的实施

一、学习任务群

学习任务群指的是围绕特定的学习主题，具有内在逻辑关联的语文实践活动。学习任务群具有情境性、实践性、综合性，是由若干个学习任务组成的，这些学习任务之间存在着密切的联系，共同指向学生核心素养的发展。学习任务群不仅能够促进学生核心素养的发展，还能激发学生的自主意识，增强他们的主动学习能力。教师可根据学习任务群的特点、学生的学习程度，结合自身的专业优势、教学风格，有规划、创造性地实施教学。教师应不断整合和拓展教学资源，创新教学形式，确保学习任务群能有效连接学生学习的各个环节，使学生在探索与实践中获得整体性的深刻认识。学习任务群的构建可以从以下几方面入手，如图 5-2 所示。

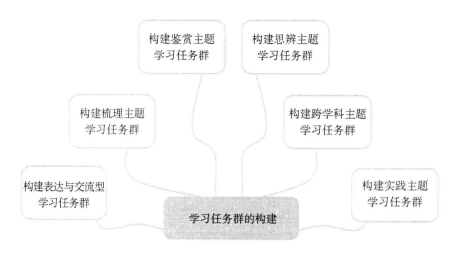

图 5-2　学习任务群的构建

（一）构建表达与交流型学习任务群

通过一段时间的学习，学生已经积累了丰富的生活经验和知识背景，这为阅读课提供了更多的教学可能性。教师可以在课堂导入时，构建表达与交流型学习任务群，鼓励学生综合运用他们对文本内容的现有认知和新的想法进行表述，从而增强他们对阅读材料的亲切感和熟悉度。这种方式不仅能够深化学生对文本的理解，还能激发他们的阅读热情。

以《包身工》阅读教学为例，教师可以借助学生对社会问题和历史背景的基本了解，构建一套表达与交流型学习任务群，以增强学生的阅读体验和学习效果。[①] 教师可以设置如下几个问题："大家知道哪些关于旧中国劳动者生活的事实和故事？"学生可以列出他们所知的历史背景、经济状况和社会结构信息，形成对旧社会劳动者生存状态的基本理解。"我们在当代生活中如何观察和理解劳动权益的变迁？"学生可以讨论当代社会与旧社会在劳动者权益保护方面的差异，以及个人对劳动权益的看法和有关经验。"大家知道哪些成功的劳动权益保护案例？"通过小组

---

① 王宏哲.《包身工》研习任务设计 [J]. 中学语文教学参考，2024（5）：48-49，56.

讨论，学生可以分享他们所知的关于劳动权益保护的具体案例，如重大的劳动法律变更、劳动者抗争胜利的事例等。通过表达与交流型学习任务群的构建，学生不仅能够更好地理解《包身工》的文本内容和历史背景，还能将文本内容与现实世界联系起来，加深对劳动权益和社会变迁的认识。

（二）构建梳理主题学习任务群

由于语文文本通常篇幅较长，教师可以通过构建梳理主题学习任务群让学生理解文本内容之间的关系，从而提高阅读效率。具体来说，教师可以灵活设置学习任务，如总结归纳、逻辑推理、类比分析等任务，引导学生进行连续性的思维运用。在这一过程中，学生不仅能够深入理解文本主题，还能够通过一系列对有关问题的探讨，有效地提高自己的理解和分析能力，从而达到提高阅读效率的目的。

以《天文学上的旷世之争》阅读教学为例，这篇文章详细记述了科学史上的重大争议，特别是科学家们在天文学领域的对立和辩论。教师可以构建一个专注于理解文本结构和科学观点对立实例的学习任务群，以帮助学生深入理解科学发展中的争论及其对科学进步的影响。[1] 可以设计如下问题："文章中有哪些主要的科学家和他们的观点？""这些科学争议是如何展开的？""作者为什么要用较多的笔墨描述这些争论？"通过构建梳理主题学习任务群，学生不仅能够系统地从文本中提取信息，还能深入分析和理解科学家们的论点、方法和科学思想的演变，以及这些争论如何推动了天文学的发展。构建梳理主题学习任务群，能使学生逐渐建立起对科学史和科学方法论的多层次的理解和感受，提高他们的批判性思维和科学素养。

---

① 张晓毓．求真辨伪，求实慎取：《天文学上的旷世之争》《石钟山记》整合阅读教学设计 [J]. 语文建设，2022（23）：43-46，49.

（三）构建鉴赏主题学习任务群

在阅读教学中，教师构建鉴赏主题学习任务群，可以鼓励学生运用多种思维方式和利用不同的资源、媒介来深入鉴赏文本。教师的角色是引导学生对文本所蕴含的美感进行系统性的认识和多样性的表达，让学生能够从多角度和多层次去欣赏和解读文学作品，从而全面提升他们的文学鉴赏能力和整体审美素养。

以《蜀道难》阅读教学为例，教师可以通过构建鉴赏主题学习任务群，引导学生深入探索和鉴赏诗中描绘的蜀道上的艰难险阻及其所蕴含的深刻意义，提升学生的文学鉴赏能力，激发他们的创造力和想象力。教师可以设置如下问题："诗中描写了哪些景象""这些景象的独特性体现在哪些方面？""有哪些方法能够让我们表现出这些景象的壮观和道路的艰险？"在第一个问题的引导下，学生可以自由选择感兴趣的诗句并进行相应的鉴赏，然后在第二个、第三个问题的引导下，进一步拓展鉴赏的角度和方式。由此一来，就能让学生利用多样化的方式来发现诗中的美，感受诗的力量和诗中的情感，获得深刻的阅读体验和乐趣，培养学生的发散性思维。[①]这不仅增强了学生对诗歌的理解，还让他们体会到了学习与日常生活之间的联系，从而形成更加积极和主动的学习态度。

（四）构建思辨主题学习任务群

思辨主题学习任务群要求教师引导学生通过比较、推断、质疑和讨论等多种方式深入探讨文本中的观点、事实以及它们之间的关系。教师可以与学生一起提出一些待探讨的观点，鼓励学生从多个角度出发，运用不同的方法来收集和分析材料，支持或反驳这些观点。思辨主题学习任务群不仅帮助学生辨析不同的态度和立场，还促使他们在比较中辨别

① 宫立华.《蜀道难》中的"三美"[J].中学语文教学，2020（5）：52-54.

是非、善恶、美丑，从而形成正确的价值观念。

以《六国论》阅读教学为例，在该篇文章中苏洵针对六国联合抗秦的策略提出了自己的深刻见解，这为学生提供了丰富的历史和政治思考材料。① 教师可以利用以下几个问题来构建思辨主题学习任务群："苏洵提出的联合抗秦策略有何合理之处？""这一策略失败的原因是什么？""从苏洵的策略中我们可以学到哪些关于团结与分裂的历史和政治教训？"通过思辨主题学习任务群，学生能够自由地表达自己的看法，学会从多个角度审视和分析问题，这有助于学生超越文本的表面内容，发展批判性思维和独立思考的能力，从而使他们在阅读中获得更深层次的理解和更广泛的知识。

（五）构建跨学科主题学习任务群

语文教学的内容十分丰富，其与各个学科知识间的关联为教学提供了广阔的视野和多样的方法。教师可以构建跨学科主题学习任务群，这不仅能增强阅读教学的开放性，还能有效促进学生的全面发展。教师可以引导学生围绕学科学习和社会生活中的重要话题，开展阅读、梳理、探究和交流等多样化活动。这样的教学模式可以帮助学生在综合运用各学科知识的过程中发现问题并寻求解决方案，从而培养学生的问题解决能力和创新思维。跨学科主题学习任务群能够激发学生的创造意识和批判性思考意识，使他们在阅读中不仅能够学习到语文知识，还能联系并应用其他学科的知识，增强学习的实用性和趣味性。

以《老人与海》阅读教学为例，这篇小说通过详细描写老渔夫圣地亚哥与大马林鱼的搏斗，为学生提供了丰富的文学和人生哲理思考材

---

① 周思远.《六国论》教学中培养高中生思辨能力的探究 [J]. 语文教学通讯·D 刊（学术刊），2023（10）：66-68.

料。[①] 为了帮助学生全面了解和深入分析小说内容，教师可以从以下几方面入手来构建跨学科主题学习任务群："小说中描写了哪些主要事件？""这些事件反映了老渔夫哪些性格特征和生活哲学？""我们应如何通过艺术表达理解这些事件和主题？""你从小说中学到了哪些人生的教训？"学生可以利用美术学科的知识进行绘画，通过艺术创作来表现老渔夫的孤独、坚持和对抗自然的英勇。学生还可以使用语文学科中的表达和分析技巧，从文本中提取关键信息，如描写技巧、象征意义及主题深度，并利用批判性思维和文学理论工具帮助自己整理和呈现这些信息。通过建立跨学科主题学习任务群，学生不仅能系统地理解和分析《老人与海》的文学价值，还能通过多学科的视角体会和表达文学作品的深层意义。这样的学习经验有助于培养学生的综合思维能力和创新精神，使他们能够在不同学科之间建立联系，更好地理解和欣赏文学的复杂性和美学深度。

（六）构建实践主题学习任务群

在构建学习任务群时，教师应考虑到学生的课外生活并以学生精神品质的成长为核心，发挥教育的深远影响。通过设定实践主题学习任务群，教师可以引导学生将生活作为学习的场所，将所学的文本知识应用于日常生活中，实现学习与思考的紧密结合，由此加深学生对阅读材料的理解，并提高他们对语文知识的综合运用能力，提高阅读的实际应用深度，使学习变得更加生动和具有实践意义。

以《装在套子里的人》阅读教学为例，教师可以利用这篇讽刺小说，引导学生深入理解讽刺文学的特点和表达方式，并通过实际的写作活动加深这一理解。[②] 通过完成与讽刺写作相关的实践主题学习任务群，学生

---

① 陈叶. 从外国现代小说中的"物象"说开去：以《老人与海（节选）》为例 [J]. 中学语文教学参考，2023（37）：14-16.

② 孙青. 思辨性阅读《装在套子里的人》中的套 [J]. 文学教育（下），2023（9）：98-100.

不仅能够锻炼自己的写作技能，还能更好地理解讽刺在揭露社会问题和批评社会现象中的作用。具体来说，教师可以利用以下任务构建实践主题学习任务群：了解社会中存在的不合理现象；分析这些现象的成因及对人们生活的影响，并选择其中一个现象进行讽刺性文章的写作；分享写作后的感受和认识。学生可以选择如学校规章的不合理之处、社会公众人物的某些行为或者消费文化等现象，收集相关信息，分析其背景和结果，这有助于他们把握讽刺写作的核心要素。通过构建实践主题学习任务群，学生不仅能在实际操作中学习如何运用讽刺的手法，还能理解讽刺在文学和社会批评中的重要作用，可以全面提高自己的文学表达和批判性思考能力。

（七）学习任务群教学案例——以高中语文统编版必修上册第六单元"学习之道"为例

"思辨性阅读与表达"学习任务群的学习内容有两个：一是思辨性阅读；二是思辨性表达。下面结合高中语文统编版必修上册第六单元"学习之道"，论述逻辑思维知识如何实现与"思辨性阅读"教学的融合。

1. 第六单元"学习之道"教学地位分析

本单元属于"思辨性阅读与表达"学习任务群。本单元"学习之道"有《劝学》《师说》《反对党八股》《拿来主义》《读书：目的和前提》《上图书馆》6篇文章，具有很强的现实针对性和鲜明的说理特征。本单元的人文主题是"学习"，旨在引导学生围绕学习之道，结合自身的经历感受，体悟正确的态度立场，掌握学习的方法路径，探索学习的意义和价值。根据"单元导语""学习提示"和"单元学习任务"的要求，本单元的学习侧重点如下：通过梳理和探究，把握作者的观点、态度，形成正确的学习观；在阅读与鉴赏中，学习有针对性地表达观点的方法；在表达与交流中，学习用恰当的方式阐述自己的观点。

2. 逻辑思维知识与"思辨性阅读"教学的融合

新课标关于思辨性阅读的教学目标和内容，是这样表述的："在阅读各类文本时，分析质疑，多元解读，培养思辨能力。"这就需要逻辑思维和批判性思维等相关知识的介入，只有这样，"思辨性阅读与表达"的修习才有前提保证。为此，本任务群教学提示明确指出：教学过程要注重对学生的思维过程和思维方法的引导，注意发展学生的辩证思维和批判性思维，注重培养学生思维的逻辑性。结合学生阅读和表达中遇到的实际问题，适时适度地引导学生学习必要的逻辑知识；相关知识的教学要简明、实用，能有效地帮助学生解决概念、判断、推理等方面遇到的问题；避免进行不必要的、机械的训练。

为有效提升学习者的思维能力及思维品质，教师在教学中巧妙融入逻辑思维、批判性思维这两种思维的相关知识就显得很有必要。但这种融入应当"适时适度"，并"避免进行不必要的、机械的训练"，这就需要教师对逻辑知识有深入的理解，并掌握高超的教学艺术。下面将对此进行重点梳理。

（1）观点与逻辑思维知识

观点是人们的见解或主张，在论述性的表达中常被称为"论点"。表述论点及说理过程，离不开概念和判断。高一学生对抽象概念的认知还较为模糊。在这个阶段学习如何进行抽象概念内涵的解析、归纳是进一步发展逻辑思维的关键。

①澄清概念的内涵与外延。

对概念进行澄清界定需要从其内涵与外延两方面考虑。揭示概念的内涵常常用下定义的方法，而揭示外延常采用分类的方法。综合使用两种方法可以在交流表达的过程中对概念形成具体深刻的认识。

例如：学习《拿来主义》一课后，老师让两个同学给"拿来主义"和"送去主义"做概念界定，并写在黑板上。

②准确陈述观点中条件与结论的关系。

观点的理解和交流，除了澄清概念，还离不开厘清条件和结论之间的关联，形成合理判断。条件与结论的关系包括充分条件、必要条件、充要条件。

例如：学习《师说》开头："古之学者必有师。师者，所以传道受业解惑也。人非生而知之者，孰能无惑？惑而不从师，其为惑也，终不解矣。"以此文本为例，分析前提、条件和结论的关系。

前提：人非生而知之者，孰能无惑？惑而不从师，其为惑也，终不解矣。

条件：师者，所以传道受业解惑也。

结论：古之学者必有师。

③区分观点、理由和事实，以确保理由充分。

观点即论点，只有在理由的支撑下，才有说服力。理由包括道理和事实，事实是能被证明是真还是假的一段陈述。

在现实生活中，经常发生把感慨当观点，或是说理时不给观点提供理由的现象。因此在"思辨性阅读与表达"的教学中，要训练学生养成在表达自己观点的同时说出理由的习惯，避免只表达非理性感觉。

（2）论证方式与逻辑思维知识

①借助逻辑推理知识评析论证方法。

在思辨性阅读教学中，教师可以引入归纳推理、演绎推理和类比推理等推理知识，来引导学习者分析课文中的论证方法。如果阅读的是经典论说名篇，当学生通过理性分析后发现文本论证过程并不是十分确切和严密时，一方面，教师可以提示学生思考和评价论说者的思维方式、论证方法；另一方面，经典固然有其价值所在，但也不是不可超越，教师可以让学生尝试进行修改表达，提供更为确切且严密的论据。

例如：学习《师说》一课。

圣人无常师。孔子师郯子、苌弘、师襄、老聃。郯子之徒，其贤不及孔子。孔子曰：三人行，则必有我师。是故弟子不必不如师，师不必贤于弟子，闻道有先后，术业有专攻，如是而已。

有同学认为这一段从例子到结论的过程过于简单，例子也太少，请你帮忙补充例子，并进行分析，以便自然得到结论。

②证伪归谬与逻辑谬误。

论证不仅需要表达者围绕观点立场进行论述，还要求表达者能够发现自己和他人论证过程中的要害并进行驳论和完善，需要能够证伪和归谬。证伪就是证明自己或他人言论中所使用的论据有误或不能用来证明观点。归谬就是证明自己或他人的论证过程有错误有漏洞。

（3）运用评判性思维进行反思

在"思辨性阅读与表达"的教学过程中，教师可以引入"内因与外因""主观与客观""量变和质变""个性与共性"等两两相互依存的"对举概念"，使学习者在对现象进行分析时能够借助范畴来突破一元思维，有意识地置换角度，深入思考问题。

例如：学习《读书：目的和前提》一课。

先请学生说说自己读书的目标。然后再对比反思黑塞的观点：读书的目的不在于提高这种或那种能力和本领，而在于帮助我们将自己的人生过得越来越充实、高尚，越来越有意义。你对读书的目的的认识是否有变化，产生了哪些新认识？

3. 逻辑思维知识与思辨性阅读教学融合的原则

（1）融入逻辑学知识，展开思维训练

"融合专门化思维知识教学"是思辨性阅读教学最突出的特点，课标要求"适时适度地引导学生学习必要的逻辑知识"，这就要求教师在课程内容中融入适当的关于推理、论证、判断等相关逻辑知识的教学，以帮助学生在深入理解文本的同时积累逻辑思维的经验。

例如，《师说》一文的第二段写得十分精彩，作者又在文中指明，"彼童子之师，授之书而习其句读者，非吾所谓传其道解其惑者也"，以此作为概念的澄清，对"句读之师"与"解惑之师"两个容易混淆的概念加以辨明，从而反驳了士大夫对于自己耻于相师的诡辩。在思辨性阅读教学中，要"学习如何利用逻辑知识，对人、事、物、理做理性分析，让论述文真正具备逻辑的力量"。帮助学生逐步建立对于理性思维过程的清晰认识，从而更好地提高其理性思维能力。

当然，教师需要注意思维知识的引入要基于文本，根据教学目标与学情进行合理设计。思维练习活动也要难度适当且循序渐进地进行，不可引起学生的畏难情绪，更要杜绝机械化、无意义的练习，也应避免占据过多时间，耽误正常教学任务的完成。

（2）营造真实情境，设置思辨任务

提高学习情境的真实性对学生学习兴趣的培养、学习动机的激发有着重要作用，在语文学习中具体情境有个人体验情境、社会生活情境、学科认知情境。在真实情境中，设置思辨性强的学习任务，可以使学生得到有效训练。

例如：《师说》一文针对的是当时"耻学于师"的社会现象。请选择其中一项任务完成。

①你觉得这种批评有什么社会意义？

②给你留下最深刻的批评理由是哪一条？

③如果你处于那个时代，你还会从什么角度批评这种现象？

④面对当代，如果让你写《"师说"新说》，你的选题是什么，依据何在？

（3）单篇群文共舞，尊重多元解读

单篇阅读注重深度，挖掘文本矛盾，运用思辨解决问题。群文阅读强调的是阅读材料的整合，是多篇文章的对比阅读。群文注重互相比较，丰富学生对文本的认知。

例如：学完第六单元6篇文章，请尝试整合其中两三篇的观点，形成自己的新观点。

《劝学》和《读书：目的和前提》：学习不能停止，学习的过程也是获得人生意义的过程。

鲁迅主张"拿来主义"，读完《读书：目的和前提》，你最想拿的观点是什么？有保留的看法是什么？

在新版高中语文课程标准的指导下，语文教学越来越关注思维，思辨性阅读教学的重要性越发明显。加强逻辑思维知识与"思辨性阅读"教学融合的意识，能使对任务群的学习更加脚踏实地，更有利于培养学生的理性思维能力。

二、专题学习——以传统文化经典研习为例

（一）指向核心素养的培育

集中阅读经典作品，可以让学生积累文言文阅读经验，感受不同作品的"文华"之美。而由于文本的经典性，因此这一措施也是培养"文化传承与理解"这一核心素养的具体落实，能使学生通过研习增进对中华优秀传统文化的理解与认同。另外，经典作品包含丰富的民族审美趣味、哲学思想高度和东方思维特点，可以说，是培育学生语文核心素养的最佳载体。所以，经典研习的设计一定要指向学生的核心素养的发展。

例如，针对选择性必修下册第一单元，教师可设立研习专题《城市文学的记忆——〈望海潮〉（东南形胜）与〈扬州慢〉（淮左名都）比较研习》，让学生对城市文学的功能，作家笔下对两座城市的记录、抒情方式，语言特点等方面的异同进行比较分析。学生通过比较，可以发现：一者为"盈"，一者为"空"；一者铺叙见长，一者虚实相生；一者是对承平盛世的赞美与歌颂，一者传递了遭受兵燹之祸的黍离之悲。同时，它们都发挥出了文学的记忆功能和审美功能。通过这样的研习，教师可以引导学生在比较阅读中，积累古代诗歌的精美语言，认识文学类型，感受不同审美情趣，提高形象思维及比较阅读的逻辑思考能力。

（二）采用自主、合作、探究的学习方式

专题研习任务一般具有综合性、开放性、可选择性。既可以覆盖整个单元的学习，又可以由课内延展到课外，还可以设置出深浅不同的专题供不同程度的学生选择。由于研习需要对学习主题进行深入挖掘，对阅读的精细度和深刻度有着更高的要求，因此最适合采用自主、合作、探究的学习方式，侧重于作为主体的学生学的过程。只有发挥自主性，才能独立思考，深入其中，产生个体感悟；只有合作，才能弥补个体视野狭隘的缺陷，互相激荡思路，培养合作精神；只有探究，才能透过现象洞察本质，去除雷同观点，产生新见。

在研习《屈原为什么"与日月争光可也"？》这一专题时，学生先要研读课文，并通过课外拓展阅读补充佐证材料，形成个体研习心得，写出读书笔记；然后教师可以安排专门的课时，组织小组生生交流、班级演讲式交流；交流之后，个人再对自己的文章做出修改完善，教师汇编文章，编制出专题研习小文集，形成物质化成果。有的学生从当时战国"楚材晋用"的社会风气谈起，对比张仪的"舌在事成"，突出屈原一生"生于楚，长于楚，忠于楚"的爱国情感；有的学生探究屈原的求索精神，认为"路漫漫其修远兮，吾将上下而求索"是屈原求索精神的内核，屈原穷其一生求索天道真理，美政路径，君子立身，对天道、政治、人格都进行了不懈求索，是一个悲剧性的英雄；有的学生从他的君子人格论起，认为他一生洁身自好，独立不群，不断修为和完善自我，构建了一个光彩熠熠的精神世界……这些成果各不相同，论据充分，观点独到，充分展现了专题研习对学生学习方式的影响。

（三）设置丰富、恰切的学习情境

设置研习任务，要结合丰富、恰切的学习情境。丰富体现了情境的多样、生动，恰切则体现了情境与研学目标和学生学习心理的契合。面

对"传统文化经典"这一特定对象，在设置学习情境时要考虑诸多个性要素。其中尤其要注意以下几个方面。

特定的社会文化场景。也就是要引导学生了解作品写作年代的社会特点、文化观念、政治环境等，从而使学生深入理解作品的内涵、作者的情感。在学习《项脊轩志》一文时，教师可以这样设置问题情景：一些学生对作者因叔父分家表现出来的悲哀情感不理解，因为他们觉得当代人都很喜欢独立，年轻人一旦结婚都喜欢小家庭独立生活，那你是怎么理解的？学生通过讨论可以明白，不理解这一现象的同学其实是犯了以今律古的错误。要理解作者的情感，就要回到历史文化情境中。汉代，人们开始尊儒，儒家注重家庭关系，大家庭意味着家庭内部关系和睦，而分家在文化观念里，就是家庭不睦的体现。《唐律》甚至规定，如果父母健在就提出分家，那是犯罪，要受相应的惩罚；如果不分家，还有奖赏。回到历史现场，就可以理解归有光因"迨诸父异爨"而产生的悲哀之情了。

文化史地位。例如，学习《归去来兮辞》时，教师可以设置这样的情境研习问题：我国古代有许多田园派诗人，如王维、孟浩然、范成大等，为什么唯独陶渊明被誉为"百世田园之主，千古隐逸之宗"？学生可以从陶渊明成功地将"自然"提升为一种美的至境，将田园生活变成审美的日常关照对象，将玄理改造成日常生活的哲理，为后代士大夫构建了一个精神的洁净家园等文化史的角度，来论述陶渊明的价值，从而获得一个更为宏观的视野。

以古视今的探究视角。即思考经典作品所蕴含的思想观念、艺术手法以及对当今的启发与价值。在学习《兰亭集序》与《种树郭橐驼传》后，教师可以设置这样的情境：这两篇课文在写法上有什么共性？请你试着搭建出这一类型的写作模型。学生通过对文本结构的探究，可以发现它们都具有"因事生情，由事悟理"的共同结构，从而顺利搭建出这一类型的写作模型：生动叙事—因事生情—由事悟理（事、情、理必须具备某种内在情理逻辑）。教师还可以顺势引导学生尝试用这种模型创作散文，将阅读研习与写作实践贯穿一体。

这样设置情境，可以很好地体现人文学科的特点，并将概括、推理、价值判断等逻辑思维训练蕴含其中，引导学生感受人文学科的基本特点、常用方法、价值观念等。

（四）提供必要的研习支架

研习是一种探究性学习，是带有研究性质的学习。考虑到学情，学生在高一面对必修教材时，更多是一般性的学习，那么到高二，老师就要及时给学生提供研习的支架。

研习需要大量资料。老师除了要引导学生学会精读教材，还要指导学生发现收集资料的途径、辨别资料的价值、发挥资料的作用等，还要教授学生泛读的方法、资料的整合、价值的生成等。研习需要分析判断，教师要指导学生去分析资料与资料之间、资料与问题之间的关系，发现有价值的研究点，通过逻辑推断、归纳演绎、辩证分析得出自己的结论。研习需要合作探究，教师要指导学生学习如何正确交流见解，如何进行分工合作，如何吸收他人观点完善己见等。

研习需要单篇阅读，也需要群文阅读。群文阅读对学生是种阅读挑战，教师要提供群文阅读的方法支架。

例如，在学生学习了选择性必修中册《过秦论》《五代史伶官传序》两篇史论文章之后，教师可以指导学生更多地收集当时的史实，通过对史实材料的整理与分析，得出自己对王朝覆灭原因的看法，同时知人论世，理解作者为什么会得出"仁义不施而攻守之势异也""忧劳可以兴国，逸豫可以亡身"的结论。这样，学生就能够在专题研习的过程中学会正确阅读史论类文本，并树立正确的历史观。

（五）专题研习的学习评价方式要多元化

学习评价是依据本学习任务群目标对学生研习过程及结果进行价值判断并为教学决策提供服务的活动。科学的学习评价有利于发挥教师的引导作用，合理判断学生的学习质量水平，激励学生或促进学生对学习的反思等。对学习效果的评价应当定性评价与定量评价相结合，形成性评价与终结性评价相结合。依照评价的基本策略，结合经典作品的特点，可以确立以下几个方面的评价标准。

1. 文言文意读得懂，文言语言能自主梳理

经典作品的古代语言，是学生阅读的第一大障碍，因为学生对这种语言比较陌生。文言与现代汉语的差异主要体现在词汇与语法方面，因而对古代词汇常用意义的掌握，以及对文言语言现象的理解，是读懂经典古诗文的前提。针对本学习任务群，课标设置的目标之一，就是经过教师的引导，学生能借助注释、工具书等工具独立研读文本，理解文言文意，也就是能够较为独立地翻译全文并理解，同时能联系学过的古代作品，梳理文言语言，提高文言文阅读能力。

那么，对文言语言的学习如何体现研习的特点呢？以选择性必修下册第三单元的单元研习任务三为例，该学习任务是引导学生梳理和总结本单元的"词类活用"现象。研习的表现之一，就是梳理和总结语言现象，这要求学生熟悉整个单元乃至之前学过的古代作品文本，能够对同类语言现象进行整理。表现之二，就是进一步认识这种语言现象。例如，词类活用现象存在泛化的问题，也就是随意地从现代汉语的词性出发来分析问题，而不是历史地看待问题，如"树""衣""军""雨"等词，在先秦都有大比例的动词用法，或者本来就是动词。其他如"名词作状语"等也有类似情况。这样研习，有利于更新学生对古汉语知识体系的认知，以"达意"为主要目标，保护学生学习文言文的兴趣，也培养了其研习的能力。学生如果能达到梳理与总结的目标，就可定为合格；如果还能

分析语言现象，则可定为良好或优秀。

2. 在文章、文学、文化等方面，具备表达研习成果的能力

经典古诗文，是中国传统文化的载体，"文言""文章""文学""文化"是一体四面，相辅相成。文言侧重于"言文"，注重语言的艺术性、表达的精练以及形式的优美；"文章"侧重于经世致用，要理解其"言志"与"载道"的目的；"文学"侧重于艺术形式，主要体现在章法结构及语言修辞这些方面；"文化"则需统摄前三者。由此把握中国传统文化之精华，实现文化的传承与理解这一核心素养目标。评判学生的标准，也就是能否通过精读代表性作品，剖析其艺术之美，体会其精神内涵、审美特质和文化价值，并且能用撰写评论的方式表达出来，固化成果。

以选择性必修中册第三单元为例，单元研习任务的第一题就是针对本单元的历史人物传记这一内容，要求组织一次"历史人物纵横谈"的专题讨论会，从课文所涉及的主要历史人物中选择一位，以发言稿的形式，谈谈对他的认识与评价，以及从他身上汲取的精神力量或获得的经验教训。这一任务涵盖了精读单元文本，整合概括人物信息，深入思考审视，形成独立判断，进行文字表达及口头表达等要求。又如，同单元第三题，要求以本单元作品为例，并拓展其他史传名篇，探究史传文学的叙事艺术，归纳若干特点。这一任务，则是要求学生做到精读与泛读结合，对比同类型作品，通过小论文形式探究作品的表达艺术，从而提高审美能力。

研习任务的表达包括口头表达与书面表达，应以口头表达为辅，书面表达为主。因为口头表达通常情况下只能一一进行，比较耗时，需要组织，并且表达成果经常比较模糊随意，也难以记录；书面表达可以用统一交作品的形式，高效易行，表达成果对语言及思维能力要求较高，成果可以固化并且容易评判等次。

3. 结合学生在研习过程中的表现

除了可视化的研习成果，还要注意观察学生在自主、合作、探究等

研习过程中的情感、态度、价值观方面的表现，观察学生的合作意识与能力，观察学生的思维品质，包括质疑精神和创新能力。这些方面也应被纳入评价范围，从更广阔的层面去客观和科学地评价学生。

例如，选择性必修下册第一单元，要求学生选择古代诗词作品，并选择某一角度，写一篇不少于 800 字的鉴赏文章，然后全班合作编一本《古典诗词鉴赏集》。这样的研习任务，不仅要求学生个体具备自主探究能力，还要求学生群体有分工合作能力，教师可以事先提出要求，进行指导，告知学生这也是考查评判研习能力的重要依据。然后在任务实现的过程中，观察学生的种种表现，并给予这方面认定与评价。这样把过程性与终结性结合起来评价，才最有利于学生的素养发展。

三、大单元阅读

语文大单元阅读教学是一种将单元作为整体来规划和实施教学活动的教学方法。这种方法以教材为导向，通过具体的任务驱动和课内外资源的广泛利用，深入挖掘文本的价值。如果用建筑来类比，单元教学可比作独立的建筑材料，如钢筋和水泥，这些材料虽是必要的但孤立而分散；而大单元教学则像是一个完整的居住单元，不仅包括基础材料，还涵盖楼层、门窗等所有组成部分，是一个协调的整体结构。

实施大单元教学对语文学科教学意义重大。对语文教师而言，这挑战了语文教师传统的教学方式，鼓励他们像学科专家一样思考和探索，从而持续提升自己的专业能力和创新意识。教师不再简单地传授知识，而需要不断研究和更新教学内容和方法，这有助于其职业成长和教学质量的提高。[1] 对学生而言，大单元阅读教学改变了他们仅作为知识"储存者"的被动学习状态，为他们创造了更多自主发现和探究的机会。通过这种教学模式，学生被置于一个具体的学习情境中，能够主动建构知识

---

[1] 王玉杰 . 大单元视域下的高中戏剧教学策略 [J]. 中学语文教学，2021（12）：16-19.

体系，参与问题的分析和解决。这不仅有助于学生形成语感和锻炼思维能力，还促进了他们人格的全面发展。

（一）提炼单元主题，设置序列化目标

1. 整合单元导语，提炼单元主题

在统编语文教材的大单元阅读教学中，每个单元的导语对于确定教学重点和内容都十分关键。教师需要仔细分析和整合这些单元导语，通过系统的概述来把握单元的核心内容。这一过程不仅包括对教材内容的深入理解，还涉及对教学方向的明确。由此一来，教师才能够有效地提炼出单元主题，确立清晰的教学目标和方向，从而引导学生更加系统地理解和掌握单元知识，达到教学的目的和效果。

以统编七年级上册第三单元为例，这一单元的导语可以分为上下两个部分。其中，一部分是"本单元课文主要是写学习生活的"，并通过强调"感受到永恒的童真、童趣、友谊和爱"的人文情感内涵，为教师和学生提供了课文内容和情感目标的明确指向。通过解读和分析这部分内容，教师可以提炼出单元的核心人文主题——"学会成长"。单元导语的另外一部分是从方法论的角度为教学和学习提供指导，即"默读"和"重视关键语句"。基于此，教师可以整合并概括本单元的主题为"寻找关键语句，感悟成长的真谛"。这一主题不仅包含了对关键文本信息的识别和分析，还涵盖了对课文所包含的情感和价值的深入探索。这样的主题设定鼓励学生从青少年的视角出发，体会成长历程中的童真、童趣及真挚的友谊与爱意。在教学活动的设计上，教师应围绕这一主题展开大单元的阅读教学。通过组织丰富的阅读和讨论活动，教师可以引导学生在阅读过程中识别关键语句，引出学生更深层次的思考和讨论。此外，教师应鼓励学生将课文内容与自身的成长经历联系起来，通过写作、讨论和其他形式的表达，让学生深刻感受和理解成长中的喜悦与挑战。

2. 关注课文内容，设置单元目标

在确定了具体的单元教学主题之后，教师需深入分析单元内的课文内容，并设定具体的教学目标，以确保教学活动能够有序进行并有效支撑大单元主题阅读的基本方向。以统编版高中语文必修上册第七单元为例，这一单元包括《故都的秋》《荷塘月色》《我与地坛》《赤壁赋》《登泰山记》几篇文章，这些课文不仅在风格和表达上各具特色，还共同展现了中国传统文化与自然景观的美，同时可以引发学生对历史与人文的深刻思考。为了有效地实现教学目标，教师可以设置以下序列化的目标。

（1）学生通过精读和朗读，掌握文章的语言特色和文学表达方法，进而提高文学鉴赏能力。

（2）学生学会从各篇文章中提取关键信息，理解并比较作者如何通过不同的文学手法描绘自然景观与历史文化，从而深化对中华文化美学的认识和理解。

（3）结合自身体验和课文内容，学生应能进行反思和写作，表达自己对于中国传统文化及自然美的感悟和见解，增强文化自信和审美能力。

在实现这些目标的过程中，教师需要设计富有启发性的活动，如讨论、写作和角色扮演等，使学生能够在多样化的情境中体验和理解成长的意义。

（二）统整单元内容，创建综合性体系

大单元教学在教学设计和实施中与传统单元教学存在显著区别。在这种模式下，教师需要从整体上思考和归纳单元的主题，而不是简单地按照教材的编排顺序进行教学。这要求教师对单元内的阅读内容进行深入的统整和重构，以构建一个综合性的阅读资源体系。以七年级下册第三单元为例，教师在确定了单元主题后，应当开始系统地整合和梳理课内外的文本资源，包括课内文本和相关课外文本，为学生提供一个丰富而多元化的阅读环境，使学生能够从多个角度，以更宽广的视野，理解和探讨单元主题。此外，创建综合性阅读资源体系不仅包括对文本的选择，还包括对多种教学方法和媒介的运用，如讨论、演示、项目作业等，这些都能进一步丰富学生的学习体验和知识。

1. 以"1+X"为手段，统整课内文本

应用"1+X"阅读教学策略，可以有效地帮助学生掌握文本间的内在联系，并深入挖掘大单元主题（如"平凡人物的'不平凡'"）。这种教学模式强调让学生通过精读一篇有代表性的课文（"1"），并辅以自读课文和整本书阅读（"X"），加深对单元主题的理解。以七年级下册第三单元为例，以《老王》为"1"，即精读文本，是因为这篇文章深刻描绘了一个看似平凡但具有非凡品质的人物。老王虽然出身低微且长相普通，但他拥有善良淳朴、乐于助人和仁厚的人格特质。在精读《老王》的过程中，教师应引导学生通过文本分析，认识到即使是最普通的人也能展现值得钦佩的人生态度和道德力量。此外，单元中其他课文，如《阿长与〈山海经〉》《台阶》《卖油翁》，都与主题紧密相关，展示了不同背景下个体的独特性和对生活的积极态度。以《老王》为核心文本的"1+X"统整课内文本的方法，见表5-1。

表 5-1　以"1+X"统整课内文本示例

篇名	人物	核心情节	品质
老王	老王	送香油、送鸡蛋	善良淳朴、热心助人
阿长与《山海经》			
台阶			
卖油翁			

2. 以"X+Y"为载体，链接课外文本

教师在教学中运用"X+Y"模式，能有效地将课内外文本相互联系起来，丰富学生的阅读体验。以《骆驼祥子》为"X"，即课内名著导读的核心文本，将鲁迅《狂人日记》作为"Y"，即课外阅读文本，学生可以通过"X""Y"的对比学习，探索两种不同的文学表现形式和深层主题。在这种对比中，学生不仅能观察到两个处于社会底层的小人物如何在各自的文化和社会背景下展现对命运的挣扎，还能深入理解作者如何通过不同的叙事技巧和文学手法来描绘人物的内心世界和社会现实。

（三）设计单元任务，组织驱动性活动

大单元阅读教学的核心在于通过精心设计的学习任务和丰富的实践活动，使学生深入参与并体验阅读的过程，从而深刻理解和掌握文本中的主题和思想。这种教学方法不仅注重学生对文本的理解，还强调通过多样化的活动，激发学生的阅读兴趣和思考能力。

以统编版语文必修下册第二单元为例，这一单元包括3篇文章，分别是《窦娥冤》《雷雨》《哈姆雷特》。教师可以通过布置一系列综合性的阅读和实践活动任务来引导学生探索和理解戏剧中的人物冲突与心理变化。首先，教师指派学生阅读单元内的3篇戏剧作品，让学生明白，这些文本通过不同的戏剧情境展示了人物冲突和深刻的心理变化。其次，教师可以安排学生观看与主题相关的戏剧表演或改编版电影，如《哈姆雷特》的电影，这些表演深入描绘了主人公们是如何在复杂的人际关系和内心冲突中做出选择的，并展现了其心理的深层动态。完成阅读和观影后，学生需要记录自己的感受和思考，特别是对"人物冲突与心理变化"这一主题的个人理解，以及如何看待戏剧中的冲突和人物心理的演绎。这一活动不仅可以帮助学生整合和反思所学内容，还能促使他们形成更深层次的思考。最后，为了进一步加深学生的理解，教师可以组织一系列驱动性活动，如集体观影后的小组讨论。在讨论中，学生可以分享在观影和阅读中的不同感受，探讨戏剧人物如何在冲突中显露内心的变化。此外，通过角色扮演或模拟辩论等活动，学生可以从多个角度体验和分析戏剧人物的决策过程，以及这些决策背后的复杂心理动因。这

不仅深化了学生对戏剧文学的理解，还激发了他们对人性进行深层次探索的兴趣。

四、整本书阅读

整本书阅读是指学生在学习中运用个性化的阅读方法、围绕整部经典作品而展开的，与作者、文本、教师、同伴对话的过程。从本质上来看，整本书阅读是一种深度阅读。整本书阅读需要以深度学习理念为指导，应用相应的策略，以推动整本书阅读教学的有序开展。下面以《红楼梦》为例来论述。

（一）明确主问题

1. 立足文化视角

主问题即可以让学生立足于整体视角对整本书进行分析、讨论的问题。《红楼梦》不仅是一部文学巨著，更是一个包含了众多文化元素的复杂体系。例如，书中详尽的饮食文化描写，不只展示了种类繁多的食品和各式宴会，更深入了饮食养生的层面，反映了贾府世族的生活方式和社会地位，同时通过细致的描绘增添了作品的艺术魅力和社会意味。[①] 为了使学生能从整体上理解《红楼梦》并体会古典文学的深层魅力，教师可以设计一系列与书中饮食文化相关的主问题。这些问题不仅要关注食品的种类和宴会的场景，还要让学生探讨这些饮食是如何体现人物地位、性格和整个贾府的兴衰历程的。教师可以问学生以下问题："《红楼梦》中的饮食文化是如何反映出贾府的家庭结构和成员间的关系，这些饮食场景又是如何描绘贾府从盛到衰的过程的？"除此之外，教师可以组织学生参与排练课本剧、进行朗诵或者开展以《红楼梦》饮食文化为主题的辩论活动。这些实践活动不仅能让学生在活动中深化对文本的理解，还

---

① 张永飞.《红楼梦》整本书阅读课堂教学 [J]. 中学语文教学参考，2024（5）：28-31.

能激发他们对古代饮食文化及其与社会、人物心理的关联的兴趣和思考。

2. 基于同一主题

基于同一主题来设计主问题，能够锻炼学生的思维能力。在《红楼梦》的教学过程中，教师可以通过深入分析书中的两个典型女性人物——林黛玉和薛宝钗，来引导学生理解人物的复杂性及人物所代表的社会阶层和人物所处的时代背景。林黛玉和薛宝钗不仅是小说的主要人物，还反映了作者对于贵族女性的深刻洞察，她们的性格、生活环境、才学以及命运，为学生理解传统与现代、个性与命运之间的张力提供了丰富的素材。

在教学中，教师可以设计一个以"贵族世家小姐的相同与不同"为主题的学习活动。通过这一主题，学生可以更加具体地探讨林黛玉和薛宝钗的性格特点、生活背景和她们所面临的社会期待。例如，林黛玉的多愁善感与薛宝钗的稳重、温婉的鲜明对比，以及这些性格的形成与她们家庭背景和个人经历的密切关系。学生可以通过小组讨论的形式，深入分析两个人物在贵族社会中的角色，探讨她们是如何在封建社会的框架内展现超越时代的女性意识的。每个小组都可以整理出两者的异同点，并尝试从更宏观的角度评价她们的行为对当时女性形象塑造的影响。此外，教师可以引导学生在阅读章节时，关注小说中对这两位人物的具体描写，以及小说是如何通过细节展现她们内心世界和社会关系的。通过这种方法，学生不仅能够从文字中了解人物，还能通过比较和分析，形成对《红楼梦》中女性形象更为深刻的认识。

（二）组织对比阅读

对比阅读是一种有效提升学生思辨能力的教学方法。通过引导学生阅读主题相似或不同的作品，教师可以帮助学生将注意力从单一文本扩展到更广阔的文学领域。这种方法不仅可以使学生在对比分析中深化对作品的理解，还能提高他们从多个角度审视和思考问题的能力。在选择对比阅读的文本时，教师需要综合考虑学生的阅读目的和体验，同时要关注作品的文学价值和主题深度。

在文学教学中，对比阅读是一种极为有效的策略，特别是当作品涉及相似主题时，如封建社会对个体的压迫。通过将《红楼梦》中的人物命运与《祝福》中的祥林嫂的悲剧进行对比，教师可以和学生深入探讨封建社会对女性命运的影响。在《红楼梦》中，贾元春和林黛玉等的结局体现了封建礼教对个体自由的极大限制；而在《祝福》中，祥林嫂的故事则具体描绘了封建残余对底层妇女的压迫。在对比阅读的过程中，教师可以引导学生关注这两部作品中的人物的内心世界以及他们在应对社会规范的压迫时所采用的不同方式。学生通过分析两个不同时期的文学作品中的女性人物形象，可以更深刻地理解到封建社会对女性的束缚及其残酷性。这种分析不仅可以帮助学生把握作者的写作意图，还能促使他们思考文学作品是如何反映和批判社会现实的。

（三）巧用先进技术

在当今这个信息时代，学生的阅读习惯受多媒体资源的深刻影响，这给教学带来了新的挑战和机遇。教师可以有效利用跨媒介资源，如学者讲义、电视剧和文学家的续写等，这些不同形式的再创造为学生提供了对教材内容的多样化的理解角度。为应对学生阅读碎片化和过度依赖视频内容的问题，教师可以设计教学活动，将整本书阅读与跨媒介阅读结合起来，鼓励学生主动探索原文，这样还能促使他们批判性地分析不同媒介的表达和解读内容的方式，比较各种资源之间的异同，提高人文素养。

"黛玉之死"是《红楼梦》中一个极具情感冲击力和象征意义的高潮段落，其背后的复杂情感和社会因素是学生学习的难点。为了帮助学生深入理解这一情节，教师可以巧妙地结合文本阅读与影视欣赏，让学生通过不同的艺术形式理解情节内容，探讨造成林黛玉悲剧性命运的多重因素。学生可以通过阅读原著和观看 1987 年版的电视剧片段，回顾林黛玉从出生到逝世的整个生命历程，分析她的身世之谜、与贾宝玉的恋情以及家庭因素如何共同推动了这一悲剧的发生。为了加深理解，教师可以进一步引导学生通过排演课本剧的方式，亲自体验和再现"黛玉之死"的情感深度和社会背景。在此活动中，学生分组进行角色扮演，从编写剧本到演绎角色，每个环节都需要学生深入文本，理解人物性格和情节。通过自行构思人物的语言、神态和动作，学生不仅可以加深对林黛玉这一角色的认识，还能体会到文学作品的艺术魅力和表现力。

第四节　对不同体裁作品的灵性语文教学

一、诗歌的教学

（一）诗歌教学的策略

1. 加强课内文本的诵读指导

诵读是提高学生对语言的理解和感悟能力的重要手段。在日常教学中，教师应将指导古诗词诵读作为主要任务，加强对课内古诗词文本的诵读指导，让学生主动探索适合自己的诵读方法，达到"熟读成诵"的学习效果。通常情况下，在语文课堂上，教师至少应指导学生将古诗词文本诵读三遍。

第一遍要读准，指向字词和语句。在学生第一遍诵读时，教师可以指导他们运用教材注释、工具书等查阅生字生词的读音和释义，关注整首古诗词中的生僻字和多音字，读准字音，解读字义。

第二遍要读通，指向意象和意境。意象和意境是古诗词中的基础内容，是影响作品艺术效果的主要元素。当学生顺利地理解了作品的意象和意境时，他们也就大致掌握了作品内容，并能初步感知其艺术风格。

所以，在文本诵读的第二遍，教师应重点指导学生读通文意，准确解读每一个意象的象征含义，并勾勒和描摹诗词的意境。

第三遍要读懂，指向观点和态度。所谓观点和态度，指的是作者在古诗词中寄托的思想情感、展现的理想信念等。如果学生能够深入理解古诗词中作者的观点与态度，就说明他们已经掌握了作品的精髓和核心。在课内进行古诗词诵读的第三遍，学生的主要任务就是读懂古诗词作者的观点和态度。例如，曹操的《短歌行》展现了他求贤若渴、统一天下的壮志和雄心，要想真切地体会到曹操的情感和态度，学生诵读到第三遍时，就应把握整首诗抑扬顿挫的情感基调，从而读出曹操的真实心境。

2. 加强课外文本的收集整合

在加强课内文本诵读指导的基础上，教师也应加强课外文本的收集和整合，不断让学生开阔眼界，让他们积累更为丰富的古诗词资源。那么，该如何选择课外古诗词资源呢？如果学生未能有方向、有目的地收集课外古诗词，其效果自然不尽如人意。为此教师必须践行"1+X"群文阅读教学理念，即以课内文本为"1"，围绕某一个共性特征，收集与之相似或相关的其他古诗词文本。例如，杜甫的《登岳阳楼》是一首登临诗，教师可以围绕"登临诗中的远大抱负和理想信念"这一议题，引导学生收集《登鹳雀楼》《登高》《登幽州台歌》等多篇课外古诗词文本，并将课内外的登临诗融为一体，开展对比阅读和深度辨析活动。以此类推，在其他体裁、题材的古诗词教学中，教师也可以采用相同的方法，引领学生自主建构群文体系，久而久之，学生的古诗词储备量便能大幅提高。

3. 加强诗词作品的深度解读

高考语文古诗词鉴赏试题考查范围很广，通常会包含语言、手法、观点和态度等多项内容。基于此，在古诗词日常教学和备考阶段，教师可以从多个角度出发，加强学生对古诗词作品的深度解读能力，让学生全方位地了解古诗词的特征，以便在解答试题时能够更为灵活。

（1）注重锤炼词句

词句是古诗词鉴赏试题中的考查要点，所以教师在教学中应注重引导学生锤炼词句。李清照的《声声慢》一词中大量引用了叠词，如"寻寻觅觅，冷冷清清，凄凄惨惨戚戚"，这些叠词淋漓尽致地表现了词人内心深处的凄苦与哀愁。在鉴赏教学中，教师应将叠词的使用效果作为教学重点，引导学生结合上下文语境以及李清照的人生经历，解析词人使用叠词的真实意图和所产生的艺术效果。通过锤炼词句，学生会进一步加深对词作的理解。

（2）注重解读意象和意境

在古诗词中，意象是客观事物与主观情感的融合，是作者意志和情感的体现，而意境是多个意象的组合。高考古诗词鉴赏试题中，与意象和意境有关的题目出现频率较高。为此，教师应引导学生加强对意象和意境的领悟。以张若虚的《春江花月夜》为例，教师可以指导学生提取核心意象，如"月""江水"等，并按照诗中不同意象的出现顺序，还原整首诗的意境，进而描绘出朦胧、唯美的月夜江景图。

4. 打造生动课堂，激发学生学习兴趣

提高学生的学习兴趣是增强课堂教学效果的关键。尤其在诗歌学习中，随着学习难度的增加，学生和教师都面临着更大的挑战。在这种情况下，学生很容易失去学习兴趣。因此，语文教师需要巧妙利用教材中的诗歌内容来激发学生的学习热情。通过将诗歌与学生的生活经验和情感相联系，教师可以使课堂更加生动有趣，从而吸引学生积极主动地参与学习。这样不仅可以提高学生对诗歌的理解和欣赏能力，还能培养他们对语文学习的长期兴趣。

例如，《观沧海》作为一首四言诗，内容丰富，意境深远。其中"秋风萧瑟，洪波涌起"这一诗句尤为著名，形象地描绘了秋天海上的壮观景象。为了帮助学生更好地理解这种古典诗歌，教师可以引导学生进行诗句的翻译和解析，如解释"秋风萧瑟"中秋天的风如何让树木发出悲凉的声音，以及"洪波涌起"是如何描述海浪的壮观景象的。在教授《观沧海》时，教师需要明确教学的重点与目标，确保学生能够掌握诗歌的基本结构和深层意义。[①]同时，教师应使用多样化的教学方法，如多媒体展示、情景模拟等，增强教学效果，使课堂更加生动有趣，提高学生对古诗的理解能力，激发他们学习诗歌的兴趣，进而提升他们的语文综合运用能力。

5. 强化教学内容针对性，帮助学生掌握诗歌中心思想

诗歌以其独特的语言表达方式而与其他文学形式有所区别，它通过简洁而精练的语句深刻表达了作者的思想感情和对事物的观察。在古诗词中，每句话乃至每个字都富含深意，这要求教师在进行教学设计时需精准把握诗歌的核心和难点。教师应采用适宜的教学模式，如情境教学、讨论式教学等，促进学生对古诗词内容的深入记忆和理解。这样不仅可以帮助学生掌握古诗词的表层文意，更能引导他们把握诗中的中心思想和深层意蕴，从而让学生形成对诗歌的系统化认识，增强学生的语文综合运用能力，让他们在欣赏美的同时，能深刻理解和感受到古代诗人的情感和艺术追求。

无论是古代诗歌还是近现代的诗歌的教学，教师都必须深入剖析诗歌的内容和语句，帮助学生充分理解诗中的思想与情感。

例如，在教授《过零丁洋》这首古诗时，教师需要设定明确的教学目标，突出诗歌学习的重点。教师应通过通俗易懂的方式，引导学生探索诗人创作时的时代背景，理解诗人写作此诗的目的以及要表达的深层情感。具体来说，教师可以利用多媒体工具，如动画和图片，来丰富教学内容，使学生能全面了解诗歌背后的历史情境。多媒体的应用不仅增加了课堂的趣味性，还有助于学生更好地感知和体会诗人当时的情感状态和心理活动。通过这种互动和视觉上的辅助，学生能更深刻地理解诗

---

① 杨宇鹏.《观沧海》教学设计 [J]. 中学语文教学，2021（9）：60-63.

歌的意义和美学价值，进一步提高学习和欣赏诗歌的兴趣，从而提升语文综合能力。

又如，在教授《琵琶行》这一古代诗歌时，教师可以详细解读序言和诗歌的内容，帮助学生理解白居易通过此诗所传达的情感和人文关怀思想。教师可以使用多媒体工具展示唐代长安城和琵琶乐的文化意义，让学生在视觉和听觉上更好地感受诗歌的意境。此外，教师可以组织学生进行角色扮演或模拟琵琶演奏，这样，学生不仅能深入体会诗中的人物心理，还能加深对诗歌结构和语言美的认识。这不仅增强了学生的学习动力，还促进了他们对中国古典文化的深入理解和欣赏，从而让他们在学习过程中拥有更丰富的情感体验，提高批判性思考能力。

6. 讲解诗歌典故，帮助学生解读诗歌意境

语文教材中包含很多古诗，在语文的古诗学习中，学生常常会面临的一个主要挑战是古诗作品创作时间久远，其中包含的典故和时代背景对他们来说较为陌生。这种时空距离感使学生难以准确理解诗歌的深层含义，影响其学习效果。为了克服这一难点，教师在教授包含典故的诗歌时必须采取有效的教学策略。首先，教师需要详细解释每个典故的形成背景，通过讲故事的方式来生动地展示典故的来源和文化含义。其次，教师应当围绕诗歌的创作背景和作者所处的历史时代进行深入讲解，帮助学生建立起对诗歌内容的全面理解。

以辛弃疾的《破阵子》为例，这首词中就包含了多个深奥的典故。在教学之前，教师需要解释"八百里"典故的具体内容。① 这个典故来源于晋王恺和一位王子的射箭比赛，赌注是一头价值连城的牛。这里的"八百里"并非距离，而是指那头牛的名字。这种背景知识对于学生理解诗意是至关重要的。同样，词中的"马作的卢飞快，弓如霹雳弦惊"

---

① 廖琼，刘菊春. 指向高阶思维培养的古诗词教学实践与思考：以《破阵子·为陈同甫赋壮词以寄之》为例 [J]. 福建教育学院学报，2022，23（11）：38-40.

中的"的卢"并非人名，而是一种著名的烈马。这些信息如果不事先解释，学生很可能会误解诗句的真实意图。通过教师的预先讲解，学生能够在学习过程中更加精准地捕捉到诗人的思想情感和艺术表达方式，从而提高学习效率和理解深度。教师的这种教学方法不仅可以帮助学生正确理解古诗文，还激发了他们对古典文学的兴趣和热情，使他们能够更好地欣赏和领悟古诗的美学和文化价值。

又如，《鸿门宴》讲述了秦末刘邦与项羽的权力争斗，特别是在鸿门宴上二人的心理博弈。教师需先向学生详细介绍这一事件的历史背景，包括刘邦和项羽的政治立场、宴会策划中可能的政治动机和结果。通过使用历史文献、影视剧片段和艺术再现等多种教学媒介，教师可以更生动地展示这一复杂的历史情景，使学生能够在情感上产生共鸣。此外，通过讨论诸如"作壁上观"的典故和其他相关诗句的意义，学生可以深入了解到当时人物的心理状态。这不仅能够使学生准确理解历史事件，还能激发他们对历史和文学深层次的思考和探索，从而提高他们的历史敏感度和文学欣赏能力。

7. 以创作背景为切入点，与作者情感产生共鸣

古诗通常用简约的文字表达深远的意境，而近现代诗歌的形式则更为多样，但无论是在古代还是在近现代，诗歌都能深刻表达诗人的内心思想和情感，并反映出其所处时代的社会特征与人民的生活状态。这种表达特点使诗歌不仅是文学的产物，还是历史和时代的见证。在诗歌教学中，教师可以以诗人的生平和作品背景为切入点，帮助学生理解并感受诗人创作时的情感和思想。

例如，在教授《短歌行》这首诗时，教师可以从创作背景切入，与学生深入探讨诗人曹操的生活经历及其与时代背景的密切关联。通过讲解曹操在政治和军事斗争中的复杂情感，以及他对亲情、友情和士兵的深刻感悟，教师可以引导学生理解诗中"安得猛士兮守四方"般的激昂情感和"胡马依北风，越鸟巢南枝"般的边塞孤独。通过联系历史档案

图片、曹操的其他文学作品，甚至是影视剧中的相关片段，教师可以帮助学生在感官上更加直观地体会到诗人的情感世界和当时的历史环境。这种教学方式让学生不仅能学到诗歌的表层意义，还能深入诗人的内心世界，与作者产生情感的共鸣。最终，学生不仅提升了文学鉴赏能力，还能在情感上与历史人物建立联系，增进对历史和文化的理解与尊重。

（二）灵性语文诗歌教学实践案例——以《梦游天姥吟留别》为例

1. 教学内容分析及设计思想

本诗写成于唐玄宗天宝四载（745 年）。在此之前，李白在长安受权贵排挤，被流放出京，并抵达山东。这年，他将由东鲁南游吴越，临行前以此诗赠别友人。那么，此诗作为李白杰出的浪漫主义代表作，它有以下特点：在形式上，全诗托以梦幻，设以虚境，来寄以情怀，明以心迹；在思想内容上，此诗则反映了诗人复杂的思想感情和矛盾的心理状态。诗人在心悸梦醒、惊坐长叹、低回失望之余发出感慨，表白了自己的心迹：一是世事如梦似水，转瞬即逝；二是欲骑求仙、远离浊世；三是傲然卓立，不事权贵。这三点集中反映了本诗的主题思想，是一篇之旨。李白素怀远大抱负，但冷酷的社会，尤其是三年的长安生活，使他清醒地认识到他的理想是无法实现的。他既不满于现实，又无法改变它；他找不到出路，看不到光明，于是只好把他的理想襟抱寄托在洞天仙境中，因此诗人笔下的神仙世界和奇情幻景，实际上是他生活理想和政治思想的艺术升华，是植根于现实土壤之中的，它在黑暗如漆的长夜里划出了炫目的光路。在诗中，作者虽然也表现了消极出世的思想，但应看到，这是诗人郁结孤愤、难以雄飞时所表现出的纵览古今、明察世事的超脱姿态。随着人事无常、求仙访道观念而来的，不是对现实的屈服，也不是向权贵的妥协，而是对现实的反抗和对豪贵的蔑视。"安能摧眉折腰事权贵，使我不得开心颜"的轩昂气概，才是全诗感情的凝聚点，也是作者追求理想、向往自由的思想基础。李白在封建社会中敢于唱出当时无数正直不阿而又怀才不遇的人们的共同心声，这是他异乎常人的伟大之处。也就在这里，诗人的浪漫主义游仙诗才获得了深刻、积极的思想意义。教师要从形式上和内容上深入理解本诗的特点，才能处理好教学的重难点，也才能以自己的诗心开启学生的诗心。

笔者在教授此课之前曾对学生的古典诗歌基础做过摸底考查，结合学生实际情况作以下设计。

（1）加强课前预习的指导，事先下发预习学案。

（2）本课的教学目标是培养学生对古诗的诵读兴趣，教给他们基本的鉴赏知识，初步培养其鉴赏诗歌的能力。实现这一目标有个基点，就是指导朗读和揣摩语言。所以这节课的学习重点宜放在通过对诗歌的朗读和语言的揣摩，认识诗人的思想感情并感受作品的艺术美上。

（3）教师补充《一代诗仙——李白》的阅读素材，使学生对李白其人其文有一个更为深入的理解；并通过作文任务的布置，激发学生生发"我读李白"的热情，从而在更深层次上达到以自己的诗心开启学生的诗心的目的。

2.教学过程

（1）导入新课

古今中外，大量文学作品写到过梦。《红楼梦》写黛玉梦见宝玉用小刀划开心窝，掏心诉情；《三国演义》写曹操在军帐中梦见天上三日对照，一日坠于山中；《阿Q正传》写阿Q梦见自己当了"革命党"后分财产、娶媳妇；《包法利夫人》既描述过爱玛陷入热恋时的浪漫之梦，也写过她遭遗弃而病危时的升天之梦。还有辛弃疾的"梦回吹角连营"，鲁迅的"梦里依稀慈母泪"。这是因为精彩的对梦的描写更容易揭示主人公的深层心理。李白与我们一样，是一个平凡的人，证据之一就是他与我们一样爱做梦；但他又跟我们不一样，他是一个伟大的浪漫主义诗人，他的梦可能会非常瑰丽。今天学习李白的《梦游天姥吟留别》，看看他究竟做了一个什么样的梦，他想借这个梦表现什么。

教学策略分析：课堂切入点贵在定点准确，角度新鲜，要既能自然地导入课堂教学的重点，又能引起学生浓厚的学习、探究兴趣。本课从列举古今中外的文学常写梦境来表达丰富内涵开始，引导学生思考本诗写梦境的意图，以及梦境如何有效地体现了本诗构思的主要特点，并引起学生的学习兴趣。

（2）诵读感知

①检查预习情况（主要针对预习学案中的练习一，即对诗歌字词句意的理解）。

②指导诵读。

播放多媒体电子白板中的名家诵读，示范朗读。

请三个学生各读一段，教师结合预习学案练习二诵读指导部分的内容，对学生进行恰当的朗读指导点拨。

"海客谈瀛洲……或可睹"前两句可轻读，后两句可稍稍加重。"天姥连天……东南倾"节奏整齐，需读得雄浑有力，气势贯通，以表现诗人对天姥山的向往之情。全段读完可作稍长停顿。

"我欲因之梦吴越，一夜飞度镜湖月"表现作者对天姥山的心驰神往，应读得轻快些。"湖月照我影，送我至剡溪"的"送"字要读得亲切，因为诗人一向爱月，视月如友。"栗深林兮惊层巅"以下，节奏变化极快，六字句写诗人惊时所见，宜读得舒缓，为下文蓄势。"列缺霹雳……訇然中开"表现了诗人惊奇于自然界之神力的感情，应读得字字铿锵。"青冥浩荡不见底，日月照耀金银台"是描绘神仙世界的灿烂辉煌，应读得舒缓些。"忽魂悸以魄动……烟霞"表现诗人梦醒之叹，宜读得缓而有力，余味悠长。

"别君去兮何时还，且放白鹿青崖间，须行即骑访名山。"读时需气势连贯，不宜在第2句后断开，以免破坏诗意的完整性。因为只有一气读出，才能回答"何时还"的问题。"安能摧眉折腰事权贵，使我不得开心颜!"体现了作者傲岸不群的人格,宜读得顿挫有力,"安能"二字需重读,并适当延长,再读以下14字,才有高屋建瓴之势,这样结束全诗,自然余韵无穷。

③学生自由朗读。教师巡视指导,可根据学生的朗读情况对某些句子进行重点指导。

教学片段1:

师:我刚才听你在底下读"天姥连天向天横,势拔五岳掩赤城"这一句,你能站起来把它读一遍吗?

生读一遍。声音怯且弱。较紧张,没有读出诗味。

师:你觉得应如何理解这一句诗?

生:这句诗要表现天姥山的气势,它不但高大,而且广远,用了衬托的手法。

师:你理解得很好。那么你觉得朗读它时,应怎样读才能把这种味道传递出来?

生:要雄健有力些,要读出天姥山那种不可逾越的气势。

师:很好。你现在试一试。

生读,较先前有了很大的进步。

师:你的悟性真高。现在再读一遍,要真正去想象这种气势。为了使朗读更有表现力,你可以重读"向天横""掩赤城"这几个字。

教师激情示范。生再读,效果与前截然不同,赢得同学的热烈掌声。

④全体学生再次自由朗读。

教学策略分析:随着语文课堂教学的开展,让学生养成预习的习惯已是基本要求。设计预习学案,有利于处于起始阶段的学生增强自学观念和养成自学习惯。

诗歌教学,最基本也最有效的方法,便是让学生通过多种形式的反复诵读,亲炙文心,揣摩文义,品味文情。新课标也要求学生能用普通话流畅地朗读,恰当地表达文本的思想感情和自己的阅读感受。本环节中，有名家诵读示范，有学案中提供的详细的诵读指导，有学生个体的试读，有自由朗读，有教师的当堂点拨、指导、示范，可以让学生在愉快的诵读中充分品尝诗歌的"原汁原味"，从而更完整更深入地感知课文。为了鼓励学生，教师宜强调，只要能有激情地读出自己对作品的理解，就可算是好的朗读。

（3）探究学习

探究活动一：

通读全诗，请概括，围绕梦，本诗写了几个层次的内容；这个梦境又包含了几个层次的场景。

要点：诗的层次，即梦因—梦游—梦醒；梦境场景，即镜湖飞渡、登山览景、自然巨变、神仙下临。

教师点拨：概括语言要简明。

教学策略分析：如果说诵读侧重于对诗歌整体的感性认识，在这一环节学生通过对诗歌层次的概括，则能达到对诗歌整体的理性认识。新课标要求学生从整体上把握文本内容，厘清思路，概括要点。对文本的整体认识是很有意义的，可以避免文本理解的碎片化，使学生从整体语境理解局部言语，避免误读。这一步也可以为下面的探究活动打基础，但要简洁。

探究活动二：

细读诗歌，请揣摩语言，展开想象，表述一下李白对这个梦境的描写美在哪里。

①学生自由读梦境部分描写。

②交流品读成果。

③教师先对第一段进行示范品读。

这一段之所以美，是因为李白欲写传说中天姥山的神奇雄峻，却又不直接描绘，而多用衬托与对比，对天姥山的这一特点的描绘极尽夸张之能事。如开头先以瀛洲来衬其神奇，接着连用"天""五岳""赤城""天台"这些至高至大的形象来衬托其高峻，这样的天姥山，才会激起诗人游览的兴趣，才会成为梦游之因。这一段的美还在诗歌语言，"瀛洲""天""五岳""赤城""天台"这些意象的并用让读者浮想联翩，更有对"连""横""拔""掩""倾"等动词的运用，充分写出了天姥山不可逾越的气势。如"倾"就化静为动，将天台倾拜于它的东南方这一情态写得活灵活现，不言其高，而其高自现，不但写高，而且写出了其气派，有拟人色彩。

展示之后，教师做以下点拨。

第一，揣摩语言就是对语言意味进行反复思考和推求，认真琢磨品味，从而领会其深层含义、感情色彩和表达作用。换句话说，就是揣摩语言的意思、情味。揣摩语言的前提是理解语言，先要弄清楚字面意义，然后再探求其深刻含义。

第二，揣摩语言离不开语境。"语境"包括内部语境（如文章中心、上下文等）和外部语境（如社会背景、文化背景、人际关系等）。语言是在一定的语境中运用的，并且一经使用，它的意思往往就不再是词典里规定的意义，而加入了作者在这一特定的场合的思想感情，从而具有了特定的内容、情味和色彩，甚至产生了话中话、弦外音等隐含的深刻意义。

第三，具体的方法如下：揣摩遣字用词之妙；揣摩句式使用之妙；揣摩描写的细腻传神之妙；揣摩运用修辞的丰富贴切之妙；揣摩运用比较的方法；等等。

第四，关于梦境内容的品读要点，可从思想感情、表现手法、语言等方面入手。

学生在教师点拨的基础上，自读揣摩，并交流品读成果。

教学片段2：

生1：我觉得"湖月照我影，送我至剡溪"一句特别好。它写出了月对李白的款款深情，一个"送"字，用字虽普通，却很好地传递出了这种情味，月仿佛成了李白的化身。写得很飘逸，很符合李白的特点。

生2：我喜欢"半壁见海日，空中闻天鸡"这句诗。它境界雄阔，充满美的想象，表现出的是一个大丈夫式的李白，一个浪漫的李白。前面写剡溪的几句好像秀丽了些，没有这句诗中的豪气。

生3："列缺霹雳，丘峦崩摧。洞天石扉，訇然中开"这四句诗在节奏上的特点给我的印象很深。因为这是神仙洞府出现前的征兆，起蓄势作用，四言诗句用短紧的节奏把这种气氛渲染了出来。这给我一个启示，形式对内容的表达也是很重要的。

教师点评：生1能抓住重点动词进行品味，认识到了运用好动词能传递出感情的规律；生2能抓住意象，感知意境，并理解意境与作者感情表达的需要之间的和谐性；生3则注意到句式对感情表达的重要性，同时还考虑到了句式对气氛、情境的影响。

教学策略分析：描写梦境的部分是本诗的重点内容之一，是想象的高潮，所以宜作探究重点。但探究性学习不是骤然可以实现的，需做好充分的准备和铺垫，否则探究只能是空中楼阁。本环节先让学生自由读，再给学生探究的范例，再指点探究的角度，使学生有章可循，思路打开，从而实现高质量探究活动的开展。

新课标认为，鉴赏文学作品要能感受形象，品味语言，领悟作品的丰富内涵，体会其艺术表现力，有自己的情感体验和思考。本环节的设计正是立足这一点，探究的重点在于紧扣文本，多角度品析语言，让学生充分交流，教师则适时点拨。

探究活动三：

①结合课前积累的素材，请分析，李白为何会做这样的梦，这个梦给他带来了什么样的感受？我们如何理解他的这些感受？

教师点拨：李白生起了万事幻如梦，唯愿访名山的念头。面对这种情形，他突兀地冒出一句："安能摧眉折腰事权贵，使我不得开心颜。"应理解这是由于对现实的极端失望而发出的愤激之语，并非真正的避世思想。而从主旨句的潜台词上则可看出李白对独立人格的追求与真诚的济世情怀。这一声啸出了多少怀才不遇者的抑郁之气，树立了一座封建士人的精神丰碑。

学生连读主旨句三遍，教师引导其读出气势。

②请评价，你能透过文字读出一个怎样的李白？

教师点拨：以我观物，则物皆着我之色彩。那么从物之色彩，也可看出这是一个怎样的"我"。出自感悟，抓其一个或数个特点，自由表达交流即可。可参考以下答案：一个寄情山水的李白，一个心胸可藏丘壑的李白，一个飘逸浪漫的李白，一个爱月的李白，一个富有幻想力的李白，一个幻想着像神仙一样潇洒自由的李白，一个喜欢清幽又爱热闹的李白，一个追求功名又傲视权贵的李白，一个敢爱敢恨有欢乐有失意又天真又多情的李白，一个追求自由、追求理想、追求没有被人的心智阻隔的天地、追求完美、不容有丝毫卑屈的李白，一个平凡又伟大的带着浓重浪漫色彩的李白，一个地地道道的是也只能是诗人的李白。

③学生交流自己在学习此诗后对李白的理解。

④教师用多媒体展示自己的作文（以"我读李白"为主题）《你这个爱做梦的李白》中的部分片段。

总结：诗歌鉴赏的基本方法是知人论世、诵读感知和揣摩语言、领悟情思。

教学策略分析：课前给学生发了文学教育片《唐之韵：一代诗仙 李白》的阅读素材，使学生对文化名人李白有了一个全方位的认识，并培养了学生阅读李白作品的兴趣。但仅止于此还是不够的，还应让学生通过阅读，提高解读文本的能力。

教师引导学生在充分学习文本的基础上，结合所收集到的素材，谈对李白的理解。学生用或优美或精辟的语言表达自己的个性化理解，形式活泼，气氛愉悦，既起到了总结课堂的作用，又从深层次上留下了开放的思考空间。

新课标要求在教学活动中，应注重个性化阅读，让学生充分调动自己的生活经验和知识积累，在主动积极的思维和情感活动中，获得独特的感受和体验。这一环节的设计正是着眼于这一点。

对鉴赏基本方法的总结，需要通过实例，让学生掌握必要的方法，是授人以渔，不可遗漏。

（4）作业布置

①背诵并默写此诗。

②读李白的这首诗，总能被深深地感染，我相信，每个人心中从此都有了一个你自己的李白。我们可尝试着表达出自己的理解和感想。请写一篇随笔《我读〈梦游天姥吟留别〉》。

教师分享自己所作的评论文，结束全课。

教学策略分析：作业设计要认真对待，这是引导学生在课外实现对课堂学习内容的延伸。作业①是基本作业，目标是加强积累。作业②则是个性化作业，由于已有课堂的有效学习，又有教师示范作文的引导，学生兴趣浓，信心足，相信他们能在作业中充分反映出自己的学习效果。

（5）教学小结与反思

古诗教学是中学语文教学的难点之一。难的原因除了学生原有的鉴赏基础低下问题，还有一个教师自身的因素，即教师没有用自己的诗心去开启学生的诗心。这一点是非常重要的，陈日亮老师强调"我即语文"①，那么当一位语文教师在教授诗歌时，是否也当自信地说"我即诗"呢？笔者从下面几个方面实现了"以我的诗心开启学生的诗心"这一目标。

"我的诗心"之一，是精心设计预习学案，培养学生的古诗自学习惯。笔者设计的这份预习学案，既有字词句的理解掌握，有朗读的指导，也有在深入品读诗歌方面的思考引导，这里有着笔者对于自学一首诗的

---

① 陈日亮．"我即语文"：回归物之本然和人的自身 [J]. 语文教学通讯，2018（26）：8-13.

过程的理解。让学生按一定的规范未教先学，逐渐培养他们的自学意识和习惯，是一件很有意义的事。

"我的诗心"之二，是重视朗读，并以自己的激情去大胆示范，这体现了诗教的基本方法。除了在学案中附有具体的诵读指导，让学生先进行朗读训练，还在课中安排了听名家范读、教师激情范读、学生练读等活动，这些都大大激发了学生学习古诗的兴趣，使学生能对诗歌语言充分地进行感知与体验，并树立诵读的信心。

"我的诗心"之三，是注重范例引导，分享教师所写作文，产生综合效应。在本课的教学设计中，笔者充分发挥了自身文学功底较好的优势，在鉴赏环节写作文，既有片段鉴赏的，也有整篇鉴赏的。此举既很好地引起了学生的兴趣，又起到了示范作用，使学生对写作的认识在感情上发生了良好的变化，开启了他们的思路。从课堂表现来看，学生在赏析能力上确实有了很大的进步。

当然，这节课也有不足的方面，如课堂内容较多（学生预习使这个矛盾得到了一定缓解），使学生对诗歌语言的品味这一环节的时间略显不足，另外在程序设计上也许还有一些不够简洁的地方。这些都是可以进一步推敲的。

二、散文的教学

（一）散文的教学方法

1. 创设情境，导入新课

在散文的教学过程中，通过直观的情境创设，教师可以有效地激发学生的感官体验，迅速引导他们进入阅读和理解文本的状态。情境创设不仅能吸引学生的注意力，还为其深入探究文本内容提供了坚实的基础。例如，在教授《荷塘月色》《故都的秋》《囚绿记》等作品时，教师可以选择与文本中的景物相匹配的图片，将"看一看"和"猜一猜"等互动活动作为课堂的引入环节，这样不仅能增强学生对文本的初步感知，还能激起他们的好奇心和探索欲。另外，当教授《记念刘和珍君》这类具有深刻历史背景的文章时，教师可以展示与三一八惨案相关的影视资料，这种方式可以帮助学生更好地理解时代背景，从而使其更深入地解读文本主题。

在课堂导入过程中，通过设置具体的问题，教师可以引导学生对作品进行初步的感知和深入的探究。例如，在教授《故都的秋》时，教师可以先利用与作品氛围相符的图片吸引学生的注意力，并引入课题。接着，教师可以提如"故都的秋有哪些独特的特点？"这样的问题，引导学生深入文本，寻找关于秋天景象的描述。根据学生的回答，教师可以进一步提问："作者是如何描绘故都秋天的特点的？"这样的追问可以帮助学生逐层深入，更全面地理解作者的表达方式和艺术技巧。同样，在《荷塘月色》的教学中，教师可以抓住文中的关键句子"这几天心里颇不宁静"，向学生提问："为什么作者会有这样的感受？"这种方式可以促使学生回到文本，寻找情感的根源，从而深化其对作品情绪背景和主题的理解。

2. 抓住线索，整体阅读

在散文的阅读教学中，教师在导入新课之后，应注重强化对解读技巧的教学，引导学生学会识别和追踪文章的行文线索，帮助学生从宏观的角度理解和初步阅读作品，从而使其把握作品的结构和层次。以《荷塘月色》为例，文章的行文线索是作者的行踪。① 教师可以在课堂上紧扣文中"这几天心里颇不宁静"这一关键句子，询问学生"作者有什么具体举动"，让学生在问题的带动下，结合文本内容详细收集作者的行踪信息，进一步梳理出文章的结构层次，为后续的合作探究活动奠定基础。此外，教师还可以指导学生进行再次阅读，对作者心境的变化进行分析，

---

① 杨鹏 .《荷塘月色》声像画境四元素 [J]. 中学语文教学参考，2023（15）：75-76.

从而帮助学生理解文章的明线和暗线。通过这种方式，学生能够在问题的牵引下，更加主动地参与对文本的阅读和分析，全身心投入学习，从而提高理解深度和课堂学习的效率。

3. 紧扣重点，合作探究

在散文教学中，教师的主要任务是引导学生通过合作探究和交流分享，深入理解文章的核心内容并解决难点问题。以《小狗包弟》为例，教学的重点是帮助学生理解作者对包弟的情感的变化及其原因。教学过程中，教师可以引导学生专注于文中的关键句子"我怀念包弟，我想向它表示歉意"，并围绕这一主题进行阅读和讨论。学生需要在了解故事情节的基础上，通过分析文本中的不同事件来探讨作者的情感变化。例如，文中提到的"艺术家与狗的故事"，展现了作者的伤感情绪；在对与包弟亲密接触的描述中，作者表现出欢快的情绪；而在面对如何安排包弟的问题时，作者则显得忧虑。通过这种方式，学生不仅能够清晰地看到作者情感的波动，还能够在小组讨论和分享中进一步理解作者情感变化的深层原因。

教师应引导学生通过合作探究的方式自主发现和理解教学重点，而不是直接讲授。例如，在教授《囚绿记》这篇文章时，围绕"绿"的象征意义，教师可以组织学习活动，先提出问题，如"作者为什么爱绿"，引导学生通过讨论和分析文本来发掘"绿"所代表的生命力、希望、安慰和快乐等多重意义。接着，教师可以进一步追问"作者是如何描写绿的"，引导学生关注文章中对常春藤的描写，从其坚韧不拔的生命力中体会到中华儿女在抗战时期所展现的坚定。由此一来，学生不仅能理解"绿"的象征意义，还能深入感受到作者在抗战背景下渴望生命和希望的深刻情感。

4. 品味语言，把握特色

散文的语言十分优美，在散文的教学中，引导学生品味语言并把握作品的语言特色是至关重要的。通过精细分析文本中的语言表达，学生可以深入理解作者的艺术风格和情感世界。以《荷塘月色》为例，这篇散文的语言优美、细腻，能够很好地反映出作者的艺术特色。在教授该文时，教师可以特别指出如"月光如流水一般，静静地泻在这一片叶子和花上"和"薄薄的青雾浮起在荷塘里"等典型句子，引导学生观察和感受这些语句是如何通过细腻的描述和凝练的语言风格来表达情感和创造意境的。通过这样的引导，学生可以归纳并认识到作者如何通过语言的选择和句式的构造表达自己对自然美景的深切感受。教师还应该鼓励学生进行拓展阅读，选择与《荷塘月色》风格相似的作品进行比较阅读。这不仅能帮助学生加深对特定艺术风格的理解，还能增强他们对语言美的感知和鉴赏能力。

（二）灵性语文散文教学实践案例——以《我与地坛（节选）》为例

1. 教材分析

《我与地坛（节选）》选自统编版高中语文必修上册第七单元的第十五课。本单元的主要内容是写景抒情散文，本单元文章依次是郁达夫的《故都的秋》、朱自清的《荷塘月色》、史铁生的《我与地坛（节选）》、苏轼的《赤壁赋》、姚鼐的《登泰山记》。学生在学习了前两篇文章后，已对写景抒情散文有了基本的理解和掌握，这为他们深入学习史铁生的作品打下了良好的基础。史铁生的《我与地坛（节选）》通过细腻的笔触描述了作者与北京地坛的深厚情感联系，并以此为引子，展开了一系列对个人命运、苦难经历和人生哲思的思考。[①]特别是作者因残疾而经历的种种苦难，以及对母亲的深深思念，都在其流畅优美的文笔中得到了深情的表达。这篇散文不但语言优美，情感真挚，而且思想深刻，富有人文关怀。通过学习，学生不仅能够感受到散文语言的美感，体会到作者

---

① 葛心雨 .《我与地坛》整本书阅读策略 [J]. 中学语文教学参考，2024（1）：67-69.

的情感，还能深入理解文章内容的丰富性和思想的深度。散文的每一个细节和情感的流露都能激发学生的思考，引导他们去探索更广阔的人文和哲学问题。

2. 学情分析

学生在语文学习中可以逐渐建立起对现代散文体裁的理解与认识。通过学习如朱自清的《春》、老舍的《济南的冬天》、刘湛秋的《雨的四季》以及贾平凹的《一棵小桃树》等作品，学生已经具备了较为扎实的现代散文基础。而且，他们在之前的学习生涯中还学习了史铁生的《秋天的怀念》，这些经历使他们对现代散文的特点和魅力有了更深的理解。在此基础上，学生接触到了以生命和母爱为主题的文学作品，如莫怀戚的《散步》、泰戈尔的《金色花》、冰心的《荷叶·母亲》、海伦·凯勒的《再塑生命》，以及宗璞的《紫藤萝瀑布》等。这些作品不仅丰富了学生的情感体验，还为他们提供了思考的基础，特别是在探讨母爱和生命的意义方面。《我与地坛（节选）》这篇散文为学生提供了一个更深层次的探索情感与思想的机会。该文以独特的写作手法（结合情感、景象、事件和理论）展现了作者史铁生深刻的人生哲思以及对母亲深沉的思念。文中的语言平实而深邃，情感表达真挚而直接，使这篇作品不仅是语言学习的良材，更是进行情感教育和培育学生人文思想的重要文本。高中阶段是学生展现个性和培养情感价值观的关键时期。《我与地坛（节选）》不仅触及了生命的尊严和母爱的伟大，还有关于人生意义的深入思考，极具启发性。通过对这篇散文的学习，学生能够提升他们的语言表达能力和文学审美能力，这也有助于他们情感的成熟和价值观的形成。

3. 教学目标

（1）知人论世，了解史铁生的生平和本文的创作背景，通过作者的生命故事，了解其作品中所反映的生命体验和价值观。

（2）厘清文章的脉络，深入理解作者与地坛以及母亲之间的联系，领悟作者是如何从生活的磨难中汲取乐观与顽强生命力的。

（3）品味文章凝练而朴实的语言，学习将写景、叙事、议论与抒情有机结合的写作技巧。

（4）培养学生正确的生死观，教育学生尊重生命、珍爱生命，并培养学生坚韧不拔的人格品质。

4. 教学重难点

重点：

（1）抓住关于地坛和母亲的描述，探究其深层意义，通过作者对地坛的荒芜与生机的描写，感受其对生命的独到感悟和对苦难的超越。

（2）学习借景抒情、情理结合的写作手法，提升审美鉴赏能力。

难点：

（1）帮助学生理解作者关于"为什么出生"和"怎么活下去"这两个深刻问题的哲学意蕴，引导他们思考生命的意义。

（2）深入分析作者对母亲情感的变化过程，让学生理解作者对母亲的感恩与愧疚之间交织的复杂情感。

5. 教法学法

（1）教法：对话法、鉴赏法、比较阅读法。

（2）学法：朗读感悟法、合作探究法、讨论法。

6. 教学用具

多媒体课件。

7. 教学过程

（1）第一课时

①巧设情境，导入新课

a. 播放音频文件《怒放的生命》，引出关于生命的话题，激发学生对生命意义的思考。

b. 邀请学生分享生活中感受到生命可贵的瞬间，通过个人故事引发情感共鸣，为学生理解文本内容铺垫情感基础。

②初读课文，整体感知

a.学生自主通读全文，通过默读或小组朗读的方式，初步感知文章的主旨和情感色彩。

b.指导学生为文章的两个主要部分拟定小标题，锻炼学生的归纳总结能力。

c.组织讨论，引导学生思考为什么文章标题是"我与地坛"而非与其他事物相关，引导学生深入理解作者与地坛之间的特殊联系。

③精读课文，合作探究

a.分小组找出描写地坛的语句，引导学生通过合作讨论，感受地坛的厚重与生生不息的象征意义。讨论地坛如何成为作者精神的寄托，以及这一设置对读者理解全文的重要性。

b.引导学生探讨文中母亲的形象，让学生找出描述母亲的句子，在小组内讨论母亲的无私、伟大以及坚韧不拔的意志如何体现在文本中。

c.讨论作者关于生命和人生的思考，特别是他对"为什么出生"和"怎么活下去"的哲学思考。通过集体的探讨，引导学生理解作者是如何通过个人经历和对地坛、母亲的感悟，提炼出对生命的深刻认识的。

④课堂小结

学生分享本节课的心得体会与个人收获。

（2）第二课时

①温故知新，导入新课

a.回顾上一课的学习，教师引导学生思考：史铁生用残缺的身体表达了最健全的思想，他是如何面对人生苦难的；地坛和母亲为什么给他带来了深刻的感受。提问可以让学生复习所学内容，并分享自己的看法和理解，从而自然过渡到新课的学习。

b.通过史铁生的例子，引发学生对于如何在困境中寻找生命力的思考，为之后的深入探讨打下基础。

②品味鉴赏，深入探讨

a. 小组活动，学生讨论史铁生和他母亲身上的美好品质，如坚韧不拔、乐观面对生活等。每个小组挑选一个品质，准备相关文段的解读，并分享给全班。通过这一活动，学生能更深刻地理解人物的精神层面。

b. 教师引导学生关注文章在描写地坛和母亲时所运用的艺术手法，如象征、拟人等，讨论这些手法是如何增强对景物和人物形象的表达，提升文章的艺术感染力的。

③拓展延伸，比较阅读

a. 将《我与地坛》与史铁生的另一篇作品《秋天的怀念》进行比较阅读，分析两篇文章的情感和主题有何异同。这一活动可以帮助学生理解作者在不同作品中的情感变化和文风发展。

b. 引入张海迪、海伦·凯勒、司马迁、霍金等历史上和现代的人物的事迹，讨论他们如何面对生命中的困难。让学生思考如果自己遇到巨大的挫折，会采取什么样的态度和措施，鼓励学生分享个人观点和感受。

④总结归纳，深化主旨

a. 学生自我总结。

b. 师生交流讨论，共同完成本课的思维导图。

三、小说的教学

（一）小说的教学方法

在语文小说阅读教学中，教师应打破传统教学模式，采用更具互动性和实践性的教学方法。除了深入分析小说的基本元素，如人物、情节和环境，教师应特别强调对矛盾冲突的分析，这是理解小说深层次主题的关键。为此，教师可以引入角色阅读和真实场景模拟等教学策略，帮助学生更细致地梳理和体验故事情节。通过这种方式，学生能在教师的引导下，更快地把握小说的主题思想，并熟练掌握小说的阅读技巧。

1.梳理故事情节，提炼主题思想

在小说中，情节是基本结构，它包括序幕、开端、发展、高潮、结局和尾声六个关键阶段。情节不仅贯穿小说始终，还在小说三大基本要素中占据主导地位。因此，在小说教学中，教师应当引导学生细致分析情节，从中提炼出小说的主题思想。这样的练习能显著提升学生的阅读理解与理性分析能力，帮助他们更深入地理解文本。

（1）细读文本，标记重点

细读是一种深入探究小说语言和内容的阅读方法。通过对文本每一个词句的仔细研究，学生可以对小说的情节和人物有更深刻的理解和印象。为了提高阅读的效率，学生应该培养良好的阅读习惯，在细读过程中采用个性化的标记方式。学生要对小说中重要的承上启下的关键词或短句进行标注，这些标记将成为他们理解和分析小说结构的重要工具。在阅读完成后，学生应对标记的内容进行系统的分析和整理。通过这种方式，学生能够归纳和总结小说的核心主题和思想，从而深化对作品的理解。这种细读技巧不仅提升了学生的文本分析能力，还促进了他们的批判性思维和解释能力的发展。

在教授《大卫·科波菲尔》这部小说时，教师可以通过设计一系列细读活动，帮助学生深入理解小说主题并掌握关键的文本分析技能。首先，教师可以预留10分钟到15分钟的时间，让学生对小说的文本进行从头到尾的精细阅读，这一阶段主要目的是让学生独立捕捉和标记文中的关键信息。例如，在第五自然段中，作者描述主人公内心的痛苦和对当前生活环境的不满，这些描述对理解主人公的心理发展状况及主人公对资本主义社会的态度至关重要。教师可以引导学生注意作者是如何通过对主人公的心理描写展现小资产阶级知识分子在资本主义社会中的困境和挣扎的。其次，教师可以引导学生探讨社会压力和主人公个人理想之间的矛盾，以及这种矛盾如何推动了故事的发展。通过对文本的细致分析，学生能够更好地理解人物的复杂性和小说的深层主题。再次，教师可以组织一个讨论环节，让学生分享他们的标记和解读，通过集体讨论来验证和深化个人的理解。在这个过程中，学生可以通过对比不同的观点，更全面地理解文本内容，并从中学习到如何从不同角度解析文本。最后，教师应当鼓励学生将所学内容与现实世界联系起来，思考小说中描绘的社会和个人矛盾在当代社会中的体现。这不仅能帮助学生深化对小说的理解，还促进了他们批判性思维的发展。通过这种细读方法，学生不仅可以提升文本分析能力，还能提高阅读兴趣和思维活跃度，有效地理顺小说的故事脉络与情节，进一步加深对小说主题的理解和感悟。

（2）关注核心，厘清思路

任何一部小说都有一个核心要素，即小说的矛盾冲突点。在小说阅读教学中，理解小说的核心矛盾冲突对揭示人物动机、情节发展和主题意义至关重要。因此，教师在引导学生阅读时，应先让学生浏览一下小说内容，以识别和理解小说中的主要矛盾冲突。这种初步的阅读有助于学生在不陷入对细节的推敲的情况下把握小说的大致框架，从而为深入分析打下基础。确定了小说的矛盾冲突后，学生应以此为中心，展开对小说人物、情节和环境的详细分析。通过围绕矛盾冲突点进行深入思考，学生可以更清楚地描述整个故事的发展脉络，理解人物行为的驱动力，从而洞察作者想要表达的主题思想。这不仅能加深学生对文本的理解，还能激活他们的批判性思维和创造性思考能力。

在教授鲁迅的《祝福》时，教师可以引导学生通过探索小说中的主要矛盾冲突——旧社会贫富差距和封建思想与现代思想的冲突，来深入理解小说的主题和人物塑造。[①] 讲课时，教师应先让学生明确这些矛盾冲突是什么，并通过略读的方法快速了解故事的情节。在这个过程中，学生会注意到作者如何通过文本中具体的描述来揭示这些矛盾，例如祥林嫂作为一个贫困的女性，拄着比自己还长的竹竿，手提空碗，形象接近

---

① 丁晓.高中语文小说阅读教学创新性研究 [J].中学课程辅导，2024（4）：102-104.

乞丐，与之形成鲜明对比的是富人们杀鸡宰鹅，享受丰富的物质生活。通过这样的对比，学生可以感受到祥林嫂在旧社会背景下的绝望与无助，以及社会结构中的激烈矛盾。接下来，教师可以组织学生围绕这些矛盾冲突展开小组讨论，讨论如何通过故事中的细节揭示社会的不公和个人的悲剧，这不仅能帮助学生理解文本，还能培养他们的批判性思维。教师还可以引导学生思考这些社会矛盾如何影响了主人公的命运，以及作者是如何通过祥林嫂的故事批判旧社会的不公和封建残余的。此外，教师可以给学生安排写作任务，让他们从祥林嫂的角度写一篇日记，描述她的感受和对周围世界的看法，这样的写作活动可以加深学生对人物心理和情感的理解。

2. 抓住人物特征，开展角色阅读

在小说中，人物是基本要素之一，不仅是故事的灵魂，还是情节发展和环境氛围构建的关键。作者通过丰富多彩的人物形象，如高大威猛的英雄、瘦小屡弱的普通人、趋炎附势的小人或安贫乐道的贤者，展现复杂的人性和多样的社会生态，从而编织出引人入胜的故事。在小说阅读教学中，理解和分析人物的特征至关重要。教师应引导学生仔细研究小说中的人物，包括他们的语言、动作和心理描写，这些都是理解人物性格和故事发展脉络的关键。例如，人物的语言可以揭示其社会地位和教育背景；动作描写常能展现人物的性格特征；而心理描写则深入展现了人物的内心世界和动机。教师可以采用角色阅读的方式，让学生更加身临其境地感受每个人物在故事中的角色和作用。学生可以扮演不同的人物，通过模拟对话或故事情节重现，深入理解和体验人物的心理变化和决策过程。

在教授《水浒传》中的《林教头风雪山神庙》这一章节时，教师可以借学生对该故事的熟悉，快速引入课堂讨论，进而与学生深入探讨故事中的环境和人物描写的作用。这一章节生动地展示了林冲的愤怒和绝望，以及他与周围人物的各种互动。为了使学生能更深入地体验和理解林冲的情感，教师可以组织一次角色阅读活动。首先，教师可以指导学生仔细分析文中关键人物的语言、行为和心理活动。学生需要识别和理解林冲、李小二、牢城差拨、陆虞候这几个核心角色的作用，尤其是李小二的角色，他虽然出场不多，但在情节发展中起到了关键的转折作用。通过阅读和讨论，学生可以了解到李小二在故事中如何因为提醒林冲而间接引发了后续的一系列事件，包括火烧草料场和风雪山神庙的情节。其次，学生分组扮演不同的角色，尝试通过具体的语言和动作来表现各自角色的特点。在扮演李小二时，学生需要通过细致的语言和动作来表现其机智和关键性的角色属性；而扮演林冲的学生则需要演出林冲面对背叛和不公时的愤怒和无助。通过角色扮演，学生不仅能够加深对文本的理解，还能更好地把握人物性格和故事情感。

3. 构建真实场景，挖掘关键要素

在小说教学中，环境描写是一个关键的教学点，因为它不仅能够反映人物心情，还增加了故事的真实性和吸引力。环境描写通常分社会环境和自然环境两个层面。社会环境包括社会和历史背景、地方特色以及人物之间的社会关系等元素，这些都有助于塑造人物形象和推动故事情节的发展。自然环境包括自然景观、季节变化、天气现象等，这些元素通常被用来反映或影响故事氛围和人物心情。在小说阅读教学中，教师可以利用环境描写来构建一个生动的阅读场景，帮助学生更深入地理解文本内容和人物心理。例如，教师可以先介绍小说中的时代背景和地理环境，然后通过具体的文本片段展示这些环境是如何与人物的行为和情绪相互作用的。通过分析如何描绘一个阴雨连绵的日子来增强故事中的悲伤氛围，或者如何通过热闹的市集场景来展示社会的繁荣与人物的孤独感，学生可以更好地理解作者通过环境描写而达到的艺术效果。教师可以引导学生讨论这些环境如何服务于故事的主题和人物的发展，以及读者如何通过这些描述感受到故事的情感深度。

（二）灵性语文小说教学的实践案例——以《装在套子里的人》为例

1. 教学分析

《装在套子里的人》是 19 世纪俄国著名作家契诃夫的著名小说。学习这篇小说，要注意引导学生结合社会环境分析作品塑造的人物形象，认识人物形象的典型性，揣摩作品语言的讽刺意味，把握思考小说主题，并联系实际扩展其丰富的内涵，并要引导学生注意小说多重的矛盾冲突。

2. 学情分析

学生具备一定的小说阅读能力，能够理解文本的基本含义，但对于像《装在套子里的人》这样具有深刻内涵和复杂人物心理描写的作品，在阅读时可能会遇到一些困难。例如，在把握别里科夫这一人物形象的多面性及其性格形成的深层原因时，可能难以深入挖掘；对小说中幽默讽刺语言背后所隐藏的作者情感和社会批判力度，可能体会不够精准；在梳理小说情节与主题之间的内在逻辑联系时，也可能存在理解上的偏差。此外，由于学生的阅读速度和阅读习惯不同，在课堂有限的时间内，部分学生可能无法充分细致地阅读文本，影响对作品的整体感知和深入分析。

3. 教学目标

（1）学会分析情节矛盾冲突，并通过矛盾分析人物形象，感悟作品主题。

（2）学习本文的讽刺手法。

（3）了解叙述者与叙述视角在小说中的功能。

4. 教学重点

剖析别里科夫的人物形象，理解其性格特征和行为表现。

5. 教学难点

学会分析情节矛盾冲突，并通过矛盾分析人物形象，感悟作品主题。

6.教学步骤

探究一："套子"是什么

文章是从几个方面表现别里科夫是"装在套子里"的？"套子"是什么？

解析："套子"有外在的、内在的，有形的、无形的。

（1）生活方面的"套子"（有形的）

衣着打扮上，晴天穿雨鞋和棉大衣、带雨伞，脸藏在竖起的衣领里，戴黑眼镜，穿羊毛衫，用棉花堵耳朵眼。

生活习惯上，把雨伞、表、削铅笔的小刀等统统装在套子里，一坐上马车总要支起车篷，睡觉蒙头，卧室像箱子，床上挂帐子。

（2）思想方面的"套子"（无形的）

喜欢歌颂过去；用的古代语言躲避生活；只相信政府的告示和报纸文章；对不合规矩的事闷闷不乐；他经常说的一句话是"千万别闹出什么乱子来"。在读者和周围人眼里，他是那么奇怪，那么荒诞和不合常理。但就他自身来说，这些习惯又是自然的、必要的，是极其认真养成的。这种内在的合理与外在的不合理构成一种反差，形成了小说开篇的矛盾，为后文其他矛盾的出现奠定了基础。

探究二：分析小说矛盾冲突

矛盾冲突是大多数小说情节运行的主要动力。所谓冲突就是两种或更多的相对立的力量之间的对峙。在社会现实中，冲突包括一个人和他人或环境的冲突，或一个人自身的内在冲突等。

（1）别里科夫的套子与自我的矛盾：冲突的典型性

阅读别里科夫的爱情事件，分析故事中的矛盾冲突。

解析：漫画事件、自行车事件和滚下楼梯事件终结了别里科夫的爱情，也终结了别里科夫的生命。对那幅漫画，别里科夫感到非常难堪，他"脸色发青，比乌云还要阴沉"，并说："天下竟有这么歹毒的坏人！"显然别里科夫不能忍受他人的调侃和玩笑，他有很强的自尊心、极为敏感。然后是自行车事件。华连卡姐弟骑自行车，别里科夫的脸色却从发青变成发白，好像呆住了。别里科夫是这样说的："难道中学教师和小姐骑自行车还成体统吗？""如果教师骑自行车，那还能希望学生做出什么好事来？他们所能做的就只有倒过来，用脑袋走路了！"多么荒唐的言论，但这就是他的套子。不仅仅是他自己，他也不能容忍其他人违背他的生活规则。最后是滚下楼梯事件，这是压死别里科夫的最后一根稻草。将别里科夫推上爱情的课题，让别里科夫在套子和爱情之间做抉择，他的套子甚至能够战胜爱情，也就等于说他的内在性格逻辑甚至能够战胜人的天性。这凸显了别里科夫套子的强大，也强化了别里科夫内在的性格逻辑。内在的性格逻辑不仅战胜了爱情，甚至还能战胜生存的欲望，其强大可见一斑。

（2）别里科夫的套子与他人的矛盾：荒诞的普遍性

阅读第4段和最后一段。思考别里科夫的套子与城里其他人产生了怎样的矛盾，怎么认识这种矛盾。

解析：别里科夫的套子与城里其他人产生了以下矛盾：别里科夫认为只有官方明确禁止的内容才是清楚又明白的，他经常念叨着"千万别闹出什么乱子"，并通过唉声叹气、垂头丧气和苍白的小脸上的眼镜压得全城人民喘不过气来。别里科夫常常将生活中一些正常的行为或是无伤大雅的行为歪曲为违规行为，从而使自己处在与全城人民矛盾对立的位置上。

全城人民自然是讨厌他的，所以别里科夫死了是一件大快人心的事。

但深入思考《装在套子里的人》，可以发现，除了别里科夫，全城人都不同程度地装在套子里。

城里人虽然厌恶别里科夫的套子但却莫名地屈服于它，会发现城里人也是套中人。城里有思想的正派人仍旧会低声下气地容忍别里科夫；别里科夫的厨子阿法纳西也总嘟囔"像他们那样的人可真是多得不行"；外来人柯瓦连科也曾当面评价学校为"你们这儿的空气闷死人"且"不干不净"。最后，在别里科夫的葬礼上，"我们"这群自诩不同于"套中人"的"正常人"，因雨天的关系，"都穿着雨鞋，打着雨伞"，活脱脱平日里别里科夫的打扮。作者以此嘲讽那些表面"正常"，而内心其实也同样套着枷锁的普通民众，暗示大家与别里科夫在精神上并无差别。从人群中走出来的别里科夫虽与这人群有矛盾但他们其实同属于套中人，别里科夫不过是作者塑造的一个"典型人物"罢了，这种"套中人"就生活在城市的每个角落，并构成了小说的人文环境。也唯有凸显荒诞的普遍性，契诃夫才有可能借一个人、一个城市的状态反映当时整个俄国的现实情况，从而使在生活中容易被读者忽视的荒诞重新得到人们的审视。

探究三：叙述者与矛盾冲突

契诃夫的《装在套子里的人》这篇小说的故事是谁来讲述的呢？是契诃夫本人吗？

解析：要明确，《装在套子里的人》的叙述者是布尔金，不要与作者混同，并可由此引出可靠叙述者与不可靠叙述者的概念，然后请学生思考布尔金属于哪一种。

布尔金在对别里科夫的态度、立场上与作者是一致的，但是面对恐怖压抑的社会现状，他作为知识分子选择了麻木而非变革，显然不符合契诃夫本人的价值观，所以布尔金是不可靠叙述者。由此学生也能更深刻地理解沙皇俄国资产阶级革命的局限性，这正是通过分析叙事者的可靠与否才能发现的悲哀。不同同学讲述同一个人的故事，给大家的感觉却不尽相同，这是为什么呢？因为叙述者不同，看事情的角度、关注的重点、想表达的情感便不同。

契诃夫为什么在众多人物中选择布尔金作为叙述者呢？小组合作探究这一问题，带领学生明确布尔金的身份，筛选关于布尔金对别里科夫态度与评价的文本，总结布尔金的特点：他对主人公别里科夫的经历比较熟悉，是"套中人"的见证者，嘲笑别里科夫的同时，他自己其实同样是装在"套子"里的人。契诃夫选取这样的叙述者更能深化主题，可见其独特之处。

探究四：讽刺笔法

解析：讽刺就是作者在保持真实性的基础之上，利用夸张、比喻、衬托、对比等手法来突出某种特点，以批判腐朽落后的现象和愚昧反动的行为，使人们在会心一笑中体会到作者的良苦用心。讽刺的手法常有漫画式的夸张、鲜明的对比、借物喻人、反语等。

请学生列举本篇小说运用的讽刺手法，并分析其效果。

套子的荒诞及其普遍性，主要指向社会环境；对别里科夫的套子进行质的强化，主要指向人物形象。漫话式的夸张增强了讽刺的力度。

四、戏剧的教学

（一）戏剧的教学方法

1. 以"读"揣摩人物语言的潜台词

无论是自学还是课堂学习，阅读都是一种学习文学的基本方法。教师可以通过组织朗读、默读或分角色阅读等多种方式，引导学生深入文本，使他们能够读出文字中的情感和语气，从而更加真实地体验人物的语言，感受潜在的台词。通过这种方式，学生不仅能够感受到语句的情感色彩，还能在心中清晰地再现人物形象。

在教授《雷雨》第二幕时，教师可以借助周朴园与鲁侍萍的对话让学生深入探讨角色的心理动机和潜台词，通过周朴园一连串的询问，周朴园的内心活动和复杂的情感变化得以展现。[①] 教师可以引导学生分析这一场景中周朴园连续发问的原因，不仅是普通的寒暄，还是对鲁侍萍身份的怀疑和探查。学生可以尝试从周朴园的视角切入故事，揣摩他从最

---

① 刘江波. 统编高中语文教科书中戏剧作品教学探究 [J]. 汉字文化，2024（6）：128-130.

初的疑惑到逐步确信的心理过程。例如，教师可以引导学生探讨，当周朴园得知鲁侍萍姓鲁，又发现她有无锡口音时，他是如何从一种紧张和怀疑的状态逐步过渡到几乎确认她就是多年前那个人的。通过这种分析，学生不仅能够更深入地理解文本和人物，还能学习如何通过台词背后的含义来捕捉剧作中更深层次的情感和冲突。

2. 抓住冲突矛盾

在戏剧教学中，抓住并分析矛盾冲突是关键，因为它不仅是戏剧的本质特征，还是深入理解人物性格和精神世界的窗口。以《窦娥冤》为例，教师可以围绕窦娥的冤屈展开教学，引导学生探讨和分析戏剧中的主要冲突。窦娥的冤屈不仅源自个人的悲剧，更深层地反映了个人与不公的社会系统之间的冲突，包括恶势力的威胁、糊涂官吏的压迫和法制的黑暗。教师应指导学生通过台词和情节来理解窦娥如何"由怨生怒""由怨生悲"以及"由怨生愿"，并分析这些情绪如何推动故事情节发展至戏剧的高潮——窦娥的三桩誓愿及其灵验。这些元素集中展示了戏剧的尖锐性和冲突的激烈程度。通过这种方法，学生不仅能够把握文本的深层意义和戏剧冲突的表现形式，还能够学习如何从戏剧的冲突中表现社会与个人的广泛对抗，从而深化对戏剧文本及其表现手法的理解和欣赏。

3. 展现舞台性，组织戏剧表演

戏剧教学的独特之处在于戏剧有"舞台感"，这使戏剧与小说的教学有本质的不同。戏剧的特性在于它不仅是文本，还是可以在舞台上呈现的表演艺术。为了让学生更有效地理解戏剧内容，教师可以选择戏剧中的关键情节，组织学生进行实际表演。这种教学方法可以使学生从旁观者转变为参与者，他们不仅能够直接体验到人物的情感，还能更深刻地感受到角色的复杂性格。通过互动和表演，学生能够在实践中学习戏剧的表现技巧，同时加深对戏剧结构和人物发展的理解。

（二）灵性语文戏剧教学实践案例——以《茶馆》为例

1. 教学分析

《茶馆》的结构和情节安排对学生的逻辑思维能力提出了较高要求。学生需要在多幕场景、多条情节线索以及众多人物关系的交织中，分析归纳出作者的创作意图、主题思想以及戏剧所反映的社会发展规律。例如，理解作者如何通过茶馆这一微观社会场景的兴衰变迁来映射宏观社会的动荡变革，如何运用人物之间的矛盾冲突来揭示不同阶层的利益诉求与社会矛盾的激化过程，这需要学生具备较强的逻辑推理和整合归纳能力。

2. 学情分析

学生在前期语文学习中，已对戏剧这一文学体裁有了基本了解，知晓戏剧包含人物、情节、冲突、语言等要素。然而，对于《茶馆》这样具有独特结构和深刻历史文化内涵的多幕剧，他们对其复杂的情节线索交织、众多人物群像塑造以及背后宏大社会背景的展现方式，认知尚浅。在人物分析上，剧中人物众多且形象各异，如王利发的精明世故、常四爷的正直豪爽、秦仲义的实业救国理想等，学生可能仅能从表面的人物言行判断其性格特征，而对于人物性格形成的深层原因、人物在历史洪流中的无奈与挣扎以及人物命运所折射出的社会意义，难以进行深入透彻的剖析。

3. 教学目标

（1）认识"茶馆"这一戏剧空间的特点及艺术效果。

（2）探究"茶馆"空间里的戏剧冲突及众生相。

（3）多层面感悟《茶馆》主题意蕴，领会"大茶馆，小社会"的写法。

4. 教学重点

多层面感悟《茶馆》主题意蕴，领会"大茶馆，小社会"的写法。

5. 教学难点

认识"茶馆"这一戏剧空间的特点及艺术效果。

6. 教学步骤

导语：学生观看《茶馆》表演视频。

师：戏剧包括戏剧文本和戏剧表演，我们刚才观看的是戏剧表演，现在学习戏剧文本。欣赏文学先要把握文体特征，有专家将戏剧与小说、散文区分开，把戏剧定义成一种在特定空间里通过对话推动冲突发展的艺术。也就是说，我们可以把空间、会话、冲突视为戏剧的三大要素。会话、冲突又是在特定空间里展开的，所以戏剧其实是一种空间艺术，戏剧欣赏要有空间意识。我们这节课就从空间的角度来研习《茶馆》。

呈现本课学习目标。

请同学们阅读作品，思考导学案上设定的研习任务。

研习任务一：理解茶馆空间的特点

生：朗读介绍说明茶馆的 1 段至 3 段。

思考："我们现在就要看见这样的一座茶馆"是一座怎样的茶馆，这个空间有什么功能？

学习活动：茶馆有三个功能，教师先呈现两个，让学生补充第三个，并分别阐述何谓消费消遣空间、文化交流空间、社会交往空间（将这三种空间标注出来，让学生解说）。

思考：跟《雷雨》的周公馆空间相比，它具有什么特点？

点拨：前者为闭合空间，后者为开放空间。

过渡：那么这种开放空间，对设计戏剧的冲突有什么影响呢？《茶馆》的叙事与《雷雨》的叙事相比，呈现了什么不同特点？

研习任务二：探究空间与戏剧冲突

思考：请根据事件片段概况示例，用一句话概括一件事，并指出冲突的性质。

点拨：在《茶馆》第一幕，"早半天"一刻，却集合了十个片段情节：第一，唐铁嘴给王利发相面，被"教育"；第二，常四爷与二德子因涉洋而发生冲突，被马五爷制止，但心生不快；第三，张李两家因鸽子纠纷打群架，黄胖子约集茶馆调和；第四，刘麻子撮合康六卖女，庞太监收妻；第五，刘麻子借空闲向松二爷卖表，松二爷心动；第六，无名老人进茶馆卖牙签之类的小东西，被赶走；第七，秦仲义要涨王利发的房租，发表做实业主张；第八，乡妇、小妞进茶馆讨饭，常四爷赠烂肉面；第九，众茶客讨论变法，王利发强调莫谈国事；第十，吴祥子、宋恩子在茶馆监听，抓获常四爷。

　　思考：《茶馆》的戏剧冲突与《雷雨》的相比，呈现了什么不同特点？为什么会呈现这样的特点？

　　点拨：茶馆空间的开放性，使十个片段情节，是围绕各自茶座，"各谈各的事"，彼此之间有时间先后关系、空间伴生关系，却无内在的因果逻辑关系，更不是一个故事中的不同情节。以老舍的话说，"不易找到中心故事""设法使每个角色都说他们自己的事"。老舍书写的《茶馆》无中心叙事群，十个片段式情节，是十种世相，是十种不同的声音，但它们彼此是独立的、平等的，拥有各自世界，却又和谐地统一于纷纷攘攘的茶馆，被拼接成整一的"茶馆事件"。"茶馆"是"广场式"的，众声喧哗。一个大茶馆，就成了一个小社会。"茶馆"与茶馆外的社会，形成了"一斑"与"全豹"的文学聚焦关系。相比于一个贯穿统一的故事，老舍的片段拼接叙事，无疑更具社会广阔性，并因之而兼有深刻性。

　　小结一对比两种叙事方式：贯穿式叙事有"一寸长一寸强"的叙事优势，但无中心叙事的叙事力量亦不容忽视。我们要由此开阔叙事的视野与对人生社会的认知。

　　茶馆空间带来的仅仅是片段式叙事方式吗？戏剧中的人物又受到了什么样的影响呢？

　　研习任务三：探究空间与戏剧人物

　　思考：王利发一句"诸位主顾，咱们还是莫谈国事吧！"尽显他小心谨慎苦撑产业、俯首甘当"顺民"的小市民形象。在茶馆出场的众多人物中，你对哪一个人物印象最深，你觉得他说的哪一句话可以作为他某种性格的标签？

引导学生看舞台说明的人物表，思考这一问题：茶馆的开放空间内出场人物众多，出现这么多无中心的人物有什么作用？

点拨：作为大众活动空间，茶馆囊括了社会各阶层的人，这样才能真实地反映社会。老舍借助了茶馆的大众化特点，才能自然得体地把各阶层人物聚到一起。在第一幕中，有属于上层权势阶级的庞太监、秦仲义，中产阶级的常四爷、松二爷，穷苦的农民阶级的康六，还有生活在社会下层的普通民众，如茶客甲乙丙丁，动荡的社会，游民也是必不可少的一个群体，因此出现了唐铁嘴、黄胖子、宋恩子等人。

集合到茶馆的各阶层的人们，代表了各阶层的声音和生存的状态，这使他们在茶馆的交往中会自然形成潜在的矛盾与冲突，这也必然会产生出超过他们个体意义的社会意义。茶馆这个小社会就成了当时大社会的缩影。

思考：茶馆空间让戏剧冲突和戏剧人物呈现独特性，那么它对表现作品的主题意义又有什么特殊的作用呢？

研习任务四：探究空间与戏剧主题

思考：当初老舍在答复社会上有关人士的问题时，就"为什么单单要写一个茶馆"这一问题做出以下回答：茶馆是三教九流会面之处，可以容纳各色人物。一个大茶馆就是一个小社会。如何理解"大茶馆，小社会"这句话？开放空间对表达戏剧的主题有什么作用？

点拨：茶馆里同质异质多重叙事相互映照，把层层叠叠的近代中国的社会矛盾、文化冲突显露了出来。作者由此描述清末时期整个社会的黑暗腐朽、不可救药，反映帝国主义的侵略、封建统治的腐朽、人民生活的民不聊生等残酷现实。每一个人物，每一段情节，散点共振，一个大茶馆就是一个小社会。

7. 作业布置（任选一项）

（1）基础作业

戏剧是一种在特定空间里通过对话推动冲突发展的艺术。通过本课学习，请你说说《茶馆》与《雷雨》这两部戏剧的空间特点，写一篇听课心得，字数不少于 400 字。

（2）探究作业

探索戏剧空间的价值和意义，不亚于一场让人心动的探险之旅。通过本课学习，你对《茶馆》空间的价值还有哪些新思考、新发现？请你以"《茶馆》空间____"为题，写一篇小论文，字数不少于 600 字。

第六章 创造性教育理念下的灵性语文写作教学

第一节 写作活动中的创新素质理论探析

一、创新素质的含义

创新素质是指个体在创新活动中所表现出来的一系列内在的、稳定的心理特质和品质。这些品质通常包括开拓性、独创性、求知欲、冒险精神、问题解决能力等维度。一个人的创新素质不仅是先天的，还受后天环境的影响和教育训练的塑造。在不断的学习和实践中，个体可以通过提高自己的知识水平、思维水平和技能水平，来培养和加强创新素质。这种素质对于推动科技进步、促进社会发展以及解决各种复杂问题具有至关重要的作用。

在写作活动中的创新素质是指个体通过写作而形成的创造性思维和实践能力。这种素质体现了个体的心理特质和品质，它具有以下四大特性：一是个体潜在性。每个健康的、具备一定知识与实践经验的人都天然拥有一定程度的写作创新潜能。这种潜能的具体表现和发展，既受客观环境的影响，也取决于个人的主观意志和努力。二是实践操作性。与写作相关的创新素质既源于实践的积累，也需要在实践中得到体现和发展。频繁的写作尝试和不断的实践探索是提升创新写作能力的重要途径。三是多元综合性。创新素质是一个结构多元的综合体，它的形成和发展需要广博的知识储备、全面的思维能力和熟练的技巧的支持。读书量、思考深度和表达技能的提升，都是发展创新写作素质的重要途径。四是长期发展性。创新素质不是在个人成长的某一阶段突然形成的特定品质，而是一个需要长期积累和持续发展的过程。

二、创新素质的写作响应

（一）立意的创新

立意是指确定文章的主题。立意可以多样化，包括正向立意、反向立意、横向立意、纵向立意，以及多角度立意。这些不同的立意方式，就如同摄影的多个角度，每一种角度都能展现独特的韵味和深度。文章的主题是对作者思想和所选素材的高度概括，是写作过程中的核心。它不仅贯穿文章的全文，还体现出了作者的主要写作意图，包括对文章中所反映的客观事物的认识、理解和评价。因此，选择一个明确、深刻、贴切、新颖且具有价值的主题是非常重要的。

立意的创新是写作教学中的重要环节，关键在于培养学生的发散性思维。教师应通过设计多角度的思考场景，鼓励学生从不同的视角审视和探讨问题，以此激发学生的创造力，使他们能够在作文中表达新颖独到的见解。首先，教师需要引导学生探索新的视角和切入点。例如，提出具有对比性的观点，如"知足者常乐与不知足者常乐"或"近墨者黑与近墨者未必黑"，这样的观点可以挑战传统思维，促使学生进行更深层次上的思考和讨论。其次，教师应鼓励学生将日常生活中的小事与更广泛的人生哲理相联系。例如，通过简单的故事展示复杂的人生真理，或者使用各种几何图形来象征不同的人格特征，如三角形代表的可能是沉稳或固执的性格，正方形可能象征着正直或保守。这种方法不仅能够帮助学生在写作中融入生活观察，还能提升其分析和抽象思考能力。

（二）选材的创新

在文章写作中，可以用来表现主题的事物或观念的素材都可以被视作材料，这包括从生活中摄取的未经加工的原始素材和经过作者筛选、加工后的题材。电影、电视剧和电视节目等文化艺术资源是写作中极佳的素材和题材来源。这些资源不仅为学生提供了丰富的提炼主题的基础材料，还是表现和深化主题的有效手段。例如，学生将与"未来世界"相关的文化艺术资源运用于写作中，可以开拓广阔的探索和创造空间。电影，如《未来警察》等，可以用来探讨人类的探索精神和对未来的想象；《星球大战》这类电影可以用来深入讨论人生价值、环保和地球安全等主题。

在写作过程中，选材的质量直接影响着文章的深度和感染力。生活本身就是一个广阔的取材空间，为人们提供了无尽的写作素材，而影视作品则为写作带来了丰富的情景和情感层面上的材料。有效的选材不仅要求创新性，还需要确保材料与主题紧密相关，具有真实性、典型性以及生动性。优秀的写作材料往往是那些身边的、常被忽视的细节。教师在教学中应鼓励学生深入接触和体验现实生活，从中汲取灵感和经验。通过直接体验和对生活各个方面的探索，学生能够获得对自然、社会和人生的更深层次的思考和感悟。

（三）方法的创新

写作方法是指作家用于表达思想、情感和描绘社会生活的具体表现形式和技巧。写作方法多种多样，适用于不同类型的文体，包括记叙文、说明文和议论文等。在记叙文中，作者可以采用顺叙法、倒叙法、插叙法、补叙法、分叙法和追叙法等多种叙述技巧，来构建故事的时间结构和层次，增强叙述的吸引力和深度。说明文可以采用分析说明、综合说明、举例说明、比喻说明、分类说明、图表说明等方法，这些技巧有助于清晰、系统地解释和阐述复杂的概念或现象。议论文的写作依赖逻辑严密的论证方法，如演绎论证、归纳论证、类比论证、对比论证和典型论证等，这些方法能够有效支持观点，增强论点的说服力。此外，写作中还常用到一些修辞手法，如对比、象征、托物言志和借景抒情等，这些技巧不仅能增强语言的表现力，还能加深文章的内涵，使作品更具艺术感和感染力。

随着教育体制的变革，传统的文体分类，如把文体分为记叙文、说明文、议论文，已不完全符合现代教育的需求了。特别是话题作文的兴起，更加强调学生主体性和个性化表达的重要性。在这种新的写作教育环境中，教师的角色变得尤为关键，他们需要引导学生在文章中巧妙设定悬念，运用推理等方法，构建文章的内在逻辑，使文章有伏笔和照应，达到起承转合的自然过渡。在这个过程中，学生被鼓励不仅要灵活运用已有的写作方法，还应根据自己的独特视角和表达意图，进行创新性的写作尝试。

（四）语言的创新

语言是写作艺术的基石，它不仅是人类交流思想的核心媒介，还是思维与表达不可分割的部分，具有激活思维的独特功能。在文章创作中，语言担任着构造内容和传递信息的角色，它的运用直接影响着文章的美感和效果。优美、生动、感人的语言是使文章得以感染读者的关键。无论是多么独到的创意或精心的选材，都需要通过精准而富有表现力的语言来实现。因此，掌握语言的艺术，是写作质量和深度的重要保证。

语言不仅是表达思想的工具，它本身还是一种审美对象。在写作教学中，教师应引导学生通过积累丰富的生活经验来提炼和发展个性化的语言风格。这种个性化的语言风格，深受作者的生存环境、人生经历、思想性格、学识教养，以及阅读和写作经验的影响，它能够独特地传达出写作者的生命感悟和情感。语境性是写作语言的一个突出特点。由于语言总是在特定语境中使用的，因此它有多样化的形式和风格。为了推动语言的创新，教师需要鼓励学生在不同的交际时空中使用语言，体验不同的文化氛围，以及通过独特的个人经历丰富语言表达。

第二节 "互联网+"背景下的语文写作教学

一、创建"互联网+"写作素材资源库

利用互联网技术，教师可以为学生构建一个更加丰富的动态的写作素材资源库，从而极大地开阔学生的知识视野，提升他们的写作能力和创造力。

（一）建立电子资源库

建立优质的电子资源库是在"互联网+"背景下进行语文写作教学的基础。这个资源库应包含广泛的文学作品、历史文献、艺术影像等，供学生在写作前进行深入的文本研究和资料收集。这些资源可以是数字化的古典文学作品，也可以是现代文学批评、论文等，还可以包括多媒体内容，如视频讲座、在线研讨会等。通过这样的资源库，学生可以随时随地获取丰富的学习材料，增加对不同文体和主题的了解，从而在写作时能够更加自如地引用和参考。

（二）开设主题专栏

教师可以开设主题专栏，这是在"互联网+"背景下拓展写作教学的一个有效途径。专栏可以围绕特定的写作技巧、历史事件、文学流派等开展深入探讨，每篇专栏文章都可以是一个具体的写作示例，或是对某一文学话题的分析。教师可以在专栏中提出问题、展开讨论，引导学

生参与互动，这不仅增强了学生的学习兴趣，还提高了他们的思辨能力和写作水平。

（三）上传优秀作品分析

通过系统地分析优秀作品，学生可以学习到先进的写作技巧和独到的表达方式。这些作品可以是历届学生的优秀作品，也可以是名家的经典之作。通过对这些作品在语言风格、结构布局、主题深度等方面的详细解读，学生能够更清楚地看到好的创作所应具备的因素，为自己的创作获得直接的参考和启示。

（四）融合网络影视情节

当代的网络影视作品以其新颖的视角和丰富的情节吸引了大量年轻观众，教师可以引导学生观看并分析这些作品中的故事线和人物性格，探讨其背后的文化和价值观念。此外，学生也可以将影视作品中的某些情节或人物作为写作的切入点或灵感来源，这不仅可以增加写作的趣味性，还能帮助学生在创作中更好地融入当代元素，使作品更贴近现实，更具吸引力。

二、依靠"互联网＋"写作教学资源

（一）依托互联网资源，创新导入方式

利用互联网资源进行教学，打破了教学的时间和空间限制，使写作教学不再局限于教室内的板书和讲解，而是扩展到了虚拟空间。通过网络平台，教师可以随时更新教学内容，引入最新的写作素材和案例，如实时新闻、流行文化事件、经典文学作品等，为学生提供丰富多样的写作主题和背景，从而使写作导入更加生动有趣，激发学生的学习兴趣和写作灵感。

（二）借助多媒体设备，构建情景教学

依靠多媒体设备，教师可以创设更为丰富和真实的教学情景，使学生能够在具体的情境中学习和实践写作技巧。例如，通过相关主题的视频片段、内容丰富的图片或虚拟现实体验，学生可以更加直观地进入写作情景，这种沉浸式的学习体验能够极大地提高学生的学习动力和写作质量。情景教学通过模拟真实或虚构的情景，可以让学生在特定的文化、历史或社会背景下进行写作练习，从而使学生更好地掌握写作技巧，并增强文本的感染力。

三、改善"互联网+"写作评改机制

（一）利用人工智能软件，进行智能化评改

运用人工智能软件进行多角度智能化评改，改变了传统的手动评改模式，提高了评改的效率和客观性。人工智能软件能够从学生作品的语法、拼写、风格和结构等多个方面进行快速分析，提供详尽的错误纠正和改进建议。这种技术不仅可以帮助教师在短时间内处理大量的作文，还可以根据学生的写作水平提供个性化的指导，帮助学生在特定领域得到提升。此外，智能化评改系统还能从历史数据中学习，逐渐优化评改标准和方法，使评改结果更加科学和公正。

（二）依托互联网平台，监督指导学生写作

通过互联网平台，教师可以实时监控学生的写作进度，随时提供反馈和指导。学生可以随时提交草稿，接受老师的点评和同伴的建议，这种及时的交流和反馈极大地提升了学生修改和完善作品的积极性。互联网平台的另一个优势是能够记录学生的每一段写作历程，包括草稿的变更、教师的评论和同伴的互动，这些数据不仅有助于教师更好地理解学

生的学习状态，还能为学生提供反思和学习的机会。

（三）拓宽平台交流展示，培养学生写作兴趣

在互联网平台上，学生不仅可以提交作业，还可以将自己的作品展示给更广泛的观众，包括其他学校的师生和广大网友。这种公开的展示机会可以激励学生在写作上投入更多的热情和努力，因为他们知道自己的作品能够被更多人看见和评价。此外，优秀作品的公开展示也能够激发学生的学习动力，通过阅读和分析同龄人的作品，学生可以获得新的写作灵感，学习到不同的表达技巧，从而不断提高自己的写作水平。

第三节　灵性语文写作教学策略的优化

一、微型写作

（一）"微型写作"的内涵

"微型写作"这一概念尚无统一定义，但从教育研究者的研究中可以归纳其基本内涵。教育家王荣生先生曾经指出，大部分学生在写作中遇到的困难通常是特定部分的问题，而不是整体能力的缺失，因此教师应采取有针对性的局部改进方法，逐步提高学生的写作水平。[①] 何欣提出，微型写作教学以学生具体的写作学情为出发点，以提高学生的语文学科核心素养为目标，具体从提高学生的言语实践能力和真正的表达需求入手推动微型化写作教学，是提高学生语文学科核心素养的重要抓手。[②]

---

① 王荣生.写作教学教什么 [M].上海：华东师范大学出版社，2014：96.
② 何欣.微型化写作教学内容的确定与教学策略 [J].科技资讯，2021，19（1）：163-165.

笔者认为，"微型写作"是一种专注于提高学生写作水平的教学方法，其核心在于通过教师的细致引导和局部改进策略，帮助学生解决写作中的具体难题。这种写作训练课程突出了写作指导在整个写作过程中的重要性，并致力将教学活动与学生的实际写作困难紧密联系起来。在实施微型写作时，教师需要先详细分析学生的写作作品，识别出学生在写作过程中遇到的主要难点，设定具体且有针对性的写作目标，这些目标应直接针对学生的弱点。随后，教师要设计相应的教学活动，聚焦于学生的困难，而且剔除不必要的写作知识，确保教学内容的精练和高效。

（二）"微写作"与"微型写作"的区别

尽管"微型写作"与"微写作"常被混用，但实际上这两者在写作训练上有明显的区别。广义上的"微写作"通常指的是篇幅较短、内容精练的文学作品，这类作品也被称为微作文。狭义的"微写作"特指字数大约在二百字的作品，这种作品的特点是语言简洁而凝练，内容不仅完整清晰，还要体现出作者的个性和生活感，具有即时性、交际性和灵活性。而"微型写作"则是一种更为综合的写作教学方法，它不仅作品短小精悍，更强调通过教师的指导和局部改进，提高学生的写作水平。这种方法可以通过有针对性的指导帮助学生解决写作中的具体问题，提高其整体的写作能力。因此，虽然两者都旨在提高写作水平，但各有侧重点，实施方式也存在差异。

"微型写作"是一种旨在改善学生写作困境并提升他们写作能力的精细化训练策略。它不仅改变了传统的写作教学模式，其成果还可以是篇幅较长的大作文或较短的小作文。其目标是通过细致的教学，解决学生在写作过程中遇到的具体问题，全面提高学生的写作技能。相比之下，"微写作"则专注于训练学生在特定方面的写作技能。这是一种篇幅较短、耗时少、情感内容单一且集中的写作形式。它主要用于锻炼和考查学生对某一特定技能的应用能力，通常要求学生写作被称为"微作文"

的短文。这种写作形式可以帮助学生在特定领域内获得练习，以增强其特定的写作能力。

（三）实施微型写作教学的意义

1. 有助于激发学生的写作兴趣

兴趣不仅是学习动力的源泉，还是学生持续进行写作实践的关键因素。在教学过程中，如果学生对写作缺乏足够的兴趣，写作便可能变成一种枯燥且低效的活动。因此，教师的任务是通过各种教学策略和活动，寻找并点燃每个学生内在的写作热情。微型写作通过将大型写作任务分解成多个小的、易于管理的部分，使学生能够在每个小步骤中都感受到成就感，从而逐渐建立起学生对写作的兴趣和信心。例如，让学生参与与其生活经验紧密相关的写作项目，可以使写作活动更具吸引力。此外，允许学生在写作过程中探索个人感兴趣的主题，并在小组中分享和讨论自己的作品，可以进一步提高他们的参与感和兴趣。

2. 有助于培养学生的交际能力

微型写作教学可以通过精心设计的写作任务和场景，有效地培养学生的交际能力，使其在真实或模拟的情境中学习如何针对特定的受众和写作目的进行有效的书面表达和沟通。在这种教学模式中，每一个写作任务都设定了清晰的读者、目的、话题和文体，这不仅能帮助学生明确写作的指向性，还能鼓励他们在安全的学习环境中自由地表达自己的观点和情感。通过引入与现实生活紧密相关的实用性文体，如会议记录、求职信、网页内容制作等，微型写作教学进一步强调了写作技能在学生未来职业和日常生活中的应用价值。这种教学不仅能让学生了解不同文体的特点和要求，还能让他们练习如何根据不同的沟通需求选择合适的写作风格和结构，从而更有效地传达信息。

3. 有助于学生高效完成写作任务

微型写作课程致力全面提升学生的写作能力，通过关注写作的每一个环节，确保学生能在教师的指导下有效地完成写作任务。这种教学方法强调从构思、草稿编写到最终的修改，每个步骤都有细致而具体的指导，以帮助学生解决写作过程中遇到的问题。在微型写作课中，学生应先在教师的引导下学习如何构思，明确写作的目的、受众和内容框架。在这一阶段，通过讨论和思考，学生能够清晰地理解即将写作的主题和方向。接着，在撰写初稿时，教师会帮助学生扩展思路、丰富细节，并教授他们如何组织文章结构，使内容条理清晰、逻辑连贯。此外，通过实时反馈，学生能够及时调整和改进他们的作品。修改阶段是微型写作的重要部分，教师不仅会指导学生如何精练语言、优化表达，还会教授他们如何从读者的角度审视自己的作品，这有助于提升文章的可读性和说服力。此外，微型写作还强调合作学习的重要性，通过小组互评，学生可以从同伴的作品中学习到不同的写作技巧和视角，同时锻炼自己的批判性思考和建设性反馈的能力。通过这一连串精心设计的写作训练，微型写作教学不仅化解了学生面对写作任务时的迷惘和困惑，还显著缩短了他们从写作新手到熟练者的转变时间。

（四）微型写作教学的基本原则

微型写作教学要遵循一定的原则，如图 6-1 所示。

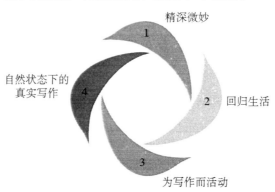

图 6-1　微型写作教学的基本原则

1. 精深微妙

在"微型写作"教学中，设定写作目标时要保证精准微妙。教师需要先对学生的写作现状进行全面分析，然后选择一个具体而精细的切入点。这样的目标设置旨在帮助学生解决写作过程中遇到的关键问题，因此具有很强的针对性，并且对能力目标的达成度有较高的要求。这种教学方法暂时摒弃了传统作文教学的序列化追求，转而强调实用性、灵活性和个性化。它倡导建立一个局部微型的写作训练系统，专注于学生的个别需求和特定难点。微型写作课程特别强调对写作过程的精细指导。在教学过程中，教师不仅要关注学生的每一个写作阶段，还要深入写作的每一个小细节，通过循环指导和反复整合的方法，加强学生的写作意识和技能，确保学生在写作的每个阶段都能获得细致入微的帮助。

2. 回归生活

叶圣陶说过："生活如泉源，文章如溪水，泉源丰富而不竭……作文这件事离不开生活，生活充实到什么程度，才会做成什么文字。"[①] 微型写作教学强调将写作教学与学生实际生活的紧密结合，把写作看作一种基本的生存技能。教学过程中，教师需要创设接近真实的学习情境，让学生的日常生活体验和课堂上的思考产生关联，从而激发学生的写作灵感和兴趣。

写作教学应超越单纯追求技巧和分数的框架，它需要更深层次地与学生的现实生活和个人感受相连接。教师在设计写作课程时，应考虑到学生的实际生活经验，包括物质和精神层面，确保教学内容的真实性和相关性。这样的写作教学不仅有助于学生表达真实感受，还能促进他们通过写作解决实际问题。写作的学习应当是积极而有目的的，不应盲目学习技巧。如果写作教学脱离了对生活的意义和对生命价值的探索，那

---

① 中央教育科学研究所. 叶圣陶语文教育论集 [M]. 北京：教育科学出版社，1980：213.

么写作本身也就失去了其根本意义。因此，教师需要自身具备深刻感悟和思考生活的能力，将这些感悟融入教学设计中，使写作教学不仅关注学生的知识技能发展，还关注情感、意志和行为的培养。

3. 为写作而活动

微型写作教学强调活动的重要性，将活动视为教学的起点和载体。在微型写作教学中，活动不仅是为了学生外出后进行写作的简单实践，还应是精心设计的、能够激发学生写作思路的具体任务。这些任务应当源于真实的情境，使学生能够在参与过程中产生学习动机。教师在微型写作课中的主要任务是创建有价值的言语情景，通过真实且具体的活动任务促进学生的思考和表达。将写作任务与活动紧密结合，确保写作活动不仅有教育意义，还能够引导学生远离机械模仿的学习方式，转而进行深入的思考和创造性的写作。

4. 自然状态下的真实写作

写作是一种需要时间沉淀和心理成长的艺术，不可能通过速成得到显著提升。它是一个由内而外的创造过程，是将思维逐渐转化为语言表达。这个过程更多地依赖学生内在的思考和感受的自然流露，而非简单的知识灌输。在微型写作教学中，教师的角色应转变为观察者和引导者，更多地关注学生的心理状态和个性发展。教师应学会在教学过程中保持耐心和宽容，尊重每个学生在写作上的独特性和差异，鼓励他们在不受外界过多约束的环境中自由地表达自己。这种教学策略不仅能让学生在写作中感到自在和舒适，还有助于激发他们的创造力和个人特色。微型写作的实施不应局限于特定的时间和形式，如规定课堂写作时间或布置家庭作业，学生可以根据自己的情感状态和灵感来选择写作的时间和地点，无论是自习课、清晨、夜晚，还是在教室、宿舍、阳台上。这种灵活性有利于学生探索更多自我表达的可能性，从而更真实地反映他们的思想和感情。

二、读写结合

（一）语文读写结合教学的含义

1. "读写结合"的含义

读写结合是语文教学的核心原则之一，主要包括阅读和写作两大部分。在阅读环节，学生不仅要提升对语言的理解能力，还需要关注如何将语言应用到实际中，尤其是在写作方面。而在写作环节，学生则要把在阅读中获得的知识，如思想深度和艺术技巧等，运用到自己的写作中，以完成具体的写作任务。这种方法使阅读和写作互为补充，通过吸收和表达的双向互动，不仅加深了学生对知识的理解，还提高了其表达能力。

2. 语文读写结合教学的含义

"读写结合"最初主要应用于语文教学，强调阅读与写作技能的共同提升。随着教育理念的发展和学科间融合的深化，"读写结合"的应用已经扩展到了更多学科和教学阶段。在语文之外，如英语等学科也开始采用这一教学方法，这证明了其在多语种的学习中存在普遍有效性。同时，这一教学策略已被广泛应用于不同年级段的教学中，成为提高学生综合语言运用能力的重要方式。总的来说，"读写结合"不仅是教学方法，更是一种全面的教学理念，其目的是通过互动和整合，促进学生语言技能的全面发展。

在语文阅读教学中，教师不仅要指导学生完成阅读任务，还要让学生学会积累写作素材并掌握写作技巧，通过仿写和续写等方式进行实际的写作训练。这样，学生可以在理解和吸收的基础上，培养创造性的表达能力。在写作教学中，教师可以引导学生体会创作的过程和劳动，感受语言的美感，深化对作品内涵的理解，并激发学生探索更多优秀文学作品的兴趣。通过这种教学模式，学生的阅读和写作可以不断互补提升，形成一个良性的学习循环，从而显著提高学生的语文素养和综合表达能力。

（二）语文读写结合的教学理论基础

探究读写结合的实质，关键在于理解阅读与写作如何以及为何能有效结合。这种结合不应仅是表面的、机械的简单叠加，因为这种方式缺乏坚实的理论基础，无法经受时间和实践的检验。读写结合是一种复杂而富有成效的教学策略，其主要包括以下几种理论基础，如图 6-2 所示。

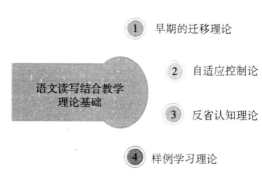

图 6-2　语文读写结合教学理论基础

1. 早期的迁移理论

这一理论主张通过广泛的训练来实现知识和技能的迁移，这种观点在读写结合的教学实践中表现为一种费力而滞后的方法。这种理论强调大量的阅读与写作必须同时进行，以期达到理想的"结合"效果。然而，这种方法容易忽视阅读与写作之间的内在联系，过分注重数量的累积而非质量。此外，由于操作过程烦琐且耗时，这种教学策略的推广在实际应用中可能会遇到阻碍。这启发了教师在采纳读写结合的策略时，应更加关注其理论的适用性和实践的便捷性，确保教学方法既科学又高效，能够真正促进学生能力的提升。

2. 自适应控制论

自适应控制论主张将陈述性知识转化为过程性知识，通过这种转化实现知识的迁移。根据这一理论，教学过程中应教导学生在阅读时，不仅要关注内容本身，还要理解获得这些内容的具体方法；在写作时，也需要从写出的内容中提炼所使用的写作技巧。这种教学方法强调读和写之间的过程性知识共享，可以帮助学生深入理解并掌握语言的使用方法，提高其阅读和写作的技能。

3. 反省认知理论

反省认知理论强调通过不断的自我反省和审视来提高认知水平，这一过程对知识和技能的迁移至关重要。在读写结合的教学中，无论是阅读还是写作，学习者都需要不断地反思自己的学习方法和理解过程，通过这种自我监测来调整和优化学习路径。通过明确学习方向，学生可以更深入、更细致地理解材料内容，从而促进知识的深层次整合和应用。反省认知理论在读写教学中的应用，确保了学生在学习过程中能够有效地定位和修正自己的认知偏差，提高学习效率。

4. 样例学习理论

这是从学习对象中提取关键的知识和技能以解决新问题的方法，能够有效地应用于语文的读写结合教学中。在这种教学策略下，学生从阅读材料中抽取写作，可以获得原发性知识和过程性知识。样例学习的引入不仅简化了学生的认知过程，还可以帮助他们模仿优秀的写作样例并规范思维步骤，极大地提高了他们的学习效率和质量。此外，样例学习的另一个显著优点在于有明确的学习目标，这一目标性的明确使学生能够更加主动地参与学习过程，从被动接受知识转变为主动探索和实践，从而深化了学习的影响和持久性。

（三）语文读写结合教学的有效路径

1. "以读促写"

在写作教学中，"以读促写"的方法强调阅读在写作过程中的核心作用，使"读"成为"写"的服务者，实现两者的有机结合。

（1）阅读为写作提供素材和灵感

通过阅读，学生能够积累必要的写作素材和灵感，为写作获取丰富的内容基础。在现代社会，尽管获取信息的途径多样，如书籍阅读、生活观察以及多媒体平台的浏览，但学生由于社会经验相对有限且学校学习时间较长，通常更倾向于通过阅读来收集写作素材。阅读方法不仅增强了学生对文本的理解和感受，还鼓励他们将阅读中得到的知识和思想转化为写作的动力和内容，从而有效提高写作质量和深度。

阅读在写作教学中扮演着方向指引和灵感激发的关键角色。它不仅为写作提供了丰富的素材，还激发了学生的创作欲望。生活中的人事故事与书本中的情节相互映射，能够引发学生深入思考并产生写作的动力。例如，当指导学生撰写读书笔记时，教师不应仅要求学生机械地抄录所读内容，还应鼓励他们通过圈点批注等方法进行内容的再创作，这样的第二次创作能够让学生更深刻地体会什么是阅读与写作的结合。成功的读写结合不仅依赖阅读提供的素材和灵感，还需要教师的科学指导和学生的深入感受。只有当教师采用恰当的教学策略，并结合学生真诚的阅读态度和强烈的写作愿望，读写结合才能真正促进写作任务的顺利完成。

（2）阅读为写作建构语言体系

学生在写作时已经掌握了一定的语言模型，有了独立的写作习惯，但通过阅读，他们可以探索并尝试新的语言结构和写作风格。这种模仿和学习过程使他们能够积累更多的篇章结构、修辞技巧，逐步构建更为完善的语言体系。模仿的过程中不能仅停留在对文字的表层复制上，应遵循新课改要求，深入探究文字的深层含义和语言的运用规律，从而实现创新。在实施"以读促写"的策略时，教师需要明确阅读在写作过程中的具体作用和应用的最佳方法，以便有效地指导学生如何将阅读与写作结合。教师先要理解阅读如何促进学生的写作技巧，然后在写作教学中大胆地应用这些策略，鼓励学生在阅读中找到写作的灵感和方法。

2. "以写带读"

"以写带读"即通过写作活动来激发和深化阅读学习。这种方法以"读"作为教学的核心，利用"写"作为工具，不但能引导学生进行更广泛和深入的阅读，而且能通过写作教学不断推动阅读教学的螺旋式前进。在这种教学模式中，阅读与写作的关联非常密切，写作活动可以通过多种方式有效地带动阅读。写作方式的时间特性，如"先写后读""边读边写"或"先读后写"，强调了读写活动的灵活安排。这种安排避免了先后顺序过于死板的弊端，让师生根据阅读和写作的内在机制，巧妙地安排读写之间的衔接点。写作方式的外在特征，如写作词语、写作句段、写作篇章等，可以促使学生在写作时不断回到阅读中寻找依据和灵感，确保读和写不是表面上的结合，而是建立在相同的语言规律之上的良性循环。此外，写作方式的内在本质也至关重要。概括、压缩、扩充、模仿、评论及读后续写等写作活动，必须紧密围绕阅读材料而展开，确保写作活动不脱离文本。通过这样的写作实践，学生不仅能够深化对阅读内容的理解和吸收，还能通过写作的过程加深对文本结构和语言表达的掌握。

3. "读写共生"

"读写共生"强调阅读和写作之间的互相促进和共同成长。这一理念认为，写作能力在阅读中得以孕育，而阅读理解则在写作过程中加深，这样才能实现语文核心素养的逐步提升。例如，设计《荷花淀》这一课程时，教师可以引导学生深入解读小说中的人物语言和叙述方式，从而捕捉散文化的语言特点。通过仿写、改写和续写等多种写作形式，学生不仅能够练习运用所学语言，还能够在写作后通过对比原文，进一步审视和反思自己的语言使用和情感表达。这种方法使学生在写作和阅读的往返中不断提高自己的语言运用能力，同时，他们的情感和审美感受得以丰富和深化。读写共生的实践不仅提升了学生的学术技能，还促进了他们的整体文学素养，实现了语文学习的全面发展。

三、多样化写作

（一）头脑风暴法

头脑风暴法是一种有效的创意激发技巧，常被应用于教学中以鼓励学生自由地提出和表达他们的想法，不受成熟度或可行性的限制。这种方法特别适用于创意写作，能显著地扩展学生的思维和创新能力。在具体实施中，教师可以设定一个具体主题，如"未来的学校"，引导学生围绕此主题进行想象和讨论。学生在这一过程中可以自由地构想各种可能的未来学校的场景，如其物理环境、教育方法及学生之间的互动方式等。通过这种开放式的思维方式，学生不仅能从多角度审视和解决问题，还能在集体讨论中相互启发，共同筛选和完善各自的想法。这不仅促进了他们的语言表达和逻辑思考能力，还极大地激发了他们的创造力和想象力。头脑风暴法在创意写作教学中的运用，为学生提供了一种自由探索和创新的学习环境，使他们能够在充分发挥个人创意的同时，学会了如何在团队中发表和细化思想。

（二）六帽思考法

六帽思考法要求参与者佩戴六种颜色的"思考帽"，从而引导他们从不同的视角进行思考。这种方法在创意写作教学中尤为有效，因为它鼓励学生探索和表达多维度的想法和情感。具体到这六种"思考帽"，它们分别代表以下几种不同的思考模式（图6-3）。

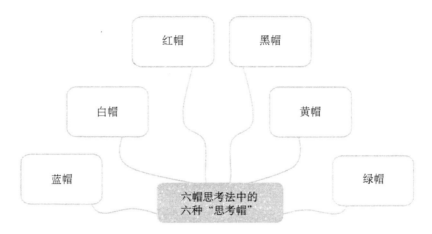

图 6-3 六帽思考法中的六种"思考帽"

蓝帽：控制思考的过程，组织讨论和思考的方向。

白帽：关注客观事实和信息，寻找数据支持。

红帽：表达个人感情和直觉，不需要理由支撑的直觉反应。

黑帽：进行批判性思考，考虑可能的风险和弊端。

黄帽：寻找想法的优点和价值，积极思考。

绿帽：探索新的可能性和创新方案，思考创新性解决方案。

例如，在教学中教师可以让学生围绕"环保"主题进行写作，学生可以通过这六种思考方式深入挖掘主题。穿戴白帽时，学生要收集和分析环保相关的事实和数据；戴上红帽时，他们可以表达对环保议题的个人情感和直觉反应；换上黑帽时，学生则批判性地分析环保措施中存在的问题；佩戴黄帽时，他们寻找并强调环保活动的积极影响；戴上绿帽时，学生将思考并提出创新的环保解决方案。

（三）灵感汲取法

灵感汲取法激励学生从多个源头提取写作灵感，包括日常生活、自然环境、人文历史以及艺术作品等。在创意写作教学中，教师的角色是引导学生开阔视野，通过多种活动来触发和培养创作灵感。具体方法如观察日常生活中的人与事，可以是家庭生活的小细节、学校的日常活动或是社区中发生的事件，这些都是写作的丰富素材。此外，还可以广泛阅读文献资料，如小说、诗歌、历史书籍、科学探索以及哲学书籍等，也能极大拓宽学生的知识边界，并从中获得新的思考角度。艺术作品，如音乐和电影，同样能够激发情感和创造力，为学生提供深刻的情感体验和灵感来源。通过这些多样化的途径，学生不仅能够汲取到丰富的写作素材，还能提升创新思考和情感表达能力，从而在写作中更自由地表达个人的想法和感受。

（四）创意写作工坊

创意写作工坊强调在自由、开放和富有创意的环境中培养学生的写作技巧和创新思维。创意写作工坊通过一系列组织良好的活动，激发学生的创作热情，发展他们的文学才能，以及提高其文本分析和批评的能力。创意写作工坊通常由几个基本组成部分构成：写作练习、同伴评审、工作坊讨论和修订指导。这些组成部分共同作用，帮助学生从不同角度理解和掌握写作过程，从创意发想到文稿完成。

首先，写作练习是创意写作工坊的基础。教师会提供多样的写作提示或主题，激发学生的想象力和创造力。这些写作提示可能包括特定的情境、感官细节挑战、角色扮演或是从不同的文学作品中提取的启发性观点。学生在这样的指导下开始他们的创作旅程，他们被鼓励冒险尝试不同的文体、声音和结构。其次，同伴评审是这一模式中的一个重要环节。学生要让同伴对自己的作品进行反馈。这一过程不仅可以帮助作者从他人的视角看待自己的作品，还锻炼了学生的批评和分析技能。通过同伴之间的交流，学生可以学习到如何更客观地评价文学作品，并了解自己的写作在他人眼中的效果。再次，工作坊讨论是创意写作工坊的核心环节之一。在这个阶段，整个班级或小组会集中讨论几篇选定的学生作品。讨论由教师引导，确保每个人的意见都得到尊重和考虑。这种集体讨论可以帮助学生理解不同的解读方式，也促使他们反思自己的创作意图和表达技巧。最后，修订指导是整个写作工坊的收尾阶段。教师在这一环节提供专业的写作指导，帮助学生识别并改进他们作品中的问题。修订不仅是对语法或拼写的简单校对，更是对作品结构、主题和风格等更深层次元素的完善。学生在这个过程中学习到写作是一个循环往复、不断改进的过程。

四、写作建模

建模教学是一种以模式化训练为核心的教学方法，特别适用于对知识和技能的系统学习。在写作教学中，这种方法通过建立一套相对固定的写作模式，引导学生进行模仿和练习，旨在培养他们的文体认知能力、构思能力、写作技巧以及语言运用的规范意识。通过这种模式化的训练，学生能够逐步掌握写作的基本规律，提高写作能力和水平。建模教学尤其适用于初级年级的学生和毕业年级的学生。对于初级年级学生，这种教学方式类似于书法学习中的"临摹"，通过模仿优秀的写作范例来训练基本的写作技能和掌握语言的基本结构。而对于毕业年级的学生，建模教学则更侧重于规范化训练和技能的提炼升华，可以帮助学生在已有的基础上进一步提升写作表达和创作的深度。

写作建模教学的能力目标之一是培养学生有效地构建和形成写作模式的能力。这个过程的首要步骤是训练学生养成列提纲并依据提纲进行写作的习惯。提纲是写作前对文章整体结构的规划，它要求学生从高处全面设计，构筑文章的框架，确保文章结构的完整性和逻辑性。一个完整的提纲应涵盖文章的主要内容、结构布局、使用材料、写作方法乃至语言风格等内容，以确保文章轮廓清晰，全貌突出。这样的规划使学生在写作之前，文章的基本形态已经在心中形成，可以在写作时既能自由发挥又能条理清晰，避免了作文的随意性，保证了文章的连贯性和完整性。对于不同类型的作文，提纲的具体内容也有所不同。例如，议论文的提纲需要明确中心论点、分论点、结论以及相应的论据和论证结构；而记叙文的提纲则应该明确文章的结构方式，如按时间顺序排列的纵式结构，或按空间顺序排列的横式结构，同时应考虑表达方式和具体的事例材料。

语言不仅是表达思想的工具，还是思维活动的外化形式。作文作为一种书面表达方式，本质上是作者思维的直接体现。写作过程实际上是思维模式在语言形式上的反映，其中，思维建模是写作的根基。中学生正处于思维发展的关键阶段，他们的思维模式尚未成熟，因此，教师在教学中需要适当引导学生的思维，帮助他们构建有效的思维模式。这样不仅可以开发学生的思维潜力，还能显著提升他们的写作能力。在实践中，这种引导可以通过具体的写作训练和思维训练活动来实现，旨在使学生能够将丰富且成熟的思维有效转化为文字，从而使其在提高写作水平的同时，加深对自身思维过程的理解和掌握。写作教学中的思维建模可以从以下几方面入手：首先，扩大学生的知识储备。充足的知识储备量不仅是学生思维建模的支撑，还能让他们的思维更加灵活。灵活的思维是提高写作水平的基础，因为它可以使学生在创作时自由地调用各种信息和观点，形成内容更加丰富和更有说服力的作文。为了增强学生的知识储备，教师可以安排各种课外阅读任务，鼓励学生深入阅读并理解不同类型的文本。例如，教师可以要求学生阅读经典文学作品、历史文献或者最新的科技和社会发展相关文章。课堂上，教师应该指导学生进行文本内容的概括和分析，这不仅能帮助学生理解阅读材料的深层意义，还能训练他们的批判性思维。学生能够在实际写作中更加自如地表达自己的思想，同时能更好地理解和分析他人的观点。这不仅提高了学生的写作技能，还为他们未来的学术和职业生涯打下了坚实的基础。其次，探讨思维建模方法。教师应与学生一同探讨如何构建有效的思维模型，先从建立一般的思维过程开始，目的是在整体上提升学生的写作能力。随后，可以根据每个学生的具体情况，创制个性化的思维模型，以增强思维模式的可操作性。在课堂上，教师需要引导学生总结并反思他们在写作过程中使用的思维策略，鼓励他们通过实践和调整，找到最适合自己的思维建模方法。例如，学生可以通过写作工作坊或小组讨论的形式，展示和分析自己的写作思路和过程，从而识别出有效的思维模式和需要改进的地方。这种互动和实践导向的教学方法不仅激发了学生的学习兴趣，还使他们能够在实际写作中更有效地运用思维模型，从而逐步提高学生的写作技能和创造力。随着思维建模技巧的不断发展和应用，学生将能够更加深入地掌握写作艺术，表达更加精准和丰富的思想。

五、写作前指导

（一）写作前指导的重要性

面对大多数学生一到写作练习便苦恼犯难的现状，教师要做的不是大度地给予"自由"，因为给予他们"自由"并不意味着会使他们进入"自由"的创作，把握写作自由是需要以较高的写作能力为前提的。这时教师恰当的写作前指导则起到了必要的"扶手"作用。事实上，写作前的思维激发对学生的写作动机有着良好的激发作用，它表现在以下几个方面。

1. 有利于唤醒学生的思维，开启写作思路

相当多的学生畏惧写作的主要原因是不知道该写什么，也就是思维堵塞，思路不开，无观点可说，无材料可用，以致失去写作的信心和动力。实际上，许多学生并不是缺乏材料，他们的见闻与阅读积累往往足以完成这样的作文练习，但他们仍感难以下笔，原因就在于思维没有被唤醒，处于沉睡状态。而教师适当的点拨与同学间的讨论交流将会产生较强的唤醒意义，唤醒他对当前主题的积累——包括生活积累、情绪积累、思想积累、阅读积累等，从而激活思路，有米可炊；同时，教师的引导，同学间的交流，都是围绕主题焦点进行的，有利于学生调整对主题的认知，产生更为深入的认识，发展思维品质。

2. 有利于消除学生写作的畏惧感，树立写作信心

学生常常因为不会写作而产生对写作的畏惧感。长期失败写作的经验，甚至使相当一部分学生产生习得性无助感。他们面对一个写作主题的通常状态是写不出，所以并不存在思维会被教师的指导限制的问题。教师有效的指导可以使他们打开思路的阀门，产生写作的灵感，明白可以怎么写，从而树立写作信心。

3. 有利于写作动力的激发

从动力学的角度看，写作前指导能有效地激发学生的写作动机。一是群体的交流使学生产生表达的需要和欲望，二是思路的开启使学生提高了写作的自我效能感，三是学生会因信心的增强而产生对写作成就的期待。这些都能激发学生的写作动机。

（二）写作前指导应如何进行

遵循以下几条原则，就可以使写作前指导更有效。

第一，对作文题目的理解应宽松些，可以从不同角度去阐述。

第二，对作文内涵的理解应有梯度、有深度、有广度，使各种能力类型的学生都能从中获得启发。

第三，讨论交流的气氛应民主宽松，创造条件让更多的学生参与其中。

第四，讨论的结果应以启发为主，而不是下定论，鼓励学生想得更多、更远、更深。

第五，对不同写作能力的学生，对他们不同的立意选择，应给予相应鼓励。有的学生虽只能用课内讨论过的立意，但这对原本不知写什么的他也是一个进步；有的学生则能由此展开个性化的、创造性的写作，这对他也是一种进步。就学生的发展而言，这两种进步都是有价值的。

总之，写作前指导的基本点是点拨、启发、开放，是唤醒、鼓舞、激励，而不是束缚、压抑、限制。

（三）写作前指导案例解析

下面是一篇笔者设计的写作前指导微型教案。

《为自己竖起大拇指》写作前指导

1. 教学对象

高一学生。

2. 教学目标

（1）引导学生正确理解题意。

（2）引导学生运用发散思维和聚合思维，对题目内涵进行多角度开拓。

（3）完成立意与构思。

教学重难点：教学目标（2）。

3. 教学步骤

（1）多面解题

"为自己竖起大拇指"表达了什么样的含义？请同学们谈谈自己的理解。

（2）开启思维

①同学们都凭自己的实力考进了我们市的重点中学，请大家为自己竖起大拇指，并说说这件事为什么值得为自己竖起大拇指。

②请同学们想想，在自己成长的历程中，还有什么让你印象深刻的值得为自己竖起大拇指的往事。

它们对你而言，是属于大事件还是小事件、小细节？

你也有过只给自己"小指头"评价的时候。给自己"小指头"和给自己"大拇指"的评价，给你的心理感觉有何不同？

你觉得对自己成长而言，为自己竖起大拇指有哪些方面的意义？

③请同学们想一想，在你们阅读的经验中，古今中外哪些人物曾为

自己竖起大拇指？这对他们又有何意义？请你列举一两个例子说说。

④你觉得从人类本身而言，为自己竖起大拇指有几个层次的意义？

⑤就"为自己竖起大拇指"这个话题，为了对它有更充分的认识，除了以上的讨论，你觉得还可以做哪些方面的思考和探讨？

（3）立意构思

①在以上的种种讨论中，你觉得哪些素材引起了你的写作兴趣？它使你产生了什么思想？或者是哪种思考、哪种观点最能激发你的写作冲动？请你用一句话把它表达清楚，作为文章的中心句。

②为了表达这个思想，请你选择合适的文体形式。

③在定下中心和选好形式后，请你列出写作提纲，并考虑拟用哪些写作素材充实，以及准备用一种什么样的语言来写作这篇文章。

（4）写作

留给学生足够时间完成写作任务。

第四节　去弊与创新：孙绍振作文教育思想探析

一、孙绍振作文教学思想的主要贡献

孙绍振教授长期任职于福建师范大学，是一位在作文教学领域深具影响力的学者。他的研究涵盖了语文教育的多个方面，包括高考制度改革、语文教材建设、师资培养、学科和理论建设等。孙教授能够从科学理论和人本立场出发，对现行的作文教学模式提出了深刻的批评和建设性建议。特别是在文本解读的启蒙和语文流派的形成方面，他的研究取得了显著成果，为语文教育领域带来了新的思路和方法，极大地推动了该领域的发展和创新。

孙绍振教授在作文教育理论的建设上贡献显著，特别是在高考作文命题和作文教学思想方面进行了深入研究，并提出了许多创新的观点。他的研究贯彻了闽派语文宗旨中的"去蔽"与"创新"精神，不仅揭示了流行教育理论中的多个误区，还提出了具有创新性的教育思想，他的工作无疑为作文教学理论的发展提供了宝贵的思考和实践基础。当前，孙绍振教授的作文教育思想亟须更多的学术关注和研究，以进一步推广和深化这些观点。这对于优化作文教学实践、提升学生的写作能力以及更新教育理念具有重要意义。下面介绍孙绍振作文教学思想的主要贡献。

（一）把基础教育作文理论引向新的高度

孙绍振对"贴近生活说"议论文"三要素"理论进行了重新审视，追溯其错误的根源，具体分析了其谬误之处，指出了其对作文教学造成的负面影响。在此基础上，他提出了"贴近自我"说，以及议论文培育理性思维，培养具体分析能力的主张。可以说，孙绍振把基础教育作文理论引向新的高度，对于改善和提高作文教学理论的科学性意义重大。

（二）分析作文教学低效原因，提出改善建议

孙绍振主要从两个方面分析原因：一是权威作文指导理论的错误，二是文本解读与写作脱离。而对策就是要对旧有理论进行反思，树立科学的人文的作文指导理念并将之用于教学；教师要提高文本解读的能力，建立文本解读与写作之间的连接点，使阅读教学的文本解读与写作教学的个性写作能形成相互的照应。

（三）从人文的高度关注学生的写作

"贴近自我"说是相对于"贴近生活"说而提出的，认为要警惕套话、现成话、权威话对思想的遮蔽，警惕理想化、模式化对人心灵的钝化，真正尊重个体的心灵特点，注重他们内在独特感觉的丰富与敏锐，主张让学生自然地、自由地表达自我，找到自我和生活的契合点，写出有个性的文章，同时实现精神生命的升华。

"三要素"理论满足于现成理论，对论点不加分析的接受，思考问题简单化、片面化，容易把学生培养成思想贫乏的庸人。而理论思维中的具体分析则鼓励学生提出问题，教学生质疑一切权威理论，具体分析论点的存在基础及正反面转化的条件，在不断分析矛盾中深化结构，完善论点，从而接近事物的本质与真理。"我反思故我在""我分析故我在"，具体分析旨在让学生真正学会思考，培养独立思考的能力，最终成为有创造力的人才。

二、孙绍振作文教育思想对作文教学的启示

（一）作文教学的主目标之一应是加强理性素质的培养

孙绍振作文教学论文里关于如何培养理论思维的文章较多，特别是批判性思维。[①] 理性思维强调对一切公认的说法都要具体分析，让自己的经验与现实状况相结合，产生独立的见解，形成个性的话语，这关系到一个人的根本素质。而现在高考更加重视理性考查的趋势，进一步提醒人们要纠正作文教学中轻视理论思维培养的倾向。在这方面，人们应该深入研究的是以下几点。

作文教学的主目标之一，应是培养学生的理论思维、具体分析能力，培养他们在一切问题面前具有独立思考的意识与能力，这也是素质教育的根本精神之一。要实现这一目标，就要熟悉理论思维的定义、构成，形成具体分析的思维操作模式。特别是具体分析的思维操作模式，要形成有一套比较完整、具体的、适合高中阶段学生掌握的思维操作模式。笔者在高中议论文教学中发现，有些学生根本不了解思维模式，因而也无从在议论文里自觉地运用思维方法分析问题。如最常见的因果思维，很多学生并不真正了解其思维原理，以及具体的运用，从而导致议论文的肤浅。所以让学生掌握理论思维模式是非常重要和有必要的，这是培

---

① 孙绍振.高考作文命题呼唤理性思维 [J].语文建设，2013（25）：4-7.

养他们理论思维的基础和前提。鉴于现在市面上为培养高中生理论思维的专门教材的空白，教师甚至可以考虑自编相关的校本教材。

要建立科学的教学系列。低年级可以浅显一些，初步接触，高年级可以深入一些。如何比较合理地安排理论思维的培养过程，如何科学创制教学内容，如何安排深入浅出的、生动的、易于接受的教学法，这是要认真解决的问题。这需要创制教学内容的大项目与子项目，以及配套的教学法。

（二）帮助学生在作文中找回独特的自我

贴近自我的实质是写文章要有自我存在感，要写出自己对这个世界的感知与思考，这也是回归人本的一个重要表现。从单调的贴近生活到丰富的贴近自我，是一个重要的飞跃，也就是回归到了最重要的人的主体上。那么如何帮助学生找回独特的自我呢？笔者认为重点在于以下几个方面。

第一，帮助学生树立主体意识。要让学生知道自我的重要性，创造各种情境让他们细心体味属于自己的不同感觉；要让学生基于事实认真思考，产生自己的观点与判断。

第二，鼓励学生敢于质疑。提问往往意味着思考的开始，问题越有质量，说明思考越有质量，但先要培养学生提问的习惯，质疑套话、现成话、权威话，有自己的思考与见解，有发表的勇气。

第三，丰富学生的心灵世界。只有心灵丰富，才有语言的丰富，才有文章的丰富。丰富学生的心灵，教师要善于启发，开启他们的智慧，要设置情境让他们体验，要用文学作品来感染他们。

（三）实现文本解读与作文教学的良性结合

阅读与写作之间有着近似血缘的关系，一方面，阅读为写作提供基础，可以让学生认识文章图式，积累素材，学习语言；另一方面，写作也促进了阅读能力的提升，会写的人阅读能力大多数也是很好的。孙绍振强调多元解读。[①] 在阅读教学上，如果能够有效地进行文本解读，就能够把学生的主动性调动起来，让学生的心灵活跃起来，不同文本的对比，还能让学生了解到面对同一对象时人的不同感觉、情感与思想，得到贴近自我的启发，并推动自己的写作。具体地说，可以在以下几个方面努力。

教师要切实提高自己文本解读的能力。有的语文教师面对课文，没有真正读进去，读出自己的感受、发现，而是浅尝辄止，急于找教参来替代，到第二天的课堂上，再把教参的内容搬给学生。这样的一种教学方式既害了学生，也害了自己，将使自己变为一个不会独立思考、不会鉴赏的人。这样的语文课，一方面，无法激发学生的兴趣，增强学生的文本感受力；另一方面，也不能使自己得到专业提升。因此，教师自己要广读书，积累必要的文学文化素养，同时学习一定的文本解读方法，如孙绍振的比较还原法，就容易走向文本的深度解读，破除陈见，产生自己的读书体悟。

要培养学生独立阅读的能力。要把学生培养成心智开放、精神世界丰富、创造力得到了解放的人，落实到阅读教学上，就要让学生自主地、独立地阅读。要完成从注重知识到注重学生的情感、心智和语言的融合的转移，要以学生的学为中心，开展平等的对话，不要灌输而要丰富学生的心智，鼓励学生质疑甚至挑战。最终要培养学生独立阅读的能力，并让学生产生自己的阅读心得。也就是不仅能读懂，还能够鉴赏、评论。

研究文本解读到作文教学的迁移之路。阅读与写作的关系，可谓密不可分，教师要在两者之间建立迁移的通道，应该通过内容丰富的、可比性强的文章来让学生感知到人情感的丰富性。例如，母爱的文章，冰心式的诗化母爱是一种，痛苦的母爱是一种，内疚的母爱也是一种，从

---

① 孙绍振.批判与探寻：文本中心的突围和建构[M].济南：山东教育出版社，2012：54.

而让学生知道母爱的表达不是只有固定的一类，它是丰富多彩的。迁移到写作上，比如写父亲，就可以引导学生写出自己心中的父爱，而不是他人的、公共的。教师要与学生一起讨论文本的奥秘，进而联系写作的要领，引导他们"写出贴近"自己的作文。

（四）加强高考作文命题研究意识

孙绍振对高考命题的研究富有特色，既有从宏观上对高考作文命题发展趋势的把握，有中外高考作文命题的差异性，也有从微观的案例分析上评判作文命题的得失。[①] 这些论述，让人们能更进一步地理解高考作文命题与语文教学的紧密关联。

由于高考作文导向性、影响力强，教师要高度重视研究高考作文题，从中间接了解作文教学思想的变化，这有利于指导教师的作文教学。例如，近年来重视开放学生思维的方向，重视考查学生理论思维能力的方向，都是需要教师引起重视的，也是教师在作文教学中应该要加强的。

教师也可以尽自己的能力，参与高考作文的评析。因为要做一个有质量的作文命题评析并不是一个简单的事，它需要有相应的理论准备，需要研究高考作文命题的相关内容，需要有自己的观点。这个过程有利于提高自己的评判能力，并且增进对高考作文命题的认识。如果能够发表有价值的观点，也有利于推动高考作文命题的进步。

要用好相应的研究成果，将之用来指导作文教学。高考作文所暗示的方向，往往是试图用这样的指挥棒来调整作文教学中的问题，例如，为什么重视考查议论文？这实际上是对高中作文教学叙事、抒情化倾向过强的一个调整。所以，对于高考作文命题的研究，教师应该进行再研究，挖掘那些有价值的成果，来构成作文教学指导的一部分。

---

① 孙绍振. 对立统一命题模式的突围和退守：2010 年高考作文命题纵论 [J]. 语文建设，2010（7/8）：106-109，141.

第七章　创造型灵性语文教师的素养与成长之路

第一节　创造型灵性语文教师素养的品质特征

创造型灵性语文教师是视野开阔、思路全新的语文教师。不仅对教育事业充满热情和忠诚，更对学生怀有深切的爱，并且具有高尚的道德水平。更重要的是，这些教师具备杰出的创造能力，这不仅是提升学生创造力的关键，还是实施有效创造性教育的基础。本节主要围绕创造型灵性语文教师素养的品质特征展开论述。

一、师德高尚

师德，通常被理解为教师的职业道德，是指教师在教育工作中应遵循的一系列道德标准和行为准则。这些标准不仅包括对学生的责任和关爱，还涵盖了教师应该如何维护学校、社会的公共利益等内容。师德的核心在于无私奉献，强调教师应将学生的成长和教育质量放在首位，不断自我提升，积极影响和培养下一代。此外，师德还要求教师持有公正无私的态度，诚实守信，公平对待每一个学生，保持职业操守，以及在社会中树立良好的榜样。维护高标准的师德是保证教育质量和促进学生全面发展的关键因素。师德对于创造型灵性语文教师的培养有着重要的意义，主要体现在以下几个方面。

（一）师德决定教师对教育事业的热爱程度、忠诚程度

教师的思想觉悟和道德品质直接影响着他们对教育事业的热爱和忠诚度。因为教学不仅是传授知识的技艺，更是一种涉及人格培养和道德塑造的育人艺术。教师在这一过程中扮演着多重角色：他们不仅是学科知识的传递者，更是学生的生活导师和道德引路人。一个卓越的教师必须具备高尚的职业理想和道德修养，这使他们能够忠诚地服务于人民教育事业，具备强烈的敬业精神。这种精神可以驱动教师精进教学艺术，正如古诗所言，"衣带渐宽终不悔，为伊消得人憔悴"，这意味着教师愿意为教育事业投入极大的努力，哪怕是牺牲自己。

（二）师德是形成教学风格的前提条件

师德不仅是教师专业行为的基石，还是塑造其教学风格的前提条件。正如光芒是金玉的装饰，教学风格则是教师个性和才华的体现。一个教师能否在教学中展现独特的风采，依赖他对教育事业的忠诚、热爱以及高尚的思想感情。教学风格是教师个人教学思想和教学艺术的综合表现，它的形成受教师道德品质和教学热情的深刻影响。这种风格通常体现为教学中的思想高度和艺术处理，如能将深刻的思想内容与艺术的教学方法相结合，便能形成富有感染力的教学风格。以中国著名特级教师于漪为例，她的教学风格"出口成章、文情并茂、熏陶感染、以情育人"，正是她对教育事业无限忠诚、富有高尚思想感情和对教学充满激情的直接体现。

二、知识广博

创造型灵性语文教师必须精通语文学科的知识，这是最起码的要求。

创造型灵性语文教师的知识结构应当是多元的、合理的，至少应包含以下六项内容。

（一）掌握现代教育理论

掌握现代教育理论对于创造型灵性语文教师来说至关重要，尤其是那些涉及新教育观念和学生身心发展规律的理论。这些理论不仅为教师提供了科学的教学指导，还能帮助他们更好地理解和应对学生的多样化需求。通过深入了解教育的最新趋势和方法，教师能够采用更有创新性和有效的方式进行教学，从而促进学生的全面成长。新教育观念强调学生中心、创造性思维的培养以及批判性思维的发展，这些都要求教师具备更深层次的理论支持。例如，了解学生身心发展规律可以帮助教师设计符合学生发展阶段的教学活动，有效激发学生的潜能和兴趣。教师通过运用这些理论，能够创造一个支持性强、富有挑战的学习环境，使学生能够在探索和学习过程中取得最佳效果。

（二）学习和掌握创造力的原理和方法

对于创造型灵性语文教师而言，深入学习和掌握创造力的原理与方法是其知识结构的重要组成部分。这种能力使教师能够在教学活动中有意识地应用这些原理和方法，从而提高学生的创造性思考的水平和解决问题的能力。创造力的原理涉及理解人类如何产生新颖和有用的想法，以及如何将这些想法转化为实际的行动或产品。这包括识别和培养创造性思维的各种心理过程，如发散思维、问题重构、类比思考和批判性思维等。通过掌握这些原理，教师可以设计出鼓励学生探索和实验的课程和活动，创造一个允许学生自由表达、探索不同解决方案并承担可控风险的学习环境。另外，了解创造力的各种方法，如头脑风暴、思维导图、六顶思考帽等技术，使教师能够具体实施这些工具，以激发学生的创造潜能。这些方法不仅能帮助学生在学术领域生成创新的想法，还能让学生在日常生活和未来的职业生涯中应用这些创新能力。

（三）掌握现代教学技术和手段

掌握现代教学技术和手段能够显著提高教学效率和增强学习效果，使教学内容更加生动和有互动性。现代教学技术包括数字工具和平台，如智能教室技术、在线学习管理系统、交互式白板、学习应用程序及多媒体资源等。这些技术不仅改变了信息的传递方式，还改变了学生的学习方式，使学习变得更加个性化和灵活。通过现代教学技术和手段，教师能够提供更丰富的视觉和听觉材料，增强课堂互动，实现实时反馈，从而提升学生的参与度和学习动机。例如，使用在线讨论板可以鼓励学生在非正式环境中表达自己的看法，而互动式白板可以在教学中实时展示问题解决过程，让学生直观地理解复杂概念。例如，在讲解《将进酒》时，播放吟唱版本和相关影视片段，可以帮助学生更直观地感受诗歌的情感和意境。教师也可以借助在线教育平台和学习管理系统，如钉钉、学习通等，进行课前预习、课后作业和在线讨论，增强师生互动和个性化指导。此外，利用智能板书和投影设备，教师可以动态展示文本分析、结构图解等，提升课堂效率和学生理解能力。再者，教师可以通过语音识别和自然语言处理技术，进行作文批改和反馈，提高批改效率和准确性。最后，教师可以结合虚拟现实技术，让学生"置身"于文学作品的场景中，增强学习的沉浸感和趣味性。掌握这些现代教学技术和手段，语文教师能更有效地激发学生的学习兴趣，提高教学质量。

（四）具备"博"与"专"相统一的合理的知识结构

创造型灵性语文教师应具备"博"与"专"相统一的合理知识结构，这种结构既涉及对自己专业领域深入的理解，也包括广泛的跨学科知识。这样的知识结构不仅加强了教师在其专业领域内的教学能力，还使他们能够在更广的学术和实际问题中运用创造性思维。具备深入的专业知识使教师能够精确掌握学科的核心概念和理论，从而更有效地传授专业知识，解答学生的疑问，并引导学生深入探索。同时，广泛的知识面使教师能够将专业知识与其他学科的知识结合起来，展示知识之间的联系，增强学生的综合思维能力。在教学实践中，这种"博"与"专"的知识结构尤为重要，因为它使教师能够运用创造性思维训练学生的思考方式。通过跨学科的教学方法，教师可以引入新的观点和方法，激发学生的好奇心和探索欲，进而培养他们的创新能力和解决问题的能力。例如，一个语文教师可以通过文学与历史、心理学或艺术的结合，帮助学生从多角度理解文学作品，增强他们的批判性思维和创造性表达。

（五）具有科学方法论的素养

具有科学方法论的素养使语文教师能够在教学中运用科学的方法和原则，提升教学的有效性和准确性。科学方法论的核心是系统地观察、分析、推理和验证，这些技能可以帮助教师在处理教育问题时保持客观、理性和批判的态度。通过科学方法论的训练，教师可以更精确地设计课程和教学活动，使其更具逻辑性和系统性。这不仅包括实验和数据分析技能，还涉及建立假设、测试理论和应用统计验证结果的能力。这样的方法论训练使得教师能够在教学过程中引入基于证据的教学策略，例如，通过数据来监测学生学习的进度和理解的深度，进而调整教学方法以适应不同学生的需要。

（六）具备广泛的科技知识、文学知识和文体活动知识

语文教师拥有广泛的科技知识、文学知识和文体活动知识，能够在多样的教学环境中运用多元化的教学方法，丰富学生的学习体验，并激发他们的学习兴趣和创造力。科技知识使教师能够利用最新的教学工具和资源，提高教学效率和互动性。这不仅涵盖了使用现代信息技术工具的能力，如智能设备和在线学习平台，还包括对新兴技术趋势的理解，

如人工智能和虚拟现实等，这些都能为学生提供动手实践和虚拟仿真的学习机会。文学知识丰富了教师在语言艺术和人文教学方面的深度，使教师能够引导学生探讨复杂的文本，增进他们的批判性阅读和分析能力。通过文学作品，教师可以帮助学生理解不同文化和历史背景，提高他们的同理心和情感表达能力。文体活动知识扩展了教师在体育和艺术教学方面的技能，使他们能够通过体育和艺术活动促进学生的身体健康和审美发展。这类知识不仅增加了教学内容的多样性，还有助于学生在非学术领域发掘潜能。

三、教育教学专业素养良好

语文教师在完成教书育人的双重任务时，不仅需要具备扎实的语文学科素养，还必须拥有良好的教育教学专业素养。在新课程改革背景下，语文教师应当重点掌握如何根据教学目标精心设计学习任务，并有效评估教学成果。有效的教学设计要求教师能够结合学科内容和学生的具体需求，设计出富有挑战性且能激发学生兴趣的学习活动。此外，教育教学评价能力是教师必须掌握的，以便通过各种评价方法来反馈教学效果，调整教学策略。这些教育教学专业素养的培养，是现代语文教师适应教育发展需求的必备条件。

（一）教学目标的确定与达成

灵性语文教学不仅关注于学科知识的传授，更重视学生核心素养的培养，将两者紧密结合。语文课程目标与学科核心素养之间的关系见表7-1。

表 7-1　课程目标与学科核心素养的关系

学科核心素养	课程目标
语言构建与运用	语言积累与建构
	语言表达与交流
	语言梳理与整合
思维发展与提升	增强形象思维能力
	发展逻辑思维
	提升思维品质
审美鉴赏与创造	增进对祖国语言文字的美感体验
	鉴赏文学作品
	美的表达与创造
文化传承与理解	传承中华文化
	理解多样文化
	关注、参与当代文化

从表 7-1 中不难看出，学科核心素养与课程目标在新课程改革背景下被紧密地联系了起来，这说明在达成具体的课程目标过程中的同时，教师应注重培养学生的学科核心素养。这种联系强调了教学设计中对目标与素养进行双重聚焦的重要性。明确和具体的教学目标不仅是教学活动的指导原则，还是评价教学效果的关键标准。因此，设计每堂课时，语文教师必须制定具体且可实施的教学目标，这些目标是语文课程目标在课堂层面的细化与实践。在实际教学设计过程中，确定每一个教学目标对于课程的成功实施至关重要。教师需要围绕这些目标进行教学设计，确保每堂课的活动、讨论和评估都服务于这些目标的达成。通过这种方式，教师可以更有效地促进学生语文核心素养的提升，以便教学目标的达成。

（二）任务群教学设计与实施

语文是一门兼具人文性与工具性的学科，具有极强的综合性，涉及学习与生活的方方面面，所以语文的教学内容也十分广泛且分散，对其进行有效且有序的把握具有一定难度。学习任务群的建立为这一问题的解决提供了有效路径。学习任务群可以划分为 18 个不同类型的任务群，旨在系统地组织和呈现教学内容，以增强教学的系统性和效果。每个任务群都有明确的概述，但在具体的教学实践中，这些任务群往往会相互交织融合，这就要求教师在设计教学方案时，能够灵活运用这些任务群，并根据教学目标进行有效整合。在这个过程中，教师的目标是以任务群为基本单位，从语文的核心素养出发，设计出既能体现文本价值又能促进学生全面发展的教学方案。

在设计语文教学任务群时，教师需要具备整体性和全局性的视野。每个任务群并非孤立存在，而是应与语文学科的其他元素巧妙整合的，要使学生在学习过程中深刻体会到中文的博大精深和丰富多彩。教师通过强化教学设计的整合性，可以开展如主题阅读、比较阅读、专题学习、项目学习等多种教学活动，从而全面提升学生的语文素养。

为了有效实施学习任务群的语文教学设计，教师应将教材内容与课程目标及学科核心素养紧密结合，并按照单元模式进行整合。这种单元可以基于统一主题、特定作家、特定时代等多种方式设计，从而指向核心素养的具体教学目标。在设计教学过程中，教师应从学科核心素养出发，围绕预设的教学目标展开设计。通过积极的师生互动和交流，教师可以灵活调整教学策略和任务群的实施方式，突破传统的按照课本顺序、逐篇逐章的割裂式教学模式。这种教学设计不仅增加了教学的广度和深度，还更加符合国家对于培养和谐全面发展人才的教育需求。

（三）教学效果的评价与反馈

语文教学效果的评价和反馈是语文教学质量的关键，不仅关系到语文教师教学的成效和学生学习的质量，还直接影响着国家的人才培养质量。评价和反馈构成了一种双向的交流互动，通过这种互动可以了解到教师的教学是否达到了既定目标，学生是否掌握了预期的学习内容。在实际教学活动中，教师需要不断地根据评价和反馈调整教学策略，以优化教学过程和增强学习效果。这种动态的评价机制使教育更具适应性和反应性，有助于提高整体的教育教学质量。

教师的专业素养不仅包括教学能力，同样重要的还有评价能力。2012 年，《中学教师专业标准（试行）》的发布，首次强调了教师在教育评价方面的专业要求，提出"利用评价工具，掌握多元评价方法，多视角、全过程评价学生发展。引导学生进行自我评价。自我评价教育教学效果，及时调整和改进教育教学工作"[①]。根据这些要求，教师应掌握多元评价方法，能从多个视角和全过程评价学生的发展，同时引导学生进行自我评价，并对自己的教学效果进行自我评价，以便及时调整和改进教学策略。教师需要将一部分时间投入与评价相关的活动，以便更准确地把握学生的学习情况，还能有效提高教学质量，实现教育教学工作的持续优化。因此，提升教师的评价能力是完善教师专业素养的关键方面，对于促进学生的全面发展和提高教育效果具有重大意义。

由此可见，教师的评价素养对于教学来说至关重要。语文课程的评价应"着眼于核心素养的整体发展""全面把握学习任务群的特点""倡导评价主体的多元化""选用恰当的评价方式""明确必修和选修课程评价的重点和联系"。因此，语文教师需要具备科学的教学评价和反馈能力，这对于全面提高学生的语文学科核心素养至关重要。

四、具有良好的教学敏感

教学敏感来源于教学实践，服务于教学实践，是教师基于对教育情境的理解、洞察，所作出的一种正确判断，一种迅速而恰当的反应，是创造型灵性语文教师不可或缺的教学品质。

---

① 中华人民共和国教育部.教育部关于印发《幼儿园教师专业标准（试行）》《小学教师专业标准（试行）》和《中学教师专业标准（试行）》的通知 [EB/OL].（2012-09-13）[2024-05-10].http：//www.moe.gov.cn/srcsite/A10/s6991/201209/t20120913_145603.html.

（一）恰当处理语文教材

灵性语文教学的开展需要依托语文教材。教师在进行教学时，应对教材进行恰当的处理，这是教学敏感的体现。语文教材不仅是教师教学的重要依据，更是学生学习的核心内容。能否正确处理教材，直接关系到语文教学效果能否增强。

在日常教学中，如果教师拘泥于所谓的金科玉律，不灵活应对实际情况，机械地照搬教材内容，而不进行自我理解和深入思考，这是教师教学敏感缺失的表现。真正具有教学敏感的语文教师，能够深刻思考如何通过教材和课堂，将核心素养有效地落实到教学中。教学敏感的教师在教学过程中，应注重语文课堂与学生生活经验的紧密结合，努力在细微之处为学生的成长提供支持和引导。通过精心设计的教学活动和生动的课堂互动，教师不仅可以传授知识，还可以为学生成为健康智慧的人奠定基础。在这种教学模式下，语文课堂不再是枯燥的知识传授，而是充满灵性的智慧启迪，能够激发学生的思考力和创造力。通过教材和课堂教学的有机结合，教师可以在无声中影响学生的成长，帮助他们在知识与生活中找到平衡，逐步成长为有智慧、有情感的人。

（二）准确把握教学目标

课堂教学目标是教学活动的核心，对教学活动起着关键的引领作用。语文课程的教学目标不仅包括知识和技能的培养，还应涵盖德育方面的目标。具有教学敏感的语文教师应在教学过程中，全面落实知识、技能和德育三方面的目标，避免只重视知识传授而忽视技能培养和道德陶冶。教学应立足于学生的长远发展，做到五育并举。从认识论的角度来看，语文教学中包括汉语言文字知识、文学知识、文章写作知识、文体知识、科学知识等多方面内容，这些知识对学生来说至关重要，必须全面掌握。教学敏感的语文教师应充分考虑这些知识的综合性和重要性，设计出既能传授知识、培养技能，又能促进道德发展的教学活动。

同时，语文教学的最终目标是将知识转化为能力。因此，教师不仅要培养学生的听、说、读、写能力，还应注重培养学生的创新思维，帮助他们获得发现问题和解决问题的能力，同时提升提出高质量问题的能力。在落实知识和技能目标的过程中，不能忽视德育目标的实现。真正具有教学敏感的语文教师应在课堂上有意识地通过学科教学渗透德育内容。这要求教师充分挖掘教材中蕴含的教育因素，并在教学活动中将这些因素充分发挥，实现教学与教育的紧密结合。例如，教师可以通过经典文学作品引导学生思考人生价值，通过作文训练培养他们的逻辑思维和表达能力，通过讨论和辩论增强他们的批判性思维。

（三）科学选用教学方式

教学方式在很大程度上影响着教学效果。具有教学敏感性的语文教师应从教学目标特点、教材特点、学生的学习基础、学生的课堂反应，以及教师自身因素等多方面考虑教学方法的选用。教学方式的选择应服务于教学目标的实现，并通过具体的教材内容来体现。语文单元教学目标和单课教学目标是通过一篇篇课文来实现的，选择合适的教学方法至关重要。首先，教学方法的选择要充分考虑教材内容的特点。不同类型的课文适合不同的教学方法。例如，诗歌和散文教学需要大量的诵读，因此在教学过程中需要设置不同的读书环节，让学生在朗读过程中理解内容，体会情感。通过反复朗读，学生不仅能够掌握文本的基本信息，还能深入体会作者的情感和意图。其次，教学方式的选择也要考虑学生的学情。符合学生学习基础和水平的教学方法能够更有效地调动学生的积极性，激发他们的学习兴趣。教学敏感的教师应善于观察学生的课堂反应，及时调整教学方法，以适应不同学生的需求。通过互动式教学、合作学习等方式，教师可以更好地引导学生参与课堂活动，提高教学效果。最后，教师自身的因素也不可忽视。教师的教学风格、专业素养和创新能力在教学方法的选择中起着重要作用。教师应不断提高自身的专业水平，积累丰富的教学经验，以便在教学过程中灵活应用各种教学方法。

（四）文本深度解读能力

文本深度解读能力是指教师深入理解和分析文本的思想内容、语言艺术和文化背景，从而揭示出文本深层意义的能力。要想具备这种能力，教师不仅需要广泛的阅读积累和扎实的文学理论基础，还要有敏锐的洞察力和独特的见解，以便在教学过程中引导学生更深刻地理解和欣赏文学作品。文本深度解读能力的重要性不可忽视。第一，它是语文教师专业素养的重要体现。通过深度解读，教师能够把握作品的精髓，并通过准确而生动的讲解将其传递给学生，从而激发学生的兴趣和思考。第二，文本深度解读能力有助于培养学生的文学素养和思维能力。教师在解读过程中，可以引导学生发现文本中的细节和隐喻，体会作者的情感和思想，进而培养学生的审美能力和批判性思维。第三，深度解读能力还能帮助教师设计出更有深度和针对性的教学活动。例如，教师在讲解一篇古诗时，可以结合历史背景、作者生平和诗歌结构，引导学生多角度、多层次地理解作品。第四，这种能力对于提升学生的语文核心素养至关重要。通过教师的深度解读，学生不仅能够掌握基础的语文知识，还能培养独立思考、分析问题和解决问题的能力，进而实现全面发展。因此，语文教师应不断提升自身的文本解读能力，以更好地引导学生理解和欣赏文学作品，全面提升其语文素养。

（五）人文关怀教学对象

语文教学的对象是活生生的人，他们有着独立的思维和意识，并处于快速发展的阶段。这些特点决定了语文教师必须关注学生的发展需求，不能用固定的思维和眼光看待他们。在教学过程中，教师应尊重学生的主体地位，不把学生当作知识的容器。首先，教师应尊重学生的主体地位，理解并关注他们的独特需求。在学习中，教师要积极肯定学生的进步，鼓励他们不断探索与创新。同时，对于学生的错误，教师应给予包容，允许他们在犯错和改错中逐渐成熟。这种包容和理解，有助于培养学生的自信心和独立思考能力。其次，人文关怀是语文教学的重要理念。教师需要根据学生的学习情况和文本特点，选择合适的教学方式，使教学内容与学生的生活实践紧密联系。这不仅有助于提高学生的学习兴趣和积极性，还能让他们获得独特的审美体验。例如，在教学过程中，教师可以通过与学生生活实际相关的实例和情境，帮助他们更好地理解和感受文本的内涵。最后，具有教学敏感的语文教师应关注学生的反馈，这些反馈可以是语言性的，也可以是非语言性的。语言性的反馈包括学生的回答和提问，而非语言性的反馈则包括学生的动作、表情、肢体语言等。教师不仅可以从学生的回答中判断他们对所学内容的掌握程度，还能敏锐地捕捉到学生通过非语言表达传递的信息。例如，学生在课堂上表现出的专注程度、面部表情的变化、肢体动作等，都可以作为教师调整教学策略的重要依据。

五、创新意识强烈

创新意识是推动发明和创造行为的根本动力。它源自人们基于自身发展需求的内在动机，表现为对革新和创造的强烈意向和愿望。这种意识不仅是对创新活动的自觉追求，还反映了人们在各种活动中从发明创造的视角去观察、分析和研究事物的能力。具有创新意识的个体能够敏锐地识别和响应创新的机会，这种敏感性和自觉性是创新成果产生的前提。创新意识对人们的创造活动具有调节作用，它指导并激励人们持续地朝着发明创造的目标努力。通过培养和强化这种意识，个体不仅能够增强解决问题的能力，还能在面对挑战和机遇时采取更为创造性的方法。因此，无论在科技领域、艺术还是日常生活中，创新意识都是推动进步和转变的关键因素。

创新意识是人们进行发明和创造活动的基础和核心动力。它不仅是创造性思维和创造力的培养基础，还是开展任何创新活动的必要前提。一个人要想在其领域内实现突破、发现新知、创造新物，就必须具备这种意识。缺乏创新意识的人很难启动和维持有效的创造活动。创新意识一旦在个体中形成，便成为推动其不断探索和创造的内在动力。这种意识使个体在特定的研究或工作场合，甚至于日常生活的各个方面，都能以创新的眼光看待问题，以创造性的方法解决问题。具有强烈创新意识的人会持续地、自觉地寻找新的可能性，不满足于现状，不断追求技术、艺术或思想上的创新。

一个创造型灵性语文教师必须具备自觉的创新意识，这是他们在语文教学艺术领域中表现出执着追求和不懈探索的基石。这种教师不仅对创新有着浓厚的兴趣和热爱，还会不断追求教学方法的革新，致力于让每一节课都充满新鲜感和活力。在教学活动中，创造型灵性语文教师会通盘考虑教学内容和方法，刻意寻求创新，力求避免教学过程变得平庸和呆板。他们致力于使课堂展现高度的灵活性和审美价值，从而激发学生的学习兴趣和参与度。为了达到这一目标，教师需要不断更新自己的教育观念，站在时代的前沿，广泛吸收人类文明的成果，确立科学的教学思想。

创新意识与个人的自信心紧密相连，尤其在教育领域中显得尤为重要。一个具有创造力的教师不仅是自信的表现者，还是自我发现的探索者。自信是创造性思维的重要基础，因为只有相信自己的能力和潜力，才能勇于尝试新方法和探索未知领域。缺乏自信的人往往依赖模仿，害怕独立思考和行动，因此难以实现创新。他们常常将视线聚焦于他人的成就和方法，一旦脱离了模仿的对象，便感到无所适从。这种依赖性和不信任自身的态度，不仅限制了个人的创造潜能，还阻碍了创造力的发展。即使个体内部存在创造的潜质，长期的自我怀疑和忽视也会使这些潜质被埋没和窒息，从而丧失成为真正创造者的可能性。

创造意识与教学风格意识在教育领域中是密切相关的。对于语文教师来说，培养创造意识的同时，建立独特的教学风格也是至关重要的。教学风格是教师个性在教学活动中的具体表现，它反映了教师处理教学内容和互动的个性化方式。教师的个人气质和对客观现实的理解方式不同，因而形成了各自独特的教学特点。例如，有的教师注重逻辑性，而有的则更重视课堂氛围的营造；有的偏向于规范的教学程序，有的则追求教学内容的艺术韵味；有的倾向于使用直观教学方法，而有的偏好描述性讲解；有的强调事例引入，有的侧重于深入分析；有的专注于讲授，有的重视实践练习。

六、创造情感丰富

情感是人们基于现实对象是否满足个人需求和社会要求而产生的一种心理体验。情感反映了人们如何根据自己的需要、愿望和观点来感知和解读客观世界，不仅是个人对环境反应的内在表达，还是人类对事物合理性和适宜性判断的重要方面。

（一）情感对语文教学的重要性

教学活动深深植根于感情之中，感情动力对教学过程有着不可忽视的影响。在教学艺术中，感情充当着流动的血液，赋予教学以生命力。如果教学缺乏感情的投入，那么无论表面多么华丽，其本质仍然是没有生命的，像枯萎的纸花一样，是艺术的赝品。因此，教师在教学中的情感表达不仅是传递知识的桥梁，更是激发学生学习热情的关键。作为教学过程中不可或缺的元素，情感直接影响着教学的效果和效率。语言作为表情达意的工具，在教学中起到了桥梁的作用，通过它，教师才能够传递情感，激发学生的学习兴趣和情感共鸣。

对于语文教师而言，教学热情是其进行教学艺术创造的核心动力。教学艺术创造本质上是一种高度的精神劳动，其核心在于用情感感染和激励学生。情感不仅是教学艺术中最活跃的因素，还是激发创造性教学的关键。热情洋溢的状态能够极大地增强教学的吸引力和影响力，使得教学不仅传递知识，更能深刻地触动学生，引发他们的思考与共鸣。因此，培养并保持高涨的教学热情，对于语文教师来说至关重要。

（二）语文教师创造情感的表现形式

1. 教学语言富有情感性

在语文教学中，教师的语言是传递知识与情感的主要媒介。当教学语言富有情感性时，它就能更有效地吸引学生的注意力，提高学习的动力和兴趣。富有情感的语言不仅是声音的抑扬顿挫，更重要的是能够传达教师对教学内容的热情和对学生的关怀，使学生能够感受到语文的美和深度。具体来说，情感性的教学语言可以通过多种方式表现出来。例如，教师可以通过语调的变化来强调某个重点或表达某种情绪，或者通过选择具有强烈感染力的词汇来描述场景或情感，使学生能够在心理上与所学内容产生共鸣。此外，教师在讲述文学作品时，能够通过生动的解读和富有感染力的朗读，将作品中的情感世界展现给学生，从而激发学生的情感体验和审美感受。

2. 善于挖掘课文语言中的情感因素

在教学实践中，教师需要具备深刻的文本解析能力，能够识别并解释文本中的情感线索，如人物的情感变化、叙述者的语气以及情景描写中的情感色彩。例如，在分析一篇叙事文学作品时，教师可以引导学生探讨人物的内心感受，分析情节发展中的情感冲突，或是解读作者通过特定描述所表达的情感意图。

3. 善于调控情感

在情感信息的反馈过程中，情感的和谐可以极大地促进教师与学生之间的互动和协调。在教学的互动过程中，教师不仅是知识的传递者，更是情感的引导者，可以通过情感的激发，增强学生的学习动力。优秀的教师总是擅长使用情感作为教学工具，以此激发学生的学习热情，引导他们产生积极的学习反馈。情感的投入不仅让学生感受到学习的乐趣，还有助于形成教与学的良性循环，从而提高教学效果。

七、教育科研能力良好

在当今的语文教学中，创造型灵性语文教师的教育科研能力显得尤为重要。这类教师不仅要在教学实践中展现较高的教学水平，更要通过不断参加科研活动，提高自身的教学理论水平和实践方法水平，进而更有效地促进学生的全面发展。

首先，教育科研能力良好的语文教师能够深入理解语文教育的本质，即语文教育不仅是语言知识的传授，更是文化素养和思维能力的培养。这种深入的理解能够使他们在教学过程中，将语文知识与学生的实际生活紧密结合，让学习内容更加生动、实用，从而更好地激发学生的学习兴趣和思考深度。

其次，良好教育科研能力还表现在对教育理论的不断追求和应用上。教师应积极参与各种教育研究，通过阅读最新的教育文献，参与教育研讨会，或开展自主的教学实验，来丰富和更新自己的教学理念和方法。例如，他们可能会研究如何通过故事的讲述来提高学生的语言表达能力，或者探索通过批判性阅读来培养学生的批判思维能力。

最后，教育科研能力良好还意味着教师要能够进行教学创新。在语文教学中，创新可能表现为使用新兴的教学技术，如数字工具和互联网资源，来辅助传统的教学方法，或者开发全新的教学活动，如模拟角色扮演或互动式故事讲述，以增强学习体验。创新教学不仅能使课堂更加活跃，还能更好地适应不同学习风格的学生，从而提升教育的包容性和有效性。

八、审美感受力强

审美感受是一种深刻的精神体验，涉及审美主体对美的对象的直观感知和深层理解，这一过程带来精神上的满足和情感上的愉悦。审美不仅是一个以情感为驱动的积极的精神活动，更是一种能够净化心灵、美化生活、提升思想境界并培养道德情操的重要途径。在这个过程中，个体通过感性直观感受到美的存在，随后通过深入思考和感知，把握美的本质，最终达到心灵的愉悦和精神的满足。

语文教材通常选用文学作品，这些作品不仅在内容和主题上具有美感，还在文体特征、文章结构等方面充满了艺术美感。这种属性使语文教学成了一种审美活动，其中教师的任务是将课文内容转化为审美对象，让学生作为审美主体，通过教学活动体验和欣赏这些艺术作品。学生不仅是知识的接受者，更是积极参与者，他们在自由探索和体验文本中的美的同时，寻求知识与审美的和谐统一。教师在这一过程中起着至关重要的作用，通过运用自己的审美感受能力，引导学生深入理解和感受文本的深层美学价值。因此，语文教师的审美感受能力不仅可以影响教学的效果，还是激发学生审美兴趣和审美能力的关键。教师需要具备深厚的文学素养和敏锐的审美观察能力，以便更有效地将文学作品中的美学特征传达给学生，帮助他们建立正确的审美观念，享受到学习语文带来的审美快乐和精神满足。

审美感受力对教师而言不仅是提高教学质量的关键，更是塑造其专业形象的重要因素。教师的形象绝非私人事务，而是在美育过程中起到核心的教育作用。一个具备良好审美感受力的教师能够在内心和外在形态上不断自我完善，实现精神与形体的和谐统一。审美感受力使教师在教学中能更好地传递美的价值，引导学生发现和欣赏美，同时通过自己的言行展示如何生活得更有意义和美好。因此，教师的形象塑造是其职业道德和责任的体现，是形成影响力的基础。拥有高度审美感受力的教师更能成为学生心目中的榜样，激励他们追求更高的精神境界和人格完善。

第二节　创造型灵性语文教师素养的影响因素

一、教师自身层面

（一）专业学习经历

笔者曾与不同区域的语文教师进行过访谈，在访谈过程中，对于"您目前最希望得到发展的是哪方面"这一问题，部分语文教师作出了以下的回答。

教龄 2 年的某教师认为，尽管大学期间已经积累了丰富的专业知识，但在实际教学中如何将这些知识转化为可操作的技能仍然是一个挑战。反思实践是非常重要的，这是教师专业发展中的关键组成部分，通过反思教学实践，教师能够持续改进教学策略和方法。教龄 9 年的某教师认为，专业知识需要不断更新，这不仅是因为知识本身的发展，还是由于教育需求的变化，信息技术在教学中的应用是一个必然趋势，如多媒体工具和电子白板的使用，这表明现代技术在教学中的重要性日益增加，教师需要掌握这些工具以提高教学效果。两位教师的回答都凸显了专业学习经历对于培养创造型灵性语文教师素养的重要影响。

首先，专业学习经历为教师提供了必要的知识基础。语文教师的专业学习往往包括文学、语言学、教育学等领域的知识。这种跨学科的知识结构不仅为教师在教学中提供了丰富的教材和方法，还可以帮助教师理解语文教育的深层价值。例如，对古代文学的研究可以使教师在教授古诗文时，更加深入地挖掘文本内涵，提升课堂的文化氛围和学术性。其次，专业学习过程中的研讨与实践，能显著提升教师的创造力和思考能力。再次，通过学术论文的撰写、专业讨论会的参与，以及实践教学的机会，教师能够在实践中不断试错、调整教学策略。这种经验的积累使教师在面对不同学生和不同教学场景时，能够灵活地运用创造性思维解决问题，如设计新颖的课堂活动，或是运用多媒体等现代技术丰富教学手段。最后，专业学习经历还涉及教师个人对教育哲学的理解。在学习过程中，教师会接触到多种教育理念和模式，这些理念和模式可以帮助教师构建自己的教育观，形成一种教学哲学。这种教学哲学是教师进行创造性教学的思想基础，它影响着教师的教学态度和方法选择。

（二）教学实践经历

笔者曾针对"教学实践经历与创造型灵性语文教师素养的关系"进行过问卷调查，根据调查结果可知，当回答"您在教学中使用创新教学方法的频率如何？"这一问题时，大部分教师的回答是"非常频繁"；当回答"您在教学中采用的教学方法多样性如何？"这一问题时，大部分教师的回答是"极其丰富"。

首先，教学实践经历使教师能够不断调整和完善自己的教学方法。在教学初期，许多教师可能依赖书本知识或理论框架进行教学，但随着实践的深入，他们开始意识到每个学生的学习方式和需求都不尽相同。这种认识促使教师寻找更具个性化和创造性的教学方法，如通过小组讨论、角色扮演和创意写作等活动，让学生在更为活跃和互动的环境中学习语文。通过这些方法，教师不仅能传授语言技能，更能培养学生的思考和表达能力。其次，长期的教学实践有助于教师深化对教育本质的理解。经验丰富的教师往往能够在教学中融入更多的教育哲学和心理学原理，这些都是他们在实践中可以逐步体会到的。例如，教师可能会在教学中应用文学心理批评的理论，帮助学生探索文本中的深层意义，或者使用元认知策略，指导学生如何有效地组织和调整自己的学习过程。这样的教学不仅提高了学生的语文能力，更促进了学生的全面发展。最后，教学实践经历还涉及教师与学生、同事之间的互动。这种互动经常能启发教师对教学策略进行创新。在与学生的互动中，教师能够直接收到学生的反馈，了解哪些教学方法有效，哪些需要改进。同时，与同事的交流为教师提供了新的教学灵感和策略。例如，通过参与教研活动或教师工作坊，教师可以学习到别人的教学经验和成功案例，这些都可能激发教师在自己的课堂上尝试新的教学方法。

（三）自我发展意识

笔者曾针对"自我发展意识与创造型灵性语文教师素养的关系"进行过问卷调查，根据调查结果可知，当被问到"您多久参与一次专业发展或继续教育活动？"这一问题时，大部分教师回答"每月至少一次"；当被问到"您自觉提升个人教学技能的主动性如何？"这一问题时，大部分教师的回答是"持续并积极地学习最新教学技能"；当被问到"您参与学术研究和发表教育论文的情况如何？"这一问题时，大部分教师回答是"积极参与并定期发表学术成果"。由此可见，自我发展意识是影响创造型灵性语文教师素养的一大因素。

自我发展意识涉及教师对个人成长和职业发展的主动追求，这种意识能够显著地推动教师在教育实践、知识更新和教学策略上的持续改进。具备高度自我发展意识的教师往往能更有效地应对教育领域的变化，不断提高自身的教学质量和专业水平。自我发展意识最先体现在教师对于自身教学技能和知识的不断更新的需求上。在教育行业，尤其是语文教育领域，知识和技术更新换代迅速。教师需要不断学习新的教学方法、文学理论、语言应用技巧等，以适应新的教学要求和学生的需求。这种自我驱动的学习态度是教师能够在职业生涯中持续成长的基石。此外，自我发展意识还体现在教师对自身教学实践的反思上。教学反思是教师进行专业发展的重要环节，通过回顾和评估自己的教学实践，教师能够识别并改进教学中的不足，从而更好地适应教育的发展和学生的多样性需求。具有高度自我发展意识的教师会定期进行教学反思，他们可能会记录教学日志、参与同行评议或者学生反馈分析，通过这些方式来提高自身的教学策略水平和教育效果。

（四）自我认知能力

笔者曾针对"自我认知能力与创造型灵性语文教师素养的关系"与语文教师进行了访谈，并设置了"在您的教学实践中，您是如何识别和利用自己的长处与短处来改进您的教学方法的？请分享一些具体的例子"这一问题。老师 A 回答："在我教学的过程中，我非常重视自我反思来提高我的教学效果。例如，我知道我的长处是能够通过生动的故事和实例来解释复杂的文学理论，这样做可以帮助学生更好地理解抽象的概念。然而，我也意识到我在课堂管理上有待加强，特别是在维持学生注意力方面。为了改进这一点，我开始采用更多互动式的教学活动，比如小组讨论和角色扮演，这样不仅能够吸引学生的注意力，还能让他们更积极地参与课堂学习。通过这种方式，我能够利用我的长处，并逐步改进我的短处。"老师 B 回答："我发现自我认知对于我的教学至关重要。我擅长创造一个包容和鼓励的学习环境，这使我能够支持学生在学习中取得进步。但我也发现自己在应对突发教学问题时有时会感到手足无措。为了克服这个问题，我开始与经验更丰富的同事进行更多的交流和合作，学习他们如何处理类似情况。此外，我还参加了一些关于教育心理学和冲突管理的专业培训，这些都大大提高了我的应变能力和问题解决技巧。"

自我认知能力使教师能够自我分析和评价，理解自身的情感、思想、教学风格和长处及短处，从而使教师更好地指导学生并优化自己的教学策略。第一，自我认知能力体现在教师能够对自己的教学行为和教学效果进行客观的自我评估上。这种能力使教师能够识别哪些教学策略是有效的，哪些需要改进，从而使教学更加符合学生的需求和教学目标。例如，一个具备高度自我认知能力的语文教师能够理解自己在文学教学中的强项可能是提升学生对诗歌的感受力和解析能力，而弱点可能是在教授复杂的文学理论方面不够充分。这样的认识可以使教师寻求更多关于文学理论的学习机会或者与擅长该领域的同事合作，以强化自己的教学效果。第二，自我认知能力可以影响教师的情绪管理和情感表达。教师的情绪状态直接影响着教学质量和学生的学习氛围。教师如果能够有效识别和管理自己的情绪，就能在课堂上创造一个更积极的支持性学习环境。例如，当教师意识到自己在某天因为私人问题而情绪不佳时，他们可以采取相应的策略来调整情绪，保证教学活动不受负面影响。第三，自我认知能力与教师的领导力和团队合作能力密切相关。在学校日常工作中，教师不仅需要在课堂上教学，还需要与其他教师和学校管理层合作。教师如果具备良好的自我认知能力，就能够清楚地认识到自己的沟通风格和团队合作方式，就更能在团队中扮演最适合的角色，帮助提升整个教学团队的效能。

二、学校层面

（一）同行交流合作

笔者曾针对"同行交流合作与创造型灵性语文教师素养的关系"这一主题进行过问卷调查，根据调查结果可知，当回答"您多频繁地与同行教师进行教学经验的交流？"这一问题时，大部分教师回答"每周至少一次"；当回答"您参与教师团队合作项目的经历有多丰富？"这一问题时，大部分教师回答"经常参与"；当回答"您认为同行间的合作对提升您的教学创新有多大影响？"这一问题时，大部分教师回答"极大影响"。由此可见，同行交流合作是影响创造型灵性语文教师素养的一大因素。

同行交流合作能够使教师突破个体的限制，通过集体智慧促进教学方法和教育理念的进步，最终提高教师的整体教学素养。一方面，同行交流与合作为教师提供了一个不断学习和自我更新的平台。在这个平台上，教师可以通过参与研讨会、工作坊、教研活动或非正式的集体讨论等活动，来接触和学习新的教学策略和教育理论。这种学习过程是双向的：教师可以获得来自同行的反馈和建议，用以完善自己的教学实践；教师也可以通过分享自己的经验和创新点，帮助其他教师解决问题或产生新思路。例如，一位语文教师可能会在同行交流中学到如何有效地使用数字工具来教授古诗文，这样的技能转移可以极大地丰富教师的教学手段，提高课堂的互动性和趣味性。另一方面，同行交流合作能够建立起教师之间的支持网络。教学是一项复杂性和挑战性很强的工作，教师在职业生涯中难免会遇到困惑和挫折。在这种情况下，一个支持性的教师团体可以为教师提供必要的心理慰藉和实际帮助。这种支持不仅可以减轻教师的职业压力，还可以增强他们面对挑战的勇气和信心。通过与同行的紧密合作，教师可以产生职业的归属感并感受到集体的力量，这对于保持教师的职业热情和创造性是非常重要的。

（二）工作环境

工作环境不仅包括物理上的条件，如设施和资源的可用性，还涵盖了组织文化、同事关系、领导风格等更为广泛的社会心理因素。这些因素综合作用于教师的日常教学与职业成长，从而影响他们的创造性和教学效能。在教育领域，工作环境的质量直接影响教师的教学实践和学生的学习成效。一个支持性强、资源充足的工作环境可以极大地提高教师的教学动力和创造性。例如，如果一所学校能够提供先进的教学技术、丰富的图书资源以及灵活的教学空间，教师就更有可能实施创新的教学方法，如项目式学习或基于探究的学习活动，这些方法已被证明能有效提高学生的参与度和学习成效。此外，工作环境中的人际关系和组织文化也对教师的职业满意度和教学表现产生重要影响。在一个开放和合作的教育环境中，教师更容易获得同事的支持和鼓励，这种正面的互动不仅可以减少职业压力，还能促进知识和策略的共享，从而提高教学质量。例如，当教师能够与同事自由地交流教学心得和挑战时，他们可以更有效地解决教学中的问题，发展更为有效的教学策略。

第三节 创造型灵性语文教师素养的培养路径

在新时代的教育背景下，教师需要加强对自身角色的认知，积极反思和探究"如何教"的问题。这要求教师适时地更新自己的教学观念和方法，提升对创新教学的意识，增强主动性，并树立正确的创新教学理念。通过持续的自我更新和实践，教师才能够紧跟教学的时代潮流和要求，确保自己在教学道路上永不止步，持续推动教育的创新和发展。

一、增强创新教学意识及理念

创新始于意识，是一切创造活动的根本。意识不仅支配行为，还能形成观念，指引行动。作为进行创新活动的起点和内在动力，创新意识是实现新事物创造与旧事物变革的关键。它作为一种思想引领和观念自主，指导人们不断探索和推动创新。因此，培养和强化创新意识是推动个人和社会进步的基础和前提。

一方面，教师在认识到创新教学的必要性时，应明确传统语文教学模式虽具有其优势，如能系统性地将知识传授给学生，教学过程条理清晰，便于形成知识的连贯表象。这种模式有助于避免学生在学习过程中走弯路，确保学习的效率和精确性，从而有效支持学生系统地掌握文本知识，达到教学的双基目标。尽管这种传统教学方法在传递知识方面有明显的成效，创新教学的引入同样重要。创新教学鼓励学生主动探索和发现文本的多元内涵，这不仅能增强学生的批判性思维和解决问题的能力，还能激发学生的创造性和独立思考能力。因此，教师应结合传统与创新教学方法，兼顾知识的系统传递与学生能力的全面发展，以更全面地提高教学质量和学生的学习体验。

另一方面，语文教师在教学职业中应认识到自己需要不断提升教学创造力，主动从传统的知识型教师向复合型的创新型教师转变。这要求教师时刻关注教育教学的最新动态，自主学习和掌握语文学科的新理论、新思想和新知识，并探索建设高素质专业化的创新型教师队伍的有效方法。教师应具备敢于尝试的精神，通过亲身实践来不断创造和应用多种教学点子，从而生成新的教学理念。同时，教师还应不断尝试多元和灵活的教学形式，以保持教学内容的新鲜感和吸引力。

二、磨炼专业本领

强化语文教师的专业本领，是推动教学方法创新，提高教学质量的关键。语文教师磨炼专业本领可以从以下几方面入手，如图 7-1 所示。

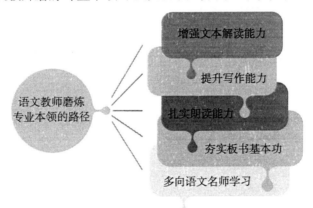

图 7-1　语文教师磨炼专业本领的路径

（一）增强文本解读能力

文本解读是阅读教学的基础，对提高教师和学生的理解能力至关重要。第一，教师需要加强对文体特征的认识，这不仅有助于准确把握教学内容，避免偏颇，还能更好地引导学生理解不同文体的独特表达方式。教师在教学过程中应该培养并强化自己的文体意识，以确保教学的全面性和准确性。第二，教师应该开阔自己的视野，结合专家的多元解读来丰富自己的解读能力。通过参考专家的观点，教师不仅可以验证自己的解读是否准确，还能深化对文本的理解。第三，教师需要将文本解读与教学实践紧密结合起来。文本解读是一个高度个性化的过程，每个学生可能都会有自己独到的见解。在课堂上，教师不仅要引导学生进行文本解读，还应鼓励学生表达自己的独特观点。学生的创新解读不仅能丰富课堂内容，还为教师提供了了解学生学习状态和思维方式的窗口。

（二）提升写作能力

教师在写作中遇到困难，很多时候是因为缺乏足够的素材和深度阅读的经验。首先，教师需要通过广泛阅读来积累知识，充实文化底蕴。读书破万卷，下笔如有神，阅读对于提高写作能力具有基础性作用。教师不仅应在书本上汲取养分，还应在日常生活中敏感地捕捉和积累写作素材，将这些生活观察转化为可用的写作资源。其次，建立读书笔记的习惯。在阅读中遇到的有启发性的思想或感动心弦的句子，教师应及时记录下来，这不仅可以帮助自己记忆，还便于日后的复习和思考。系统地摘抄可以加深对文章结构、词汇选择和文章立意的理解，这些都是提高写作质量的重要元素。最后，教师应当持续练笔，写作内容可以是教学反思、工作日记，或是任何形式的文字表达。并非所有写作都需追求完美或发表，重要的是通过写作实践来锻炼和提升写作技巧。持之以恒的练习不仅能提高个人的写作能力，还能使教师在教学中更有效地指导学生的写作。

（三）扎实朗读能力

语言不仅是教师进行课堂教学的基本工具，还是直接影响教学效果的关键因素。教师的语言表达能力，尤其是朗读能力，需要被特别重视和系统培养，因为它能极大地增强教学内容的感染力。第一，教师应致力提高普通话水平。语文教师应通过持续听取标准的新闻广播并积极练习来纠正发音，力求达到清晰、准确的标准普通话水平。这样的训练不仅有助于提升教师自身的语言表达能力，还为学生树立了良好的语言榜样。第二，教师需要通过大胆练习来克服讲话时的胆怯感。大声朗诵是一个有效的方法，它可以帮助教师在公开场合中放开声音，自信地表达自己的思想和情感。这种训练有助于教师在课堂上更自如地与学生交流，使教学更加生动有趣。第三，熟悉和精读教学文本对提高朗读效率至关重要。只有对文本有足够的熟悉和理解，教师才能在朗读时流畅自如，恰当地表达文本的情感和声调变化。这不仅提升了教学的艺术性，还加深了学生对文本内容的理解和感受。第四，深入解读朗读文本是提高朗读质量的关键一步。教师必须理解并感受文本所蕴含的思想情感，这样才能在朗读时真情流露，将文本的深层意义有效地传达给学生，达到打动人心的教学效果。

（四）夯实板书基本功

在教学过程中，板书不仅是传达信息的重要手段，还是展示教师书法艺术的平台。作为汉字文化的继承者，语文教师的书写能力尤其重要。汉字不仅承载了中华民族五千多年的文化传统，还反映了书法这一引以为豪的国粹。因此，教师的书法水平直接影响着板书的美观程度和教学效果，好的板书能够有效吸引学生注意力，提高教学质量，同时使学生领略到中国文化的独特魅力。为了提升书写技能，教师可以采取多种方法进行练习。首先，尽管现代科技设备，如电子白板和计算机得到了普及，减少了手写的需求，但教师仍应坚持传统的书写练习。定期进行手写练习不仅可以维持书写能力，还有助于保持书法技艺水平。其次，教师可以通过学习名家字帖来提高书写水平。在练习时，教师应重视每个字的结构和笔力，确保字体的平衡与协调。通过模仿名家的书法，教师可以逐步掌握书写技巧，从而提高自己的书法水平。除此之外，书法基础较弱的教师可以考虑购买一个小黑板，在业余时间进行额外练习。这种持之以恒的练习方式将极大地帮助教师提升书写技能。

（五）多向语文名师学习

语文名师不但在教学理论方面具有深入的研究，而且课堂教学风格独特、富有人文性，且能巧妙地将深厚的学识融入教学中。通过学习名师的教学方式、文本解读方法和课堂互动技巧，普通教师能够更好地理解教学的艺术性和专业性，从而快速提高自己的教学水平。此外，观摩名师的课堂不仅可以启发教师的教学创新，还有助于他们在实际教学中更有效地引导学生，激发学生的学习兴趣和文学素养。这种学习方式是增强教学效果和促进教师个人职业发展的有效途径。

三、善于反思，投身教育科研

教育科研是教师职业发展的关键途径，对提高教师的专业水平至关重要。在教育实践中，教师遇到的问题及对其所进行的反思是提升科研能力的基础。

（一）善于发现问题

优秀的语文教师在日常教学过程中不可避免地会遇到各种问题。这些问题如果不被重视，随着时间的积累，可能演变成教学的痛点甚至顽疾。区分优秀教师与普通教师的一个重要标准就是如何识别并对待这些教学问题。优秀教师往往能够敏锐地发现这些问题，并将其转化为具体的研究课题，进而通过科研活动寻找解决方案。教师应培养在教学中主动发现问题的能力，尤其是在学生的学习困难、教材的不足或教学方法的争议中寻找线索。将这些问题视为研究的起点，不仅能够提高教学质量，还是教师专业成长的重要部分。

（二）培养反思的习惯

通过反思，教师能更深入地理解教学实践中的问题，以科学的方法和态度来解决这些问题。教师可以从以下几方面入手进行反思：首先，选择榜样进行反思。教师可以将语文名师、特级教师或是校内优秀教师作为自己的参照和榜样。通过比较自己与这些优秀教师在教学方法和成果上的异同，教师可以清晰地发现自身在专业成长中的短板。其次，撰写教育日志或教育随笔。教师可以在日志中记录教学过程中的特殊事件，如学生的反馈、教学中遇到的困惑、课堂的亮点或个人的感悟与灵感。这种书写活动不仅能帮助教师系统地回顾和整理教学经历，还能深化对教学实践的理解，识别并弥补专业发展中的空白。最后，通过录像回放自己的教学过程进行反思。录像可以让教师直观地观察和分析自己在课堂上的表现，如教育语言的运用、教学节奏的掌控以及与学生的互动方式。通过课后观看录像，教师能够清晰地发现自身在教学中的不足，并据此进行有针对性的改进。

（三）投身教育科研

历代教育家和教学名师都拥有一个共同特点：勤于总结并不断提升自己。他们通常会在教学工作之余，系统地整理和提炼自己在日常教学中积累的体会、经验和反思，进而撰写教学论文，将教学中的经验性知识上升到理论的高度，实现从实践到理论的飞跃。对于语文教师而言，提高教学水平不应仅限于教学反思，而应进一步将这些反思与日常教学经验结合，通过总结提升，与教学理论相融合。这样的过程能够更好地引导教学实践，使教师能够在教育科研中产出成果，形成独到的教学理论。此外，语文教师应准确识别出教学中存在的问题，并将这些问题视为研究课题。通过课题研究与日常教学活动的紧密结合，教师不仅可以在实际教学中探索问题的解决方案，还可以在这一过程中提升解决问题的能力，从而提高教学艺术和学术水平。这种研究与实践的结合是提升教师专业能力的有效途径。

参考文献

［1］ 张茂全.中学语文教学研究[M].西安：西北大学出版社，2020.

［2］ 谭维河.中学语文教学与实践探索[M].广州：世界图书出版广东有限公司，2019.

［3］ 李进祥.中学语文教学实践及其艺术性研究[M].北京：中国书籍出版社，2022.

［4］ 刘赛华.漫谈中学语文教学新思路[M].长春：吉林大学出版社，2020.

［5］ 康海荣.新课程背景下的中学语文教学研究[M].北京：北京工业大学出版社，2021.

［6］ 福荣，范春荣，黄秋平.核心素养在中学语文教学中的培养策略[M].长春：吉林人民出版社，2020.

［7］ 郭亚丹.守正·出新·突破·超越：中学语文教学耕耘录[M].福州：福建教育出版社，2019.

［8］ 孙东宁.新课程下的中学语文教学及其设计探究[M].北京：中国大地出版社，2020.

［9］ 程志伟.多维度高中语文教学方法探索[M].长春：吉林人民出版社，2022.

［10］赵雪霞.高中语文教学多元化与写作教学创新研究[M].重庆：重庆大学电子音像出版社，2022.

［11］宋学婷.高中语文教学内容的整合运用研究[M].长春：吉林人民出版社，2019.

［12］卿平海名师工作室 . 语文课堂创意教学 [M]. 成都：四川大学出版社，2017.

［13］刘泽乾，丁长虹，杨林 . 创造性教育研究 [M]. 长春：吉林人民出版社，2020.

［14］谢作如，刘正云，张敬云 . 数字时代的创造性学习：创客教育实践 [M]. 石家庄：河北教育出版社，2021.

［15］卡米娜·阿不力米提 . 微课在高中语文"实用性阅读与交流"学习任务群教学中的应用研究 [D]. 喀什：喀什大学，2023.

［16］张歌 . 基于学科核心素养的高中语文大单元教学研究 [D]. 哈尔滨：哈尔滨师范大学，2023.

［17］姜艳婷 . 深度学习视域下高中语文群文阅读教学研究 [D]. 哈尔滨：哈尔滨师范大学，2023.

［18］彭法林 . 统编版高中语文古诗词大单元教学设计研究 [D]. 成都：四川师范大学，2023.

［19］李夏芸 . 高中语文整本书阅读教学现状调查及对策：以宜春市奉新一中为例 [D]. 南昌：江西科技师范大学，2022.

［20］毕延姣 . 统编版高中语文大单元教学设计的问题及对策研究 [D]. 阜阳：阜阳师范大学，2022.

［21］莫燕萍 . 高中语文教师反思性教学研究：以 G 中学为例 [D]. 桂林：广西师范大学，2022.

［22］马越 . 指向核心素养的高中语文大单元教学设计新探 [D]. 天水：天水师范学院，2022.

［23］孔智诺 . 统编高中语文现代诗歌教学研究 [D]. 昆明：云南师范大学，2022.

［24］张李繁 . 统编版高中语文教材实用性阅读与交流学习任务群教学研究 [D]. 昆明：云南师范大学，2022.

［25］申怡敏 . 基于线上线下混合式学习的高中语文阅读教学研究 [D]. 石家庄：河北师范大学，2022.

［26］剡建兵 . 高中语文写作教学现状调查及策略研究：以鄯善县第一中学为

例 [D]. 乌鲁木齐：新疆师范大学，2022.

［27］代学莉 . 高中语文大单元教学设计研究：以必修上第七单元为例 [D]. 兰州：西北师范大学，2022.

［28］黄钰淇 . 读写一体的高中语文大单元整合教学实践探索 [D]. 昆明：云南师范大学，2021.

［29］卢英杰 . 核心素养背景下高中语文小说教学策略研究 [D]. 沈阳：沈阳师范大学，2021.

［30］欧宇 . 高中语文"文学阅读与写作"任务群教学研究 [D]. 贵阳：贵州师范大学，2021.

［31］刘金海 . "群文阅读"与"文本细读"相结合的高中语文古诗词教学研究 [D]. 兰州：西北师范大学，2021.

［32］郑巍 . 高中语文实用性阅读与交流任务群的"大单元"教学策略研究 [D]. 南充：西华师范大学，2021.

［33］刘芳 . 新版高中课标背景下语文教师专业素养研究 [D]. 昆明：云南师范大学，2019.

［34］韩慧贤 . 高中语文创新教学策略摭谈 [J]. 语文教学通讯·D 刊（学术刊），2022（2）：28–30.

［35］赵林梅 . 探究高中语文教学中学生创新思维的培养 [J]. 语文教学通讯·D刊（学术刊），2019（6）：37–39.

［36］景秀敏 .《红楼梦》人物语言研习课例 [J]. 中学语文教学参考，2024（7）：9–11.

［37］张永飞 .《红楼梦》整本书阅读课堂教学 [J]. 中学语文教学参考，2024（5）：28–31.

［38］葛心雨 .《我与地坛》整本书阅读策略 [J]. 中学语文教学参考，2024（1）：67–69.

［39］郭熠 .《红楼梦》整本书阅读教学价值和实现策略 [J]. 语文建设，2024（7）：74–76.

［40］张晓毓 . 求真辨伪，求实慎取：《天文学上的旷世之争》《石钟山记》整

合阅读教学设计 [J]. 语文建设，2022（23）：43–46，49.

[41] 宫立华.《蜀道难》中的"三美"[J]. 中学语文教学，2020（5）：52–54.

[42] 周思远.《六国论》教学中培养高中生思辨能力的探究 [J]. 语文教学通讯·D 刊（学术刊），2023（10）：66–68.

[43] 陈叶. 从外国现代小说中的"物象"说开去：以《老人与海（节选）》为例 [J]. 中学语文教学参考，2023（37）：14–16.

[44] 孙青. 思辨性阅读《装在套子里的人》中的套 [J]. 文学教育（下），2023（9）：98–100.

[45] 王玉杰. 大单元视域下的高中戏剧教学策略 [J]. 中学语文教学，2021（12）：16–19.

[46] 杨宇鹏.《观沧海》教学设计 [J]. 中学语文教学，2021（9）：60–63.

[47] 廖琼，刘菊春. 指向高阶思维培养的古诗词教学实践与思考：以《破阵子·为陈同甫赋壮词以寄之》为例 [J]. 福建教育学院学报，2022，23（11）：38–40.

[48] 范井轩. 核心素养导向下的高中语文大单元教学策略研究 [J]. 语文教学通讯·D 刊（学术刊），2024（5）：21–23.

[49] 徐玉峰. 在高中语文写作教学中提升学生思维品质：评《高中语文思维写作概论》[J]. 语文建设，2024（9）：83.

[50] 尹善斌. 统编高中语文教材教学设计分析：评《统编高中语文必修教材（上下册）课文教学微设计》[J]. 语文建设，2024（9）：84.

[51] 肖俊伶. 在阅读训练中实现思维的跨越：高中语文阅读教学中提升学生思维能力的策略 [J]. 语文教学通讯·D 刊（学术刊），2024（4）：83–85.

[52] 袁圆，袁丁. 新课标下高中语文教学"逆向设计"的再思考 [J]. 中学语文教学，2024（4）：14–18.

[53] 陈韦兰. 新高考背景下高中作文教学指导策略探析 [J]. 语文教学通讯·D 刊（学术刊），2024（3）：11–13.

[54] 崔戈琳. 深度整合设计提升核心素养：基于大单元教学模式的高中语文教学实践路径探究 [J]. 语文教学通讯·D 刊（学术刊），2024（3）：14–16.

［55］陶忠.核心素养视野下高中语文群文阅读教学解析[J].语文教学通讯·D
刊（学术刊），2024（3）：75-77.

［56］符莉.高中语文课堂研究性学习实施策略：评《统编高中语文名师单元
教学设计（必修）》[J].语文建设，2024（3）：83.

［57］韩玉红.高中语文写作教学优化与创新研究：评《统编高中语文教材写
作教程与教学设计》[J].语文建设，2024（3）：84.

［58］倪文锦.聚焦思维学会阅读：关于语文教学守正创新的一点思考[J].课
程·教材·教法，2023，43（2）：75-80.

［59］王益均.高品质语文课堂教学创新研究：评《生长式语文课堂》[J].语
文建设，2022（23）：88.

［60］许媛.中学语文教学设计与创新研究：评《中学语文教材研究与教学设
计》[J].语文建设，2021（21）：81.